Abrázame fuerte

books4pocket

Sue Johnson

Abrázame fuerte

Traducción de Victoria Simó Perales

EDICIONES URANO

Argentina - Chile - Colombia - España
Estados Unidos - México - Perú - Uruguay - Venezuela

Título original: *Hold Me Tight*
Copyright © 2008 by Susan Johnson

© de la traducción: Victoria Simó Perales
© 2009 by Ediciones Urano, S.A.
  Aribau, 142, pral. – 08036 Barcelona
  www.edicionesurano.com
  www.books4pocket.com

1ª edición en books4pocket abril 2012

Impreso por Novoprint, S.A.
Energía 53
Sant Andreu de la Barca (Barcelona)

Fotocomposición: books4pocket

ISBN: 978-84-15139-31-7
Depósito legal: B-9.053-2012

Código Bic: VS
Código Bisac: SEL031000

Primera estrofa de <<Dance Me to the End of Love>>: Stranger Music.
Poemas y canciones de Leonard Cohen © 1993.
Publicados por McClelland & Stewart Ltd.
Reproducidos con permiso del editor. <<Late fragment>> de A New Path to the
Waterfall (1989) por Raymond Carver, reproducido con permiso de Grove Press.

Impreso en España – *Printed in Spain*

*A mis clientes y a mis compañeros, que me han ayudado
a entender el amor.
A mi pareja, John,
y a mis hijos, Tim, Emma y Sarah,
que me han enseñado a sentirlo y a darlo.*

Dance me to your beauty
with a burning violin
Dance me through the panic
till I'm gathered safely in
Lift me like an olive branch
and be my homeward dove
Dance me to the end of love

Leonard Cohen

(Hazme bailar hasta tu belleza
con un violín en llamas
Hazme bailar a través del miedo
hasta que pueda refugiarme en él
Sé la paloma que me lleve a casa
como una rama de olivo
Ayúdame a bailar hasta el final del amor)

Índice

Introducción

Siempre me han fascinado las relaciones humanas. Mi padre tenía un *pub* en Inglaterra, donde me crié, y pasé mucho tiempo observando a la gente: cómo se conocía, charlaba, bebía, presumía, bailaba, flirteaba. Sin embargo, cuando era joven, me fijaba sobre todo en mis padres. Contemplaba impotente cómo destruían su matrimonio y a sí mismos pese a que, por lo que yo sabía, se amaban de verdad. En sus últimos días de vida, mi padre aún lloraba la pérdida de mi madre, aunque llevaban separados más de veinte años.

A consecuencia de todo el dolor que había presenciado en casa, juré que nunca me casaría. Saqué la conclusión de que el amor romántico era una ilusión y una trampa. Estaba mejor sola, a mi aire. A pesar de todo, como suele pasar, un día me enamoré y me casé. Por mucho que me resistí, el amor acabó por arrastrarme.

¿Qué era aquella emoción tan misteriosa como poderosa que había destrozado a mis padres, había complicado mi propia vida y parecía ser la principal fuente tanto de dicha como de sufrimiento para la mayoría de la gente? ¿Había en medio de aquel laberinto un camino hacia el amor duradero?

El gran interés que sentía por el sentimiento amoroso y los vínculos afectivos me llevó hasta la psicología. Durante mi formación, estudié las descripciones que poetas y científicos hacían del amor. Di clases a niños traumatizados por falta de afecto. Ayudé a muchos adultos que trataban de superar el fin de una relación. Trabajé con familias cuyos miembros, aunque se querían, parecían incapaces tanto de vivir juntos como separados. El amor seguía siendo un gran misterio.

Más tarde, a punto de doctorarme en asesoramiento psicológico por la Universidad de British Columbia , en Vancouver, empecé a trabajar con parejas. Me hipnotizó en seguida la intensidad de sus disputas, cómo hablaban de su relación en términos de vida o muerte.

Se me daba bien asesorar a familias o a individuos aislados, pero los problemas de pareja me superaban. Para colmo, ni los libros que constantemente consultaba ni los métodos que me habían enseñado me servían de mucho. Las parejas que acudían a mi consulta no tenían ningún interés en analizar su infancia; no querían ser razonables ni aprender a negociar ni, desde luego, estaban dispuestas a aprender técnicas de discusión.

El amor, por lo que parecía, era todo menos negociable. Es imposible pactar la compasión o la unión, porque lo que está en juego no son cuestiones intelectuales sino reacciones emocionales. Al final, decidí que, de momento, me limitaría a acompañar a las parejas en su proceso y trataría de aprender lo más posible sobre sus ritmos emocionales y pautas de conducta. Entretanto, grababa las sesiones y las escuchaba una y otra vez.

Observando a los enamorados, cómo gritaban, se hacían reproches, discutían o se bloqueaban, empecé a comprender que las relaciones se van definiendo a partir de momentos emocionales clave, tanto positivos como negativos. Con ayuda de mi director de tesis, Les Greenberg, fui desarrollando una nueva terapia de pareja basada en esos instantes críticos. La denominamos Terapia Centrada en las Emociones, TCE, para abreviar.

Pusimos en marcha un proyecto de investigación con varias parejas divididas en grupos, aplicando un procedimiento distinto a cada uno. Con el primero, utilizamos una versión provisional de la TCE; con el segundo, una terapia cognitiva, basada en técnicas de negociación y de comunicación, y, con el tercero, ningún tratamiento en absoluto. Los resultados obtenidos con el grupo de la TCE fueron excelentes, significativamente mejores que los del grupo de la terapia cognitiva y que los del grupo de referencia. Las parejas discutían menos, se sentían más unidas y se declaraban más satisfechas de su relación. Gracias a los buenos resultados de aquel estudio, me promocionaron y logré un puesto académico en la Universidad de Ottawa, donde, con el paso de los años, iría realizando investigaciones con todo tipo de parejas tanto en sesiones de psicoterapia como en centros de educación u hospitales clínicos. Para mi sorpresa, los resultados siempre eran magníficos.

Pese a todo, yo seguía sin entender por qué las parejas que buscaban ayuda parecían siempre inmersas en un drama emocional. Si el amor era un laberinto, yo no acertaba a dar con el centro. Tenía miles de preguntas. ¿De dónde procedía toda aquella furia que enfrentaba a muerte a un matrimonio? ¿A qué venía tanto interés por arrancarle al otro una respuesta? ¿Por qué funcionaba la TCE y cómo podíamos mejorarla?

Un día, charlando con un colega en un bar, el tipo de lugar donde empecé a descubrir la importancia de la conexión, experimenté una de esas epifanías de las que todos hemos oído hablar. Por fin, se hizo la luz. Mi colega y yo discutíamos sobre la idea , muy difundida entre psicoterapeutas, de que una relación sana de pareja es, en el fondo, una transacción. Buscamos el máximo beneficio al mínimo coste posible, se suele decir.

Yo comenté que, por lo que había visto en mis sesiones de pareja, había mucho más en juego. «Muy bien», respondió mi colega, «si las relaciones amorosas no son transacciones, ¿qué son?» En aquel momento, me oí decir a mí misma con indiferencia: «Ah, pues vínculos emocionales. Surgen de la necesidad innata de pertenencia en un contexto de seguridad. Son relaciones de apego, iguales a las de madre e hijo tal como las describió John Bowlby (psiquiatra británico). Entre adultos pasa lo mismo».

Dejé la discusión a medias. De repente, había comprendido la lógica perfecta de tanta queja y tanta pasión. Por fin sabía lo que buscaban las parejas que acudían a mi consulta y cómo la TCE transformaba la relación. El amor romántico surge de la necesidad de apego, del ansia de vínculo emocional. Estamos programados para encontrar a alguien de quien depender, un ser amado que nos ofrezca conexión y apoyo en un marco de seguridad.

Creí haber descubierto, o redescubierto, en qué consistía el amor, cómo podíamos recuperarlo y retenerlo. En cuanto abordé la cuestión en el contexto del apego, entendí mucho mejor el drama al que se enfrentan las parejas con problemas. También contemplé mi propio matrimonio desde una perspectiva distinta, mucho más precisa. Las dificultades con la persona amada desencadenan emociones que forman parte de nuestro programa de supervivencia, fruto de millones de años de evolución. No hay forma humana de evitarlas. En consecuencia, tanto la terapia como los programas educativos para parejas habían obviado algo fundamental: una perspectiva científica del amor.

Sin embargo, cuando intenté publicar mis conclusiones, la mayoría de mis colegas se opuso. Para empezar, alegaban, un adulto debe ser capaz de controlar sus emociones. En realidad, proseguían, la mayoría de matrimonios con problemas adolece de un exceso de emotividad. La emoción debe superarse, no consentirse ni exacerbarse. Pero lo más importante de todo, argüían, es que los adultos sanos son autosuficientes. Sólo los individuos disfuncionales necesitan a los demás o dependen de ellos. Existen términos para ese tipo de personas: codependientes, fusionados, indiferenciados... En otra palabras, eran un desastre. ¡Las rupturas matrimoniales se deben, precisamente, a que los cónyuges dependen demasiado el uno del otro!

Por eso los terapeutas, decían mis colegas, deben fomentar la independencia. Todo aquello empezaba a recordarme a los consejos que daba el doctor Spock sobre los recién nacidos. Decía que si coges en brazos a los bebés cuando lloran harás de ellos adultos inseguros. Por desgracia, el doctor Spock se equivocaba de pleno con los lactantes. Tanto como mis colegas con los adultos.

La base de la TCE es muy sencilla: nada de técnicas de discusión eficaz ni de analizar la infancia ni de hacer grandes gestos románticos o experimentar nuevas posturas en la cama.

Basta con admitir que dependes emocionalmente de tu pareja igual que un niño depende del cuidado, el consuelo y la protección de su madre. El apego adulto quizá se base más en la reciprocidad y menos en el contacto físico, pero el origen de la necesidad emocional es la misma. La TCE busca crear y fortalecer la vinculación afectiva entre dos personas a partir de los momentos clave que forjan una relación amorosa adulta: la apertura, la sintonía afectiva y la capacidad de reacción emocional.

Hoy día, este enfoque ha revolucionado la terapia de pareja. Estudios rigurosos llevados a cabo durante los últimos quince años han demostrado que de un 70 a un 75 por ciento de las parejas que siguen la terapia centrada en las emociones supera los problemas y es feliz en su relación. Al parecer, los resultados perduran en el tiempo, incluso entre aquellas parejas con alto riesgo de divorcio. Por todo ello, la Asociación Americana de Psicología la ha reconocido como un tratamiento clínico de eficacia empíricamente demostrada.

En Estados Unidos hay miles de terapeutas titulados en TCE, y otros tantos en Europa, Inglaterra, Australia y Nueva Zelanda. Se enseña en China, Taiwán y Corea. Más recientemente, organizaciones tan importantes como el ejército estadounidense, el canadiense o el cuerpo de bomberos de Nueva York han solicitado mi colaboración para que ayude a aquellos de sus miembros y parejas que atraviesan situaciones difíciles.

La TCE goza de una aceptación cada vez mayor y la aplicación clínica ha popularizado su enfoque. Cada vez con más insistencia, me han solicitado una versión sencilla y accesible, una que la gente normal y corriente pueda comprender para aplicarla por sí misma. La tenéis en las manos.

La obra *Abrázame fuerte* está pensada para todo tipo de parejas, jóvenes, ancianas, casadas, prometidas, de hecho, felices, infelices, heterosexuales, gays; en resumen, para cualquiera que anhele un amor para toda la vida. Será útil a mujeres y hombres, a gente de toda cultura y condición; en suma, a todas las personas de este planeta que compartan una misma necesidad de vinculación afectiva. No va dirigida, sin embargo, a individuos inmersos en una relación violenta o abusiva ni a aquellos que padecen una adicción grave o mantienen relaciones extramatrimoniales de larga duración. En todos esos casos, un psicoterapeuta será el mejor recurso.

He dividido el libro en tres partes. La primera responde la eterna pregunta de qué es el amor. Explica por qué tantas veces nos puede el desencuentro y perdemos el amor por mucho que alberguemos las mejores intenciones o analicemos la situación con perspectiva e intuición. También documenta y sintetiza la gran explosión de investigaciones surgidas recientemente en torno a las relaciones amorosas. Como dice Howard Markman del Centro de Estudios Matrimoniales y Familiares de la Universidad de Denver: «Jamás como ahora había sido tan necesaria la terapia de pareja».

Por fin estamos construyendo una ciencia de la relación amorosa. Estamos confeccionando la guía para entender cómo palabras y actos reflejan los miedos y necesidades más arraigados, a la vez que crean o destruyen los vínculos más preciados. Este libro abre todo un mundo de posibilidades a las personas que aman: ofrece un nuevo enfoque para amar y amar bien.

La segunda parte es la versión agilizada de la TCE. A partir de siete frases que captan los momentos críticos de una relación amorosa, aprenderás a reenfocar esos instantes clave para crear un vínculo seguro y duradero. Además, cada apartado incluye casos reales, así como una sección de puesta en práctica para que apliques la TCE en tus relaciones.

La tercera parte enseña a utilizar la fuerza del cariño. El amor posee una inmensa capacidad para sanar las heridas que inflige la vida, por dolorosas que sean, y también intensifica nuestra sensación de pertenencia al mundo. La sensibilidad a las necesidades ajenas constituye a mi entender la base de una sociedad realmente compasiva y civilizada.

Para orientar mejor al lector, al final del libro se incluye un glosario con los términos más importantes.

Si he podido desarrollar la TCE ha sido gracias a todas las parejas que han recurrido a mí a lo largo de los años. He usado sus historias con libertad, cambiando los nombres y algunos detalles para proteger su intimidad. Todas ellas son combinaciones de varios casos distintos y están simplificadas para reflejar realidades de índole general que he ido extrayendo a partir de miles de casos. Espero que os enseñen tanto como a mí; este libro surge del deseo de transmitir mis conocimientos.

Empecé a dedicarme a la terapia de pareja a principios de la década de 1980. Veinticinco años después, para mi sorpresa, todavía me emociono como el primer día cuando recibo en mi consulta a dos personas dispuestas a emprender el viaje. Aún hoy doy saltos de alegría cuando ambos comprenden, de repente, qué sentimientos mueven al otro y se arriesgan a acercarse. Tanto esfuerzo y determinación me inspiran a diario, y mantienen viva mi propia sensación de pertenencia al mundo.

El drama del encuentro y el desencuentro nos afecta a todos. Ahora, por fin, podemos abordarlo con conocimiento de causa. Espero que este libro os ayude a hacer de vuestra relación una maravillosa aventura en común. El periplo que narran estas páginas ha sido exactamente eso para mí.

«El amor es tan bueno como dicen», escribió Erica Jong. «Vale la pena luchar por él, ser valiente, arriesgarlo todo. Porque, si no arriesgas nada, corres un peligro aún mayor.» No podría estar más de acuerdo.

PRIMERA PARTE

El amor visto bajo una nueva luz

El amor: un enfoque revolucionario

«Vivimos al amparo del otro.»
Proverbio celta

La palabra «amor» es una de las más empleadas y también una de las más poderosas en cualquier lengua. Se han escrito ríos de tinta sobre él, ha inspirado infinidad de poemas. Cantamos sobre él y rezamos para que nos sea concedido. Ha provocado guerras (como la de Helena de Troya) y se han erigido monumentos en su honor (el Taj Mahal). Cuando estamos enamorados nos sentimos en el séptimo cielo y nos hundimos en los infiernos cuando el amor se acaba. Pensamos en él y hablamos de él… hasta la saciedad.

Sin embargo ¿qué es el amor en realidad?

Durante siglos, infinidad de eruditos han intentado definirlo y comprenderlo. Para algunos, desde una perspectiva objetiva, el amor es una alianza basada en el beneficio mutuo, una especie de toma y daca. Para otros, más historicistas, es un uso social creado por los juglares de la Edad Media. Según biólogos y antropólogos, se trata de una estrategia biológica que tiene por objetivo asegurar la transmisión de los genes y la descendencia.

Con todo, para la mayoría, el amor ha sido y sigue siendo una emoción inefable y misteriosa, fácil de describir pero difícil de definir. En 1700, Benjamin Franklin, científico y estudioso de muy diversas materias, sólo pudo dar fe de que el amor era «cambiante, transitorio y accidental». Más recientemente, Marilyn Mayon, en un ensayo sobre la historia de la esposa, se confesó derrotada y se refirió al amor como «una combinación embriagadora de sexo y sentimientos que nadie puede definir». La descripción de mi madre, camarera inglesa, era igual de acertada, aunque un poco más cínica: «cinco minutos de diversión».

Hoy día no podemos seguir definiendo el amor como una fuerza extraña más allá de nuestra comprensión. No nos lo podemos permitir. Para bien o para mal, en el siglo XXI las relaciones amorosas tienen un lugar primordial en la vida.

Por una parte, el aislamiento social va en aumento. El escritor Robert Putnam señala en su libro *Sólo en la bolera* que sufrimos una pérdida preocupante del denominado «capital social» (término acuñado en 1916 por un educador de Virginia para referirse a la ayuda, consuelo y compañerismo constantes que se ofrecían los vecinos en otra época). Casi nadie cuenta ya con una comunidad en la que apoyarse, ni tiene cerca a su familia de origen o a sus amigos de infancia. Trabajamos cada vez más horas, recorremos largas distancias a diario; las oportunidades de hacer amigos íntimos escasean.

Las parejas que acuden a mi consulta viven casi siempre en una comunidad de dos. En una encuesta llevada a cabo en 2006 por la Fundación Nacional de Ciencia de Estados Unidos, la mayoría de entrevistados afirmó que su círculo de confianza estaba disminuyendo y muchos decían no contar con nadie en absoluto. Como dice el poeta irlandés John O'Donohue «una soledad inmensa y plúmbea se cierne como un invierno helado sobre el ser humano».

Es lógico que, en momentos así, solicitemos de la pareja la conexión emocional y la sensación de pertenencia que a mi abuela, por poner un ejemplo, le proporcionaba todo un pueblo.

Por otra parte, la cultura popular ensalza sistemáticamente el amor romántico. Películas y series de televisión nos bombardean a diario con imágenes de parejas en pleno romance, como si fuera la primera y única finalidad de toda relación. Diarios, revistas y televisiones informan sin descanso de la última conquista del actor o la celebridad de turno. A nadie le extrañará que la máxima prioridad en Estados Unidos y Canadá, según una encuesta reciente, sea conseguir una relación de pareja satisfactoria, por delante del éxito financiero o la realización profesional y personal.

Ante semejante situación, parece vital entender qué es el amor, cómo conseguirlo y hacerlo perdurar. Por fortuna, desde hace dos décadas ha empezado a emerger un enfoque revolucionario que abre nuevas y emocionantes perspectivas al respecto.

Por fin sabemos que el amor es la cúspide de la evolución, el más apremiante mecanismo de supervivencia de la especie humana. Y no porque nos obligue a reproducirnos. ¡Podemos apareamos muy bien sin amor! Nos impulsa a crear vínculos emocionales con personas que llegarán a ser nuestro recinto íntimo de seguridad ante las tormentas de la vida. El amor es un baluarte diseñado para protegernos de los altibajos existenciales.

Por eso, la necesidad de vinculación afectiva —poder mirar a alguien a los ojos y decirle «abrázame fuerte»— viene programada en los genes y en el cuerpo. Es tan básica para la vida, la salud y la felicidad como la comida, el abrigo o el sexo. Para gozar de bienestar mental y físico —para sobrevivir— necesitamos relaciones de apego.

Una nueva teoría sobre el apego

Si nos ponemos a buscar, descubrimos que los primeros indicios teóricos sobre la verdadera naturaleza del amor se remontan muy atrás. En 1760, un obispo español decía en una carta a sus superiores de Roma que los niños criados en orfanatos, por bien cuidados y alimentados que estuvieran, muchas veces «morían de tristeza». Allá por la década de 1930 y 1940, los huérfanos, privados de contacto físico y emocional, fallecían a puñados en las salas hospitalarias de Norteamérica. Los psiquiatras se dieron cuenta también de que algunos niños físicamente sanos se volvían insensibles, apáticos e incapaces de relacionarse con los demás. En 1937, David Levy, en un artículo del *American Journal of Psychiatry*, atribuyó dicha patología infantil a la «privación emocional». El analista estadounidense René Spitz, en 1940, acuñó el término «problemas de desarrollo» para hablar de niños aislados de sus padres y aquejados de tristeza crónica.

No obstante, hasta la llegada John Bowlby, un psiquiatra británico, no supimos exactamente lo que estaba pasando. Os seré sincera: como psicóloga y como ser humano, si tuviera que dar un premio a la mejor formulación teórica jamás realizada, se lo entregaría a John Bowlby sin dudarlo, por delante de Freud y de cualquier otro teórico del tema. Atando cabos a partir de estudios e informes diversos, consiguió formular una teoría del apego coherente y magistral.

Nacido en 1907, Bowlby, hijo de un baronet, fue criado, como era habitual entre la aristocracia de aquel entonces, por niñeras y amas de llaves. No se le permitió sentarse a la mesa con sus padres hasta los doce años, y aun entonces sólo a los postres. Estudió en un internado y después fue enviado al Trinity College de Cambridge. Su vida dio un vuelco cuando se presentó para trabajar de voluntario en unas escuelas de planteamientos innovadores para niños emocionalmente inadaptados. Fundadas por visionarios en la línea de A.S. Neill, practicaban una pedagogía basada en el apoyo emocional en lugar de la típica disciplina férrea.

Fascinado por la experiencia, Bowlby se matriculó en medicina y se especializó en psiquiatría, estudios que requerían siete años de psicoanálisis. Al parecer, su analista lo encontró un paciente particularmente difícil. Influido por mentores como Ronald Fairbairn, quien sostenía que Freud había subestimado la importancia de las relaciones interpersonales, se rebeló contra el axioma de que los trastornos clínicos radicaban en conflictos internos y fantasías inconscientes. Insistió en que los problemas eran externos en su mayoría y que su raíz debía buscarse en las relaciones con personas de carne y hueso.

En la Child Guidance Clinics de Londres, donde trabajaba con niños problemáticos, empezó a pensar que aquellos muchachos habían desarrollado estrategias tan pobres para afrontar sentimientos básicos a causa de las negligentes relaciones con sus padres. Más adelante, en 1938, cuando inició el trabajo clínico bajo la supervisión de la analista Melanie Klein, Bowlby tuvo que tratar a un muchacho hiperactivo. Y aunque saltaba a la vista que la madre del chico era nerviosa en extremo, no se le permitió hablar con ella, por cuanto sólo las proyecciones y fantasías del chico se consideraban dignas de interés. La experiencia le enfureció tanto, que decidió formular su propia teoría, según la cual, la calidad del vínculo con las personas que amamos y una desatención emocional temprana definen el desarrollo de la personalidad y los lazos que establecemos con el resto del mundo.

En 1944, Bowlby publicó su primer estudio sobre terapia familiar, *Forty-four Juvenile Thieves* [Cuarenta y cuatro ladrones juveniles], en el que decía que «detrás de la máscara de indiferencia hay una desgracia inmensa y detrás de la aparente crueldad, desesperación». Los jóvenes pacientes de Bowlby se habían aferrado a una idea como mecanismo de supervivencia: «Nunca me volverán a hacer daño», y estaban atrapados en la desesperación y la rabia.

Después de la Segunda Guerra Mundial, la Organización Mundial de la Salud le pidió a Bowlby que realizara un estudio sobre los niños europeos que, a causa del conflicto, habían quedado huérfanos y sin hogar. Los resultados de la investigación confirmaron sus teorías sobre el abandono emocional y su convicción de que necesitamos el cariño tanto como el alimento. Mientras llevaba a cabo sus trabajos, Bowlby se interesó en las teorías de Charles Darwin sobre selección natural y llegó a la conclusión de que el apego a los más allegados constituye una magnífica estrategia, fruto de la evolución, para favorecer los mecanismos de supervivencia.

Lo radical de sus teorías levantó furibundas protestas, tanto que estuvieron a punto de expulsarlo de la Sociedad de Psicoanálisis Británica. Según la creencia más extendida, si la madre u otros miembros de la familia mimaban a un niño, harían de él un muchacho dependiente y, a la larga, un adulto incompetente. A los niños había que criarlos a una distancia aséptica y racional, incluso si estaban tristes o enfermos. En la época de Bowlby, a los padres no se les permitía quedarse en el hospital junto a sus hijos; tenían que dejarlos allí y marcharse.

En 1951, Bowlby, junto con un joven trabajador social, James Robertson, rodó una película titulada *Una niña de dos años va al hospital*, en la que se veía a una pequeña gritar aterrorizada al quedarse a solas con las enfermeras. Robertson mostró la película a la Royal Society of Medicine de Londres con la esperanza de que los médicos comprendieran el estrés que padece un niño cuando se le separa de su familia, y la necesidad de cariño y consuelo que tiene en tales situaciones. El filme se consideró un fraude y estuvo a punto de prohibirse. Todavía a mediados de la década de 1960, lo habitual era que los padres no pudieran visitar a sus hijos en el hospital más que una hora a la semana.

Pero Bowlby tenía que encontrar otra manera de demostrar al mundo aquello que él sabía en su fuero interno. Una ayudante del psiquiatra inglés, Mary Ainsworth, investigadora canadiense, dio con la solución. Ideó un sencillo experimento para plasmar los cuatro comportamientos que, en opinión de ambos, demostraban los principios del apego: que buscamos la cercanía emocional y física de las personas que nos cuidan; que los necesitamos cerca cuando nos sentimos inseguros, intranquilos o tristes; que los echamos de menos cuando nos separamos de ellos y que necesitamos contar con su apoyo cuando nos aventuramos a explorar el mundo.

El experimento, denominado «la situación extraña», no sólo ha generado miles de estudios científicos, sino que ha revolucionado la psicología del desarrollo. Un investigador invita a una madre y a su hijo a entrar en una sala en la que nunca han estado. Al cabo de un rato, la madre deja al niño a solas con el investigador, que lo consolará en caso necesario. Transcurridos tres minutos, la madre vuelve. La separación y el reencuentro se repiten.

Cuando la madre se marcha, la mayoría de niños se intranquiliza; se mecen, lloran, tiran los juguetes. Algunos, sin embargo, demuestran mayor capacidad de adaptación emocional que otros. Se calman en seguida, restablecen el contacto con la madre en cuanto regresa y reanudan el juego de inmediato, comprobando de vez en cuando que sigue ahí. Cuentan con que tendrán a su madre cerca si la necesitan. Los niños menos adaptables, en cambio, se ponen nerviosos y responden con agresividad, o demuestran desapego y distancia al regreso de la madre. Las madres de los primeros suelen ser afectuosas y responsables; las de los segundos, impredecibles; las de los terceros, frías e indiferentes. Mediante aquellos sencillos experimentos sobre la separación y el reencuentro, Bowlby observó los mecanismos del amor en acción y empezó a codificar sus pautas.

La teoría del psiquiatra ganó en repercusión algunos años después, cuando escribió una célebre trilogía sobre el apego, la separación y la pérdida. Su colega Harry Harlow destacaría también la relevancia del llamado «consuelo por contacto», una teoría para cuya formulación llevó a cabo un estudio con crías de mono separadas de la madre al nacer. Descubrió que las crías aisladas tenían tanta necesidad de contacto que cuando se les daba a elegir entre una «madre» de alambre que las alimentaba y otra de trapo que no, casi todas escogían la de trapo. A grandes rasgos, los experimentos de Harlow demostraron el daño que hace un aislamiento temprano. Separadas de sus madres el primer año de vida, crías de primate físicamente sanas experimentaban graves dificultades al crecer: les faltaban estrategias para resolver problemas y no entendían las pautas sociales de los otros individuos. Se deprimían, desarrollaban comportamientos autodestructivos y no se apareaban.

La teoría del apego, tan ridiculizada y despreciada en sus inicios, acabó por revolucionar los métodos de crianza estadounidenses. (Hace poco, durmiendo junto a mi hijo que se recuperaba de una operación de apendicitis, daba gracias a John Bowlby.) En la actualidad, ya nadie discute la necesidad que tienen los niños de seguridad, contacto y afecto constantes; ignorarla se paga caro.

El amor entre adultos

El psiquiatra británico murió en 1990. No vivió para ver la segunda revolución de su propuesta: la aplicación de la teoría del apego al amor adulto. El propio Bowlby sostuvo en su día que los adultos sienten la misma necesidad de seguridad y cariño que los niños. Observando a viudas de la Segunda Guerra Mundial, descubrió que seguían pautas de comportamiento parecidas a las de los pequeños sin hogar… y que la necesidad del otro era la base también de las relaciones adultas. Sin embargo, una vez más, la idea fue rechazada. Nadie podía creer que un caballero inglés, conservador y reservado, hubiera resuelto el gran enigma. Además, pensábamos que ya habíamos descubierto todo lo que se podía saber: el amor no era más que un sentimiento efímero, atracción sexual disfrazada, el instinto básico del que hablaba Freud un poco maquillado. O tal vez un deseo inmaduro de atarse a otra persona. O quizá, decían otros, una elección moral, un sacrificio desinteresado más relacionado con dar que con necesitar o recibir.

Fuera como fuese, la teoría del apego se distanciaba, y aún lo hace, de los presupuestos tanto sociales como psicológicos sobre la madurez predominantes en nuestra cultura: que ser adulto implica independencia y autonomía. La idea del guerrero invulnerable que afronta a solas los peligros de la vida está muy arraigada en nuestra sociedad. Pensad si no en James Bond, el prototipo del héroe autosuficiente, que sigue triunfando después de cuatro décadas. Los psicólogos utilizan palabras como «indiferenciado», «codependiente», «simbiótico» e incluso «fusionado» para describir a las personas dependientes, incapaces afirmarse a sí mismas frente a los demás. Bowlby, por el contrario, decía que la «dependencia efectiva», ser capaz de buscar apoyo emocional en los demás a lo largo de toda la vida, es síntoma y fuente de entereza.

Las investigaciones sobre apego adulto hoy documentadas empezaron a llevarse a cabo justo después de la muerte de Bowlby. En una de ellas, dos expertos en psicología social, Phil Shaver y Cindy Hazan, que entonces trabajaban en la Universidad de Denver, decidieron interrogar a hombres y mujeres sobre sus relaciones amorosas para averiguar si sus reacciones y pautas conductuales se parecían a las de madre e hijo. Con ese fin, redactaron un cuestionario que se publicó en un periódico local, el *Rocky Mountain News*. En las respuestas, la gran mayoría decía necesitar vinculación emocional con su pareja y saber que la tendría cerca si estaban preocupados. Igualmente, afirmaba sentir inquietud ante la idea de separarse o distanciarse de ella y encontrarse más segura en el mundo cuando contaba con el apoyo de su ser amado. Los encuestados se refirieron también a distintas formas de relación en pareja. Cuando confiaban plenamente en el otro, se acercaban y se relacionaban con él sin problemas; en momentos de inseguridad, los traicionaban los nervios, se irritaban, trataban de manipularlo o evitaban todo tipo de contacto y se distanciaban. Exactamente lo mismo que Bowlby y Ainsworth descubrieron de las relaciones entre madre e hijo.

Hazan y Shaver ampliaron la investigación, y corroboraron tanto los resultados de la encuesta como las teorías de Bowlby. Aquel trabajo provocó un aluvión de investigaciones, y cientos de estudios, como comprobaréis a lo largo del libro, confirmaron las intuiciones del psiquiatra británico sobre el apego adulto. Conclusión: la sensación de pertenencia es fundamental para disfrutar de relaciones amorosas positivas y proporciona un enorme caudal de entereza a los individuos. Entre los hallazgos más significativos están los siguientes:

- Cuando nos sentimos seguros de nosotros mismos, es decir, cuando no nos molesta la cercanía ni nos incomoda depender de las personas que amamos, nos cuesta menos pedir ayuda… y proporcionarla. En un estudio llevado a cabo por el psicólogo Jeff Simpson, de la Universidad de Minnesota, se pidió a ochenta y tres parejas que rellenaran un cuestionario sobre su relación y se quedaran esperando en una sala. A las mujeres se les había dicho que al cabo de unos instantes participarían en una actividad que solía intranquilizar a la gente (la actividad no se especificó). Las mujeres que en el cuestionario habían dicho sentirse seguras de su relación amorosa hablaron abiertamente de su inquietud y pidieron apoyo a sus parejas. En cambio, las que tendían a negar su necesidad de apego y evitaban la intimidad se encerraron más en sí mismas. Los hombres respondieron a sus parejas de dos maneras: entre aquellos que decían sentirse cómodos en la relación, las muestras de apoyo a la pareja aumentaron: la tocaban, le sonreían y la animaban. Por el contrario, los que decían sentirse incómodos con las necesidades de apego demostraban aún menos empatía cuando sus parejas expresaban sus necesidades, menospreciaban la inquietud de ellas, se comportaban con frialdad y las tocaban menos.

• Cuando disfrutamos de un vínculo seguro en pareja, superamos mejor el daño que un momento dado puede hacernos y reaccionamos con menos hostilidad cuando nos enfadamos. Llevando a cabo una serie de investigaciones, Mario Mikulincer, de la Universidad Bar-Ilan de Israel, preguntó a los participantes qué grado de confianza les inspiraba su relación y cómo gestionaban la ira en caso de conflicto. Al mismo tiempo, monitorizó la frecuencia cardiaca para medir sus reacciones ante distintas situaciones de posible conflicto con sus parejas. Aquellos que se sentían unidos a éstas y admitían su dependencia dijeron sentir menos rabia y atribuir un grado inferior de malicia a la pareja. Asimismo, consideraban que expresaban el enfado de forma controlada y se concentraban en objetivos positivos, como resolver los problemas y recuperar la comunicación.

- La unión segura con la persona amada nos fortalece. Mediante una serie de investigaciones, Mikulincer demostró que cuando desarrollamos lazos fiables nos comprendemos mejor a nosotros mismos y nos gustamos más. Al escoger, de entre toda una lista, los adjetivos que mejor los describieran, los individuos que disfrutaban de un vínculo seguro eligieron rasgos positivos. Cuando se les preguntó por sus defectos, respondieron sin dudarlo que no se sentían a la altura de sus propios ideales, pero que aún así estaban a gusto consigo mismos.

Mikulincer también descubrió, tal como Bowlby había predicho, que los adultos vinculados con éxito son más curiosos y están mejor predispuestos a la nueva información. A éstos no los incomodaba la ambigüedad y decían disfrutar con las preguntas que admitían más de una respuesta. En uno de los ejercicios, se les describía el comportamiento de cierta persona y se les pedía que valoraran sus rasgos positivos y negativos. Los participantes mejor vinculados absorbieron la información con facilidad y fueron más ecuánimes. Por lo visto, la flexibilidad y la buena predisposición a nuevas experiencias aumentan cuando nos sentimos unidos y a salvo con otras personas. La curiosidad se manifiesta en situaciones de seguridad; la resistencia, cuando estamos en guardia ante una posible amenaza.

- Cuanto más capaces somos de recurrir a nuestra pareja, más independientes nos sentimos. Aunque esta idea desafía el credo de nuestra cultura sobre la autosuficiencia, la psicóloga Brooke Feeney, de la Universidad Carnegie Mellon, en Pittsburg, la corroboró en un estudio realizado con 280 parejas. Los individuos cuyas parejas aceptaban mejor sus necesidades demostraban más confianza en su propia capacidad para resolver problemas y tendían a alcanzar sus objetivos con mayor frecuencia.

Pruebas en abundancia

La ciencia, en todos sus campos, expresa con diáfana claridad que no somos meros animales sociales, sino que necesitamos un tipo especial de vínculo con los demás, e ignorar esta realidad sólo puede perjudicarnos. Desde hace tiempo, los historiadores han observado que la unidad de supervivencia en la Segunda Guerra Mundial era el par, no el individuo aislado. También sabemos desde hace tiempo que los casados viven más que los solteros.

Vincularse a los demás beneficia la salud en todos sus aspectos: mental, emocional y físico. Louise Hawkley, del Centro para la Neurociencia Cognitiva y Social de la Universidad de Chicago, estima que la soledad aumenta la presión arterial hasta el punto de duplicar el riesgo de ataque al corazón y de embolia. El sociólogo James House, de la Universidad de Michigan, ha declarado que el aislamiento afectivo constituye un enorme riesgo para la salud, mayor que fumar o tener la presión arterial alta, por mucho que sólo nos adviertan de los dos últimos. Quizás estos descubrimientos no sean más que la expresión clínica de un antiguo refrán: «Una pena entre dos es menos atroz».

Sin embargo, la cuestión no termina en si disfrutamos o no de lazos afectivos; la calidad de éstos también cuenta, porque las relaciones negativas minan nuestra salud. En Cleveland, investigadores de la Universidad Case Western Reserve preguntaron a varios hombres cuyo historial incluía angina de pecho y presión arterial alta si su esposa solía demostrarles afecto. Durante los siguientes cinco años, el número de episodios de angina entre los que respondieron con una negativa doblaba al de aquellos cuya respuesta fue positiva. El corazón femenino también se resiente. Las mujeres insatisfechas en su matrimonio y que suelen protagonizar episodios hostiles con su pareja sufren más riesgo de padecer presión arterial alta y estrés hormonal que las que se declaran felizmente casadas. Otro estudio descubrió que las posibilidades de recaída entre mujeres que habían sufrido un ataque cardíaco se triplicaban si reinaba la discordia en su matrimonio.

En el pronóstico de supervivencia para un plazo de cuatro años tras un paro cardíaco congestivo, afirma Jim Coyne, psicólogo de la Universidad de Pennsylvania, la armonía conyugal del paciente es un factor tan fiable como la gravedad de los síntomas y el grado de deterioro. Los poetas de la antigüedad, que hicieron del corazón un símbolo del amor, sonreirían al saber que los científicos han acabado por concluir que la salud del corazón depende en gran medida de la fuerza del cariño.

El malestar en una relación perjudica los sistemas inmunológico y hormonal, e incluso la capacidad de curación. En un experimento fascinante, la psicóloga Janice Kiecolt-Glaser, de la Universidad del Estado de Ohio, pidió a varias parejas de recién casados que se enzarzaran en una discusión. Durante las horas siguientes, les sacó muestras de sangre. Descubrió que cuanta más hostilidad y desprecio expresaban, mayor era el nivel de hormonas de estrés y más se deprimía el sistema inmunológico. El efecto persistía durante veinticuatro horas. En un estudio aún más sorprendente, utilizó una bomba de vacío para producir pequeñas lesiones en las manos de algunas voluntarias y, a continuación, les pidió que discutieran con sus maridos. Cuanto más cruenta era la pelea, más tardaba la piel en sanar.

La calidad de nuestras relaciones amorosas influye también en la salud mental y emocional. Nuestra sociedad, tan próspera en muchos aspectos, padece sin embargo una auténtica epidemia de angustia. El conflicto y la crítica hostil incrementan las dudas sobre uno mismo y provocan sensación de impotencia, clásicos desencadenantes de la depresión. Necesitamos hasta tal punto la aprobación de las personas que tenemos cerca, que, según los investigadores, ¡el malestar conyugal multiplica por diez el riesgo de depresión!

Hasta aquí las malas noticias. Pero también hay buenas.

Cientos de estudios corroboran hoy día que las relaciones positivas y afectuosas protegen del estrés a la vez que ayudan a superar mejor los retos y traumas de la vida. Investigadores israelíes afirman que las parejas unidas por una fuerte relación de apego afrontan mejor peligros tan perturbadores como los ataques de misiles Scud que otras peor avenidas. Experimentan menos ansiedad y no padecen tantas secuelas físicas después de un ataque.

El mero acto de dar la mano a la pareja puede tranquilizar a las neuronas en situaciones de estrés. El psicólogo Jim Coan, de la Universidad de Virginia, hizo un escáner cerebral de resonancia magnética a una serie de mujeres, advirtiéndoles que cuando se encendiese una luz roja en la máquina tal vez recibiesen una pequeña descarga eléctrica en el pie, o tal vez no. Aquella información alteró el centro de estrés del cerebro de las pacientes. Sin embargo, cuando sus maridos les tomaban la mano, registraban menos estrés. Y cuando se producía la descarga, experimentaban menos dolor. El efecto se advirtió sobre todo en las que disfrutaban de una relación feliz, aquellas cuya relación puntuaba más alto en términos de satisfacción y que los investigadores denominaron «las superparejas». El contacto con la persona amada actúa, literalmente, como antídoto contra el miedo, el estrés y el dolor.

Las personas que tenemos cerca, afirma Coan, son los «reguladores ocultos» de los procesos corporales y de las vidas emocionales. Cuando el amor falla, sentimos dolor. En ese sentido, la expresión «sentimientos heridos» sería literal, como demostró la psicóloga Naomi Einsenberger, de la Universidad de California. Sus investigaciones sobre el cerebro prueban que el rechazo y la exclusión activan los mismos circuitos, en idéntica zona del cerebro —el cingulado anterior— que el dolor físico. En realidad, esa parte del cerebro se activa cada vez que nos sentimos emocionalmente aislados de los seres que amamos. Cuando leí aquel estudio, recordé cuánto me había sorprendido mi propia reacción física ante la tristeza. Al enterarme de que mi madre había muerto, me quedé destrozada, como si me hubiera arrollado un camión. En cambio, cuando la pareja te cuida, te abraza o mantienes relaciones, las «hormonas del amor», oxitocina y vasopresina, inundan el cerebro. Por lo visto, dichas hormonas liberan sustancias químicas, como la dopamina, que producen bienestar y felicidad activando los centros de «recompensa» cerebrales, a la vez que bloquean las hormonas del estrés, como el cortisol.

Hemos recorrido un largo camino para comprender la función del amor y su importancia. En 1939, las mujeres otorgaban al amor el quinto lugar en la jerarquía de factores que determinaban su elección de pareja. En 1990, este factor había ascendido al primer puesto entre las mujeres, y también entre los hombres. Los estudiantes universitarios afirman hoy día que su máxima expectativa respecto al matrimonio es la «estabilidad emocional».

El amor no es la guinda del pastel de la vida sino una necesidad básica, tanto como el agua o el oxígeno. Cuando lo comprendemos y lo aceptamos, nos cuesta menos desentrañar el origen de los problemas de relación.

¿Adónde ha ido a parar el amor?
Cuando se produce el desencuentro

«Nunca somos tan vulnerables como cuando amamos.»

Sigmund Freud

«Lo que pasa es que Sally no entiende de dinero», afirma Jay. «Es muy emotiva y le cuesta confiar en mí. No deja que yo me haga cargo.» Sally estalla: «Sí, claro. El problema soy yo, como de costumbre. ¡Como si tú supieras administrarte! Por tu culpa nos compramos aquel estúpido coche que tanto querías. Un coche que ni necesitamos ni nos podemos permitir. De todas formas, a ti te da igual lo que yo opine. Para ti, yo no cuento en absoluto».

Chris es «cruel, rígido y un padre negligente», le acusa Jane. «Los niños necesitan cuidados, ¿sabes? Requieren atenciones, además de órdenes.» Él mira hacia otro lado. Habla en tono pausado de la importancia de la disciplina y acusa a Jane de no poner límites. Siguen discutiendo. Al final, ella se tapa la cara con las manos y gime: «Ya no te conozco. Me pareces un extraño». De nuevo, Chris aparta la mirada.

Nat y Carrie guardan un silencio obcecado hasta que Carrie se derrumba y cuenta llorando lo horrorizada y traicionada que la hace sentir la aventura de Nat. Éste, con ademán agotado, se explica por enésima vez: «Te he dicho mil veces por qué sucedió. He sido sincero. ¡Y, por Dios, pasó hace dos años! ¡Pertenece al pasado! ¿No es hora ya de que lo superes y me perdones?» «¡Tú no tienes ni idea de lo que significa ser sincero!», le grita Carrie. Después, su tono baja hasta un susurro: «Yo no te importo, no te afecta mi dolor. Sólo quieres que todo vuelva a ser como antes». Ella se echa a llorar, él clava la mirada en el suelo.

Siempre pregunto a las parejas cuál consideran el problema básico de su relación y qué solución proponen. Ellos se pinchan un poco primero y después empiezan a dar ideas. Sally dice que Jay lo quiere controlar todo; tiene que aprender a ejercer el poder de forma más equitativa. Chris sugiere que Jane y él tienen personalidades opuestas; es imposible ponerse de acuerdo en el modo de educar. Tal vez un experto en educación infantil los pudiera ayudar. Nat está convencido de que Carrie arrastra algún tipo de complejo. Quizá si visitaran a un terapeuta sexual volverían a disfrutar en la cama.

Estas parejas se esfuerzan al máximo por discernir los motivos de su malestar, pero están obviando el núcleo del problema. Sus razones, dirían muchos terapeutas, sólo son la punta del iceberg, la parte tangible de un gran nudo de fondo. Entonces ¿qué conflicto se oculta tras esos síntomas?

Si consultásemos a distintos expertos, muchos coincidirían en que estas parejas están atrapadas en luchas de poder muy destructivas o en pautas de discusión negativas, y que necesitan aprender a negociar y mejorar sus técnicas de comunicación. Sin embargo, tampoco ellos habrían llegado más allá de la superficie.

Habría que seguir buceando para dar con el problema básico: todos esos matrimonios han perdido el contacto emocional. Ya no se sienten seguros en su relación. Tanto las parejas como los terapeutas suelen obviar que la mayoría de discusiones, en el fondo, no son sino protestas de separación. Bajo tanto malestar, las dos personas están diciendo: ¿Puedo contar contigo, depender de ti? ¿Estás disponible? ¿Responderás cuando te necesite, vendrás cuando te llame? ¿Te importo? ¿Me valoras, me aceptas? ¿Me necesitas, confías en mí? La ira, las críticas, las exigencias son en realidad llamadas de socorro a un ser querido, destinadas a conmoverlo, a recuperar el acceso emocional y a reestablecer la sensación de pertenencia.

El pánico primigenio

La teoría del apego nos enseña que la persona amada es nuestro refugio en la vida. Cuando se vuelve emocionalmente inaccesible, nos sentimos como abandonados a la intemperie, solos e indefensos. Nos asaltan todo tipo de emociones negativas: ira, tristeza, dolor y, por encima de todo, miedo, una reacción lógica si tenemos en cuenta que el miedo es nuestro sistema de alarma: se dispara cuando la supervivencia está amenazada. Perder el contacto afectivo altera nuestra sensación de seguridad. En la amígdala o «centro del miedo», como la denominó el neurocientífico Joseph LeDoux, del Centro para la Investigación Neuronal de la Universidad de Nueva York, suenan las sirenas. Esta zona en forma de almendra situada en el cerebro medio desencadena una reacción automática. No pensamos; sentimos y actuamos.

En una discusión de pareja, todos sentimos miedo en alguna medida. No obstante, si el vínculo es seguro, sólo experimentamos una angustia momentánea. Cuando comprendemos que la amenaza no es real, o que nuestra pareja nos tranquilizará si se lo pedimos, el miedo se disipa con facilidad. En cambio, si estamos unidos al otro por un lazo frágil o no muy fuerte, nos inunda lo que el neurocientífico Jaak Panksepp, de la Universidad del Estado de Washington, denomina el «pánico primigenio». En ese caso, reaccionamos de dos formas distintas: o bien con exigencias, en un intento de arrancar al otro consuelo y seguridad, o bien aislándonos, en un intento por protegernos. Sea cual sea la forma de expresarlo, con esas reacciones estamos diciendo: «Hazme caso. Quédate conmigo. Te necesito». O: «No voy a dejar que me hagas daño. Si no reacciono, conservaré el control».

Las estrategias para afrontar la ansiedad de separación son inconscientes y suelen funcionar, al menos de momento. Sin embargo, cuando una pareja con problemas recurre a ellas una y otra vez, entra en un círculo vicioso que los aleja más y más. Cada vez con mayor frecuencia, protagonizan episodios en los que ninguno se siente a salvo, se ponen a la defensiva y acaban suponiendo lo peor del otro y de la relación.

Si amamos al otro, ¿por qué no oímos su llamada de socorro y reaccionamos con cariño? Porque la mayor parte del tiempo no estamos en sintonía. Inmersos cada cual en sus propios fantasmas, ignoramos el lenguaje del apego y fallamos a la hora de enviar mensajes claros sobre nuestras necesidades o sobre lo mucho que el otro nos importa. A veces, hablamos con rodeos porque no estamos seguros de qué queremos en realidad. Otras, enviamos mensajes teñidos de rabia y frustración porque la relación no nos inspira confianza. Al final, acabamos exigiendo más que pidiendo, lo que suele desembocar en luchas de poder; desde luego, no en caricias. En ocasiones, quitamos importancia a nuestra necesidad natural de vinculación afectiva centrándonos en aspectos parciales, por ejemplo el sexo. Mediante mensajes camuflados y distorsionados, evitamos exponer demasiado nuestros anhelos más íntimos, sin darnos cuenta de que con esa actitud se lo ponemos muy difícil al otro.

Los «diálogos malditos»

Cuanto más tiempo lleva distanciada una pareja, más dañinos se vuelven sus desencuentros. Los investigadores han identificado distintas pautas nocivas y las han denominado de formas diversas. Yo he puesto nombre a tres, que considero los «diálogos malditos» básicos: «quién tiene la culpa», «la polca de la protesta» y «lucha o huye». Hablaré de ellas con detalle en la Conversación 1.

La más frecuente es, con mucho, «la polca de la protesta». En esta dinámica, un miembro de la pareja se vuelve crítico y agresivo mientras que el otro está distante y a la defensiva. El psicólogo John Gottman, de la Universidad de Washington, en Seattle, ha descubierto que las parejas que se instalan en este patrón de comportamiento al principio del matrimonio tienen más de un 80 por ciento de probabilidades de divorciarse en un plazo de cuatro o cinco años.

Tomemos como ejemplo a una pareja. Jim y Carol discuten desde hace un tiempo porque él llega tarde cuando quedan. En una sesión, Carol ataca a Jim por su última falta: no llegar a tiempo a la sesión de cine. «¿Cómo es posible que siempre llegues tarde?», le increpa. «¿Te da igual que hayamos quedado, que yo esté esperando y que siempre me dejes colgada?» Jim contesta con frialdad: «No pude llegar antes. Pero si vas a empezar a fastidiarme otra vez con eso, quizá deberíamos interrumpir la sesión y volver a casa». Carol responde enumerando todas las veces que Jim ha llegado tarde. Él empieza a defenderse, pero renuncia enseguida y opta por el silencio.

En esta disputa interminable, Jim y Carol se quedan atrapados en el contenido. ¿Cuándo fue la última vez que Jim llegó tarde? ¿La semana pasada o hace meses? Tratan de inclinar la balanza a su favor en el relato de lo que «en verdad sucedió», dictaminar qué historia se ajusta más a la verdad y quién tiene la culpa. Para ellos, el problema es uno de dos: o la irresponsabilidad de él o las quejas de ella.

En realidad, el contenido de la discusión es lo de menos. En otra sesión, Carol y Jim discuten por la reticencia de él a hablar de la relación. «Acabaremos enfadados», dice Jim. «¿De qué sirve? Siempre estamos igual. Es frustrante. Además, al final, terminamos hablando de mis defectos. Me siento mejor cuando hacemos el amor.» Carol niega con la cabeza: «Si ni siquiera podemos hablar, ¿cómo vamos a tener relaciones?»

¿Qué está pasando? La pauta «ataque-evasión» con la que Carol y Jim abordan la cuestión de la impuntualidad ha invadido otros dos temas: «no hablamos» y «no tenemos relaciones sexuales». Están atrapados en un bucle espantoso, en el que la reacción negativa de uno genera hostilidad en el otro.

Cuanto más culpa Carol a Jim, más se aísla éste, y cuanto más se distancia él, más virulentos se vuelven los ataques de su esposa.

Al final, los motivos de la pelea son lo de menos. Cuando las parejas alcanzan este punto, el resentimiento, la desconfianza y el desencuentro envenenan toda la relación. El mínimo desacuerdo, la menor divergencia se toma por el lado negativo. Una palabra inocente es considerada una amenaza. Un acto ambiguo se interpreta de la peor manera posible. Consumidos por terribles miedos y dudas, están siempre en guardia, a la defensiva. Por mucho que lo intenten, no consiguen entenderse. El título de una famosa canción de Cherry Bombs define perfectamente la sensación de Jim: «Es duro besar por la noche los labios que llevan todo el día poniéndote verde».

Algunas parejas llegan a atisbar por un momento el «diálogo maldito» en el que están inmersas. Jim sabe en qué momento Carol va a decir lo decepcionada que se siente antes de que empiece a hablar, e incluso se dispone a prepararse para «detener el fuego», pero la pauta se ha vuelto tan automática, tan compulsiva, que no puede hacer nada por evitarla. La mayoría de parejas, sin embargo, no son conscientes de la pauta destructiva que se ha adueñado de su relación.

Enfadados y frustrados, buscan una explicación y llegan a la conclusión de que el otro es un ser insensible o cruel, o se culpan a sí mismos. «No sé, quizá no soy normal», me dice Carol. «Como decía mi madre, quién va a quererme, si soy tan complicada.» Al final, deducen que no se puede confiar en nadie: el amor es un engaño.

Para muchos psicólogos y consejeros, la idea de que esta dinámica se instale en la relación a causa de la ansiedad de separación sigue siendo revolucionaria. La mayoría de colegas que acuden a mí para formarse en TCE han aprendido a considerar el conflicto y las luchas de poder el principal problema. En consecuencia, procuran enseñar a las parejas técnicas de negociación y de comunicación para abordar las diferencias, pero al hacerlo así sólo están tratando el síntoma, no la enfermedad. Si utilizamos la metáfora de la danza, estarían diciendo a las parejas instaladas en el baile de la frustración y el distanciamiento que cambien los pasos, cuando en realidad deberían buscar otra música. «Deja de decirme lo que debo hacer», exige Jim. Carol lo considera durante una milésima de segundo antes de contestar enfadada: «¡Si no te lo digo, no haces nada por cambiar y todo sigue igual!»

Hay muchas técnicas distintas para afrontar los problemas de pareja, pero mientras no entendamos el núcleo a partir del cual se organizan las relaciones amorosas no llegaremos a desentrañar lo que de verdad está pasando ni a ser capaces de ofrecer ayuda a largo plazo. La dinámica «ataque-evasión» no sólo es una mala costumbre, también refleja una realidad implícita: las parejas inmersas en ella sienten una gran ansiedad porque han perdido la fuente de apoyo emocional. Ambos se sienten desvalidos, necesitan desesperadamente recuperar el sustento.

Mientras no aceptemos que toda relación gira en torno a la necesidad básica de vinculación afectiva y el miedo a perderla, los métodos habituales —aprender técnicas de comunicación o de resolución de conflictos, indagar en los traumas de la infancia o tomarse un tiempo muerto— no funcionarán. Las parejas felices no dominan mejor las técnicas de comunicación ni son más «conscientes» que las infelices. No siempre atienden con empatía ni han averiguado qué expectativas irrealizables concibieron en el pasado. A mi consulta han acudido personas muy conscientes de sí mismas y de sus actos pero incapaces de expresarse con coherencia cuando las inunda el tsunami emocional. Una de mis clientas, Sally, me dijo: «Se me da bien comunicarme, ¿sabe? Tengo muchos amigos, soy asertiva y creo que sé escuchar. Pero ante esos silencios interminables, ponerme a recordar lo aprendido en la terapia de pareja es como tratar de leer las instrucciones de un paracaídas en plena caída libre».

Los remedios estándar no sirven cuando están en juego la seguridad del lazo emocional y la ansiedad de separación. No ayudan a las parejas a reestablecer la conexión ni a conservarla. Ese tipo de técnicas tal vez ponga fin a una pelea, pero a un precio muy alto: los cónyuges pueden acabar aún más distanciados, lo que aumenta su miedo a ser abandonados justo cuando más necesitan afianzar su vínculo.

Momentos clave de apego y desapego

La teoría del apego proporciona un marco único para identificar las pautas destructivas en la relación amorosa. Señala en qué momentos clave una relación se crea o se destruye. Mis clientes a veces me dicen: «Las cosas iban de maravilla. Pasamos cuatro días estupendos y parecíamos viejos amigos. Pero un día de repente tuvimos un tropiezo y todo se fue a paseo. No lo entiendo».

Las crisis de pareja evolucionan con tanta rapidez y son tan caóticas y acaloradas que no da tiempo a captar lo que pasa en realidad y no podemos reaccionar. Ahora bien, al examinar con detalle la situación, podemos identificar los momentos clave y valorar nuestras posibilidades. Las fuertes emociones que nacen de la necesidad de apego aparecen en el momento más inesperado. La conversación más trivial deriva, en un instante, a cuestiones de seguridad y supervivencia. «Johnny ve demasiada televisión» se transforma, como por arte de magia, en «Ya no puedo soportar más las rabietas de nuestro hijo. Soy una madre pésima, pero a ti qué más te da, no me estás escuchando… Ya sé, ya sé, tienes trabajo, eso es lo único que importa, ¿verdad? Mis sentimientos no cuentan, en el fondo estoy sola.»

Si confiamos en nuestra pareja y nos sentimos unidos a ella, esos momentos serán sólo soplos de aire frío en un día de verano, pero ante un vínculo inestable se desencadena una espiral de inseguridad que congela la relación. Bowlby describió a grandes rasgos en qué instante se dispara la alarma. Sucede, dijo, cuando de repente nos sentimos vulnerables o percibimos un vuelco negativo en nuestra sensación de pertenencia a la persona amada. En esos casos, sentimos que la relación corre un grave peligro. Las amenazas pueden proceder del mundo exterior o del universo interno. Pueden ser auténticas o imaginarias. Lo que cuenta es la propia percepción, no la realidad.

Peter, que lleva seis años casado con Linda, se siente últimamente algo alejado de ella. Su mujer ha cambiado de trabajo y hacen menos el amor. En una fiesta, un amigo comenta que a Linda se la ve radiante, pero que él en cambio está perdiendo pelo. Cuando ve a su esposa enfrascada en una charla con un hombre increíblemente guapo —y con mucho pelo— nota un nudo en el estómago. ¿Le bastará para tranquilizarse pensar que su mujer lo adora y que le prestará atención y apoyo si se lo pide? Tal vez le ayude recordar alguna situación similar del pasado y utilice la imagen para superar su malestar.

¿Qué pasa, por el contrario, si no puede acallar su inquietud? ¿Se enfada, va hacia su mujer y hace un comentario sarcástico sobre el flirteo? ¿O trata de quitar importancia a sus miedos y se va a buscar otra copa, o seis más? Mediante cualquiera de ambas estrategias, el ataque o la huida, sólo conseguirá alejar a Linda. Ella adoptará una actitud distanciada, lo que, a su vez, aumentará el pánico primigenio de Peter.

El segundo momento clave tiene lugar cuando la amenaza inmediata ha quedado atrás. La pareja tiene la oportunidad de reparar el vínculo, a menos que haya recurrido a estrategias negativas. En esa misma fiesta, más tarde, Linda va en busca de Peter. ¿Se abre él, le revela el miedo y el dolor que ha sentido al verla en una actitud tan íntima con otro hombre? ¿Expresa sus emociones dando pie a que ella pueda tranquilizarlo? ¿O quizá la acusa de «andar golfeando» y le exige que vuelvan a casa de inmediato a hacer el amor? ¿O se protege tras un muro de silencio?

El tercer momento clave se produce cuando, al entrar en contacto con las emociones que despierta nuestra necesidad de apego, buscamos el apoyo de la persona amada y ésta responde. Pongamos que Peter se las arregla para llevar a Linda a un lado, toma aire y le cuenta que le ha sentado mal verla charlar con un desconocido tan guapo. O quizá se limite a ponerse a su lado y demostrar su malestar con un ademán de disgusto. Supongamos que Linda responde de manera positiva. Aunque él no expresa cómo se siente, ella nota que algo anda mal y le toma la mano. Le pregunta con suavidad si todo va bien. Está accesible, demuestra sensibilidad. ¿Acepta Peter su gesto, confía en ella? ¿La acoge, se siente aliviado, se acerca a ella y se lo agradece? ¿O bien opta por seguir a la defensiva y rechazarla para no sentirse tan vulnerable? ¿Llega incluso a meterse con ella para comprobar si le afecta?

Por fin, cuando Peter y Linda reanudan su interacción habitual, ¿sigue él considerando a su esposa un recinto íntimo de seguridad para los malos tiempos? ¿O aún lo abruma la duda? ¿Intenta manipularla y la obliga a reaccionar para comprobar que lo ama? ¿Se dice que no la necesita y busca algo para distraerse?

Esta historia gira en torno a Peter, pero si la protagonista fuera Linda saldrían a la luz las mismas necesidades de apego e idéntico miedo. En realidad, hombres y mujeres experimentan las mismas dudas y temores, sólo que las expresan de manera algo distinta. Cuando hay problemas en la relación, ellos dicen sentirse rechazados, inadecuados y fracasados; ellas, en cambio, abandonadas y aisladas. Por lo visto, las mujeres tienen también otra reacción ante la inquietud. Los especialistas lo llaman «velar por los suyos». Quizá porque por su sangre circula más oxitocina, la hormona del amor, las mujeres buscan apoyo en otras personas cuando el vínculo de pareja se resiente.

Según un famoso estudio realizado por Ted Huston, de la Universidad de Texas, los problemas matrimoniales no se deben a un incremento en los niveles de conflicto, sino a la disminución del cariño y de la respuesta afectiva. En ese sentido, la ausencia de reacción emocional y no la cantidad de discusiones constituirá el mejor indicador de las posibilidades de ruptura matrimonial en un plazo de cinco años. El fracaso de un matrimonio empieza con una disminución progresiva de comunicación y respuesta afectiva. El conflicto aparece más tarde.

Al enamorarnos, caminamos juntos por la cuerda floja. Si soplan los vientos de la duda y nos aferramos con fuerza el uno al otro o nos separamos de golpe para salvaguardarnos, la cuerda se balanceará con más fuerza y es posible que perdamos el equilibrio. Para seguir en lo alto, debemos sincronizar los movimientos respondiendo a las emociones del otro. Cuando sintonizamos, nos hacemos de contrapeso el uno al otro: estamos en equilibrio emocional.

Capacidad de reacción emocional:
el secreto del amor eterno

> «El corazón se marchita cuando
> otro corazón no responde.»
> *Pearl S. Buck*

Tim y Sarah acuden a mi consulta. Tim no entiende bien qué hace allí. Sólo sabe, dice, que Sarah y él han tenido una discusión terrible. Ella lo acusa de haberla ignorado en una fiesta y lo amenaza con llevarse a los niños e irse a vivir con su hermana. Él no lo comprende. El matrimonio funciona. Sarah tiene una actitud «inmadura» y «pide demasiado». No sabe cuánto lo presionan en su trabajo y pretende que todo sea siempre «coser y cantar». Tim se da media vuelta y mira por la ventana con expresión de estar pensando: «¿Qué le voy a hacer, si no quiere entrar en razón?»

La queja de Tim saca a Sarah de su mutismo desesperado. Afirma, con acritud, que Tim no es tan inteligente como cree. En realidad, le dice, que es «un cretino sin ninguna capacidad de comunicación». A continuación, abrumada por la tristeza, murmura en voz tan baja que apenas la oigo que Tim es «frío como el hielo» y que la ha dejado tirada cuando ella estaba «agonizando». Jamás debería haberse casado con él. Se echa a llorar.

¿Cómo han llegado a este punto? Sarah, pequeña, de pelo oscuro, y Tim, guapo y elegante, llevan tres años casados. Son dos profesionales de éxito que se conocieron en el trabajo, donde se compenetraban de maravilla. Tienen una casa nueva y una hija de dieciocho meses, para cuyo cuidado Sarah ha solicitado una excedencia. Ahora se pasan el día discutiendo.

«Siempre me estás diciendo que llego tarde a casa y que trabajo demasiado», dice Tim exasperado. «Pero trabajo para todos, ¿o no?» Sarah murmura que ya no hay un «todos» que valga. «Dices que ya no me conoces», prosigue Tim. «Bueno, el amor entre adultos es así. Consiste en comprometerse y ser amigos.»

Sarah se muerde el labio y contesta: «Ni siquiera pediste unos días de permiso cuando aborté. Sólo te importan tus negociaciones y tus compromisos laborales». Niega con la cabeza. «Me desespera no poder llegar a ti. Nunca me había sentido tan sola, ni siquiera cuando vivía por mi cuenta.»

Sarah está enviando un mensaje urgente pero Tim no lo capta. La considera «demasiado sentimental». Sin embargo, ahí radica el *quid* de la cuestión. Nunca nos volvemos tan emotivos como cuando peligra la relación amorosa. Sarah necesita desesperadamente reestablecer el vínculo. Tim, igual de aterrado, teme haber perdido la intimidad con Sarah; la conexión también es vital para él. Sin embargo, enmascara su necesidad de apego bajo toda esa cháchara sobre comprometerse y comportarse como adultos. Quita importancia a la inquietud de Sarah para que «las aguas vuelvan a su cauce». ¿Podrán volver a comunicarse en el plano emocional? ¿Recuperarán la sintonía? ¿Cómo puedo ayudarlos?

Los inicios de la TCE

Poco a poco, fui dilucidando cómo ayudar a parejas como Sarah y Tim. Sabía que localizar y explorar ciertas emociones era esencial para trabajar con las personas que acudían solas a mi consulta. Por eso, cuando empecé a trabajar con parejas, en unas cálidas tardes de verano allá por la década de 1980, en Vancouver, Canadá, identifiqué esas mismas emociones y advertí cómo parecían poner música de fondo al baile en pareja. No obstante, las sesiones fluctuaban entre el caos emocional y el silencio. Al poco tiempo, empecé a pasarme mañanas enteras en la biblioteca de la universidad buscando una guía, un mapa que me orientase por los dramas representados a diario en mi consulta. Los distintos materiales, en su mayoría, decían que el amor era irrelevante o incomprensible y que las grandes emociones planteaban peligros, por lo que era mejor no entrar en ellas. Las estrategias propuestas en algunos libros —como identificar las pautas que se repiten de una a otra relación— no me servían de gran cosa. Y si trataba que una pareja pusiera en práctica estrategias de comunicación, ambos me decían que estaba pasando por alto el problema de fondo.

Pensé que tenían razón, y que yo también estaba pasando por alto el problema de fondo. No obstante, estaba fascinada, tanto que me pasaba horas y horas mirando sesiones grabadas en vídeo. Decidí no cejar hasta comprender la realidad de aquellas historias de amor malogrado. Quizá, con suerte, incluso llegase a entender el amor. Un día, por fin, la imagen del negativo empezó a revelarse.

Nada une tanto a las personas como un enemigo común, recordé. Pensé que si lograba hacer ver a las parejas que el auténtico enemigo no era el otro sino las pautas destructivas en las que estaban instalados, los «diálogos malditos», podría ayudarlas. Empecé a repasar con ellos las charlas mantenidas en las sesiones. Los ayudaba a reparar en la espiral que los arrastraba, a no centrarse en la última reacción del otro para responder a ésta a su vez. Usando la metáfora del tenis, sería como aprender a ver todo un partido en vez de fijarse sólo en el servicio o en la trayectoria de la última pelota. Así, mis clientes se dieron cuenta de que el diálogo adquiría vida propia y los perjudicaba a ambos. No obstante, faltaba algo: ¿por qué aquel tipo de pautas era tan poderoso? ¿Cómo los arrastraba a ambos y por qué los perturbaba tanto? Pese a reconocer su efecto mortífero, los diálogos no dejaban de repetirse. Por mucho que ambos identificasen la pauta y advirtiesen cómo quedaban atrapados en ella, la emoción los arrollaba una y otra vez. ¿A qué se debían aquellos sentimientos tan incontrolables?

Observando a parejas como Jamie y Hugh, advertí que, cuanto más se enfadaba ella, más criticaba a su marido y éste, a su vez, más se obcecaba en su silencio. Tras interrogarlo con mucho tacto, Hugh me dijo que, bajo su actitud, se sentía «derrotado» y «triste». Cuando estamos tristes, nos aislamos y lloramos, de modo que Hugh había empezado a llorar la pérdida de su matrimonio. Como es natural, cuanto más se cerraba él, más suplicaba ella que la dejara entrar. Las quejas de Jamie desencadenaban el silencio desconsolado del marido que, a su vez, provocaba furibundas demandas en la esposa. Era un círculo vicioso. Estaban atrapados.

Cuando las dinámicas circulares pierden fuerza, siempre aparecen emociones menos agresivas, como tristeza, miedo o vergüenza. Hablar de tales sentimientos, quizá por primera vez, y comprender hasta qué punto se adueñaban de ellos ayudó a Jamie y a Hugh a sentirse a salvo juntos. Jamie no parecía tan peligrosa cuando se atrevía a decirle a Hugh lo sola que se sentía. Por fin, comprendieron que nadie tenía la culpa. Su manera de comunicarse cambió y las escenas de recriminación y distanciamiento disminuyeron. Al compartir sus emociones más arraigadas pudieron contemplarse desde una perspectiva distinta. Jamie reconoció: «Nunca había llegado a ver todo el cuadro. Sólo advertía que él se había distanciado. Pensé que yo ya no le importaba. Ahora comprendo que estaba eludiendo mis ataques e intentando tranquilizarme. Cuando me desespero entro a matar. No sé reaccionar de otra manera».

Por fin estábamos avanzando. Las parejas se trataban con más consideración. El dolor y la rabia no parecían tan intensos. Al analizarlas más a fondo, observé que las pautas negativas se desencadenaban siempre en el mismo momento: cuando uno de los componentes trataba de llegar al otro y no podía establecer un contacto emocional seguro. En aquel momento, se instalaban en el «diálogo maldito». Pero en cuanto ambos se descubrían víctimas de la pauta y, al compartir sus emociones más profundas, se abrían al otro, el conflicto perdía virulencia y se sentían más unidos. Parecía estupendo. ¿O no?

Por lo visto, no. Jamie me dijo: «Nos llevamos mejor y discutimos menos pero, en el fondo, nada ha cambiado. Si dejamos la terapia, volveremos a empezar. Lo sé». Otros me dijeron lo mismo. ¿Cuál era el problema? Escuchando las grabaciones de las distintas sesiones, advertí que los sentimientos más arraigados, como la tristeza o el puro «terror», como lo llamaba un cliente, no habían desaparecido. El problema seguía ahí.

Emoción procede de la palabra latina *emovere*, mover. Decimos que las emociones nos conmueven, nos sentimos conmovidos cuando nuestros seres queridos revelan sus sentimientos ocultos. Para volver a sentirse unidos, ambos miembros de la pareja debían dejar que sus emociones los «movieran» a nuevas respuestas afectivas. Tenían que aprender a arriesgarse, a mostrar sus aspectos más vulnerables, aquellos que aprendieron a ocultar mediante los «diálogos malditos». Vi que cuanto más expresaban el miedo a la pérdida y a la soledad, menos les costaba hablar de su deseo de conexión y cariño. Las revelaciones de uno «movían» al otro a reaccionar con ternura y, a su vez, lo ayudaban a expresar sus propias necesidades y miedos; como dos personas que, de repente, se miran a los ojos, desnudas pero confiadas, y se acercan mutuamente.

Eran instantes sorprendentes y dramáticos que modificaban por completo la relación y ponían en marcha una espiral positiva de amor y conexión. Las parejas me decían que momentos así les cambiaban la vida. No sólo dejaban atrás los «diálogos malditos», sino que ingresaban en un nuevo tipo de respuesta afectiva, basada en la seguridad y la unión. A partir de ese momento, su historia de amor se transformaba y podían decidir, en un ambiente de cooperación, cómo cuidar la relación y salvaguardar la recién adquirida intimidad. No obstante, yo seguía sin comprender dónde radicaba el poder de aquellos instantes.

Fascinada por mis hallazgos, convencí a mi director de tesis, Les Greenberg, de que sometiéramos el enfoque, al que bauticé con el nombre de Terapia Centrada en las Emociones o TCE, a una investigación. Nos proponíamos comprobar si ciertas señales emotivas podían modificar el vínculo entre la pareja. El primer estudio corroboró todas mis expectativas: la TCE no sólo ayudaba a romper las pautas destructivas, sino que también aumentaba la intensidad del vínculo amoroso.

Durante los siguientes quince años, mis colegas y yo llevamos a cabo ensayos con la TCE y descubrimos que más del 85 por ciento de las parejas que acudían a la consulta experimentaba cambios significativos en su relación. La mejora, además, perduraba en el tiempo, incluso entre parejas sometidas a importantes factores de estrés, como la enfermedad crónica de un hijo. Descubrimos que la TCE funcionaba con camioneros y abogados, con gays y heterosexuales, con parejas de muy distintas culturas, con mujeres que se quejaban de un marido «inexpresivo» u hombres que protestaban de una esposa «gruñona» e «imposible». A diferencia de otros enfoques, el nivel de malestar que expresaban en la primera consulta no influía en el nivel de satisfacción que decían sentir al término de las sesiones. ¿Por qué? Quería averiguarlo, pero primero quedaban algunas cuestiones por aclarar.

¿De dónde procedía aquel drama emocional? ¿Por qué eran los «diálogos malditos» tan frecuentes y poderosos? ¿Por qué un solo instante de conexión transformaba hasta tal punto la relación? Aunque había dado con un camino por el que internarme por territorio extraño, echaba en falta una brújula que me orientase. Había visto renacer el amor entre parejas que estaban al borde del divorcio e incluso sabía cómo propiciar y dirigir el movimiento, pero seguía sin conocer la respuesta a aquellas preguntas.

Los pequeños momentos acaban por definir toda una vida, tanto de las parejas como de los terapeutas e investigadores en busca de respuestas. Un día, un colega me planteó la pregunta: «Si las relaciones amorosas no son transacciones, la búsqueda de un beneficio al mínimo coste posible, ¿qué son?» En aquel momento me oí decir a mí misma en tono indiferente: «Ah, pues vínculos afectivos. No se puede negociar con el amor. Se trata de una reacción emocional». Y de repente, una nueva perspectiva se abrió ante mí.

Volví a revisar mis cintas, prestando especial atención a las necesidades y los miedos que expresaban los clientes. Observé aquellos instantes clave de transformación y comprendí lo que estaba viendo: ¡vinculación emocional! Por fin lo entendía. Tenía ante mis ojos ni más ni menos que la capacidad de reacción emocional que Bowlby consideraba la base del amor. ¿Cómo no me había dado cuenta? Pues porque me habían enseñado que ese tipo de lazos finaliza con la infancia. No obstante, lo que llevaba tanto tiempo presenciando no era sino la mismísima base del amor adulto. Corrí a casa a escribirlo y empecé a trabajar en las sesiones desde aquel enfoque.

La teoría del apego respondía las tres preguntas que tanto me habían atormentado. A grandes rasgos, entendí que:

1. Las emociones arrolladoras que se manifestaban en las sesiones eran cualquier cosa menos irracionales. En realidad, tenían muchísimo sentido. Las personas parecían luchar por su vida porque estaban haciendo precisamente eso. La sensación de soledad y la posible ruptura del vínculo afectivo provocan en el cerebro una reacción de pánico primigenio. La necesidad de vinculación emocional con nuestros más allega-

dos se ha codificado en nuestros genes a lo largo de millones de años de evolución. Las diversas parejas con problemas tal vez lo expresen de manera distinta, pero en el fondo siempre están preguntando lo mismo: «¿Estarás ahí si te necesito? ¿Te importo? ¿Acudirás cuando te llame?» El amor constituye la mejor garantía de supervivencia. Por eso, una repentina sensación de aislamiento, de desconexión emocional, aterra a cualquiera. Se hace necesario restablecer el vínculo expresando las propias necesidades para que el otro se sienta impulsado a reaccionar. La conexión afectiva con los más allegados es nuestra prioridad absoluta, por delante incluso del alimento o el sexo. Por eso, la problemática amorosa surge siempre en torno a la necesidad de vínculo emocional, elemento esencial para mantener el instinto de supervivencia. La conexión afectiva es la única seguridad que nos ofrece la naturaleza.

2. La lógica oculta tras episodios como los «diálogos malditos» había que buscarla en las emociones nacidas de la necesidad de apego. Por fin comprendía por qué aquellas pautas eran tan persistentes y arrolladoras. Al sentir amenazada la seguridad del vínculo, la pareja adoptaba la modalidad «pelea-o-huye». Se culpaban mutuamente y se ponían agresivos para arrancar una reacción al otro, la que fuera, o se cerraban y fingían que la situación no les afectaba. Sea cual fuere el caso, ambos están aterrorizados, sólo que abordan el miedo de manera distinta. Por desgracia, una vez desencadenada la dinámica «ataque-evasión», los temores de ambos se confirman y aumenta la sensación de soledad. Leyes emocionales tan antiguas como el tiempo dictan los pasos de este ritual y

ninguna estrategia de tipo racional va a cambiarlo. La mayoría de reproches suelen ser protestas desesperadas por miedo a la separación, quejas ante la desconexión. Por eso, sólo se acallarán si uno de los dos da el paso de sostener al otro. Ningún otro gesto servirá y, si el reencuentro no se produce, la discusión se prolongará en el tiempo. El uno seguirá empeñado en provocar una reacción afectiva en el otro y éste, al sentir que el amor ha fracasado, se paralizará. La inmovilidad ante el peligro es una de las reacciones que tenemos biológicamente incorporadas para afrontar la sensación de impotencia.

3. El éxito de la TCE se debía a que restablecía la seguridad del vínculo. Cuando la pareja sintoniza en un marco de confianza, ambos miembros identifican la necesidad de apego del otro, responden con cariño y forjan un lazo capaz de superar las diferencias, las ofensas y el paso del tiempo. A partir de instantes así se construyen las relaciones seguras, en las que la pregunta «¿Puedo contar contigo?» recibe una respuesta afirmativa. En cuanto la pareja sabe cómo expresar sus necesidades y acercarse mutuamente, las pruebas que les depare la vida no harán sino fortalecer su amor. No es de extrañar, pues, que tales momentos desemboquen en una nueva dinámica, basada en la conexión y la confianza, ni que los miembros de una pareja tratada con TCE ganen aplomo como individuos. Si sabes que la persona amada está disponible y acudirá cuando la llames, te sientes más seguro de ti mismo, de tu valía; el mundo intimida menos cuando comprendes que no estás solo.

Tras el primer ensayo de la TCE, supe que había encontrado la manera de guiar a una pareja por la ruta que lleva de la desesperación a la conexión. Además, al comprender que todo el drama giraba en torno al apego, supe que había encontrado también un mapa del sentimiento amoroso, y que podía planear sistemáticamente los pasos que dar en el viaje hacia un tipo especial de vínculo amoroso.

Empecé a contemplar las sesiones desde otra perspectiva. Viendo a las parejas hacerse reproches o encerrarse en sí mismas, me parecía estar presenciando el mismísimo concepto de ansiedad de la separación. Unos gritaban cada vez más alto para llamar la atención de su pareja, otros bajaban la voz hasta un susurro, como si no quisieran perturbar la «paz». Las parejas instaladas en un «diálogo maldito» hablaban sin duda el lenguaje del apego. Una necesidad desesperada de reacción emotiva que desembocaba en reproches, terror al rechazo y al abandono, y que conducía al aislamiento: sobre aquellos andamios se sostenían los interminables conflictos. A partir de entonces, me fue fácil sintonizar con las emociones que se manifestaban en las sesiones. Comprendía la urgencia de las parejas. Cuando apliqué mi nuevo enfoque a la terapia, situando emociones, necesidades e interminables disputas en un marco de apego y ayudando a los componentes a recuperar la conexión, las parejas notaron que llegaban a alguna parte. Me dijeron que por fin comprendían sus propios anhelos inefables y sus miedos aparentemente irracionales, al tiempo que se sabían capaces de comunicarse con la persona amada de un modo del todo distinto. Expresaron su alivio al descubrir que no había nada raro en albergar aquellos deseos y temores, que no eran síntoma de inmadurez. Ya no tenían que ocultarlos ni que negarlos. Por fin podíamos perfeccionar la relación de pareja mediante la TCE; no sólo íbamos por buen camino, habíamos encontrado el cuartel general. Podíamos ir directos al núcleo del problema.

Con el paso de los años, las investigaciones científicas sobre el apego adulto han confirmado lo que yo aprendí acompañando y observando a miles de parejas, las conversaciones tipo que forjan el vínculo emocional, por lo que la conexión segura ha dejado de ser un misterio. Nuestros estudios han demostrado que cuando mantienen estas conversaciones tipo, las parejas superan la angustia y construyen un vínculo más sólido. Es nuestra pretensión compartirlas contigo para que las apliques a tu propia relación. Hasta ahora, este proceso siempre había sido supervisado por profesionales formados en TCE, pero me parece un enfoque tan valioso y necesario que lo he simplificado para que tú, lector o lectora, puedas utilizarlo con facilidad y consigas cambiar a mejor tu relación de pareja.

ARC

La base de la TCE son siete conversaciones destinadas a fomentar un tipo especial de reacción emocional esencial para un amor duradero y que consta de tres partes principales:

- Accesibilidad: ¿Puedo acercarme a ti?
  Implica seguir siendo accesible incluso cuando tienes dudas o te sientes inseguro. Requiere estar dispuesto a desentrañar las propias emociones para procurar que no nos arrollen. Al hacerlo, puedes evitar la desconexión y sintonizar con las señales de auxilio que envía tu pareja.

- Reactividad efectiva: ¿Puedo confiar en que sabrás reaccionar con afecto?

Significa sintonizar con tu pareja y demostrarle que sus emociones, sobre todo la necesidad de apego y la ansiedad de separación, hacen mella en ti. Implica aceptar y dar prioridad a las señales emotivas que el otro envía y responder con muestras de protección y consuelo cuando lo necesita. La capacidad de reacción afectiva conmueve emocionalmente y tranquiliza también en el plano físico.

- Compromiso: ¿Sé que me valoras y que estarás a mi lado?

El diccionario define «comprometido» como atraído, pendiente, cautivado, prometido, implicado. En este caso, el compromiso afectivo implica un tipo especial de atención destinada sólo a la persona amada. La miramos más, la tocamos con frecuencia. Para referirse a esta actitud, las parejas a menudo hablan de «estar emocionalmente presente».

Las siete conversaciones de la TCE

Volvamos a la historia de Sarah y Tim y veamos cómo funciona la TCE. Echaremos un vistazo a las cuatro primeras conversaciones, que transformaron su relación. Hacerlo así te ayudará a comprender los cambios que Sarah y Tim experimentaron y a utilizar la segunda parte de este libro para fomentar dichas mejoras en tu propia relación de pareja. Como ellos, aprenderás a no precipitarte por la pendiente que lleva a la carencia afectiva y al distanciamiento que destruyen tantas relaciones; aún más, descubrirás la exquisita lógica del amor y el tipo de conversaciones que lo fomentan.

En la primera conversación, reconocer los «diálogos malditos», animo a las parejas a identificar qué dinámicas perjudican su relación, en qué momento exacto quedan atrapados en ellas y cómo los movimientos de cada cual retroalimentan el enfrentamiento. Una vez que son conscientes de dichos pasos, les pido que exploren sus propios comentarios destructivos y averigüen qué tratan de decir en realidad. Las críticas y los reproches de Sarah son una protesta desesperada por la pérdida de contacto con Tim, mientras que éste, al ponerse a la defensiva y optar por una fría racionalidad, expresa su temor a haber decepcionado a Sarah y su terror a perderla. Cuanto más se empeña él en quitar importancia a las inquietudes de su mujer, más sola se siente ella, y más frustrada. Al cabo de un rato, la comunicación entre ambos se reduce a acusaciones y justificaciones.

Ahora, sin embargo, Sarah y Tim tienen la oportunidad de iniciar un nuevo tipo de conversación, más positiva, que les ayude a romper con los «diálogos malditos». Sarah se siente con fuerzas para decir: «Reconozco que reacciono con mucha hostilidad. Me siento menospreciada, y te hago reproches para que te des cuenta. Para que entiendas lo que me pasa y vuelvas a mí. Sin embargo, con mi actitud sólo consigo que te alejes y te justifiques. Supongo que en momentos así doy bastante miedo, de modo que te aíslas aún más, lo que aumenta mi angustia. Es un callejón sin salida. Nunca me había dado cuenta». Tim comprende por qué, al distanciarse, provoca nuevos reproches en Sarah. Identifican la pauta y dejan de culparse el uno al otro por las consecuencias. En ese instante, están preparados para un segundo diálogo.

Para «localizar sus puntos flacos», Tim y Sarah deben comprender qué motiva tanto sus propias reacciones como las de su pareja y aceptar que todo el drama gira en torno a la seguridad de su vínculo afectivo. Así, empiezan a ver más allá de las reacciones inmediatas, como la ira de Sarah o la frialdad de Tim. Para ello, exploramos en las profundidades de su mundo emocional en busca de los sentimientos menos virulentos, relacionados con necesidades y miedos de apego. Tim se vuelve hacia una Sarah mucho más tranquila y receptiva para decirle: «Tienes razón. Ayer por la noche, no me di cuenta de que sufrías. En momentos así, sólo percibo tu rabia. Únicamente comprendo que he vuelto a meter la pata, que te he fallado otra vez. No hago nada a derechas». Se tapa la cara con las manos, suspira y prosigue: «Supongo que trato de correr un velo para que dejemos de pelearnos y dejes de poner ejemplos de todo lo que hago mal, pero ¿crees que no me doy cuenta de que te estoy perdiendo?» Baja la cabeza. Sarah se inclina hacia él y posa la mano en su brazo. El problema no radica en que no la tenga en cuenta o no la necesite, sino en que no puede soportar el miedo a perderla.

Sarah y Tim han entendido que es imposible vivir en pareja sin tocar los puntos flacos del otro. Debemos conocer esos aspectos vulnerables y hablar de ellos de tal modo que el ser amado se sienta impulsado a acercarse. Sarah y Tim saben ahora que ciertas actitudes despiertan la susceptibilidad del otro y desencadenan su ansiedad de separación. «Me da rabia que llegues tarde», le dice Sarah a Tim. «Cuando lo haces, mi padre me viene a la memoria. Después de dejarnos, me llamaba por telé-

71

fono para decirme que me quería y que pronto vendría a buscarme, pero nunca se presentaba. Yo lo esperaba... y un día comprendí que era una tonta por pensar que yo le importaba. Mientras te espero, me invade esa misma sensación.» Al expresar sus sentimientos de esperanza y decepción en lugar de enfadarse con él, Sarah ayuda a su marido a ponerse en su lugar, a comprender lo que está en juego para ella. Él la escucha y empiezan a conectar en un nivel afectivo más profundo.

En un tercer diálogo, «regreso a un momento crítico», la pareja reproduce algún episodio en que la dinámica «ataque-evasión» se apoderó de la relación, pero reparando en los movimientos que hizo cada cual y las emociones que sintieron. Así vuelven conscientes de la inercia de su ritual. ¿Cómo funciona?

SARAH: Estábamos tan inmersos en esa dinámica de la polca. Antes de saberlo, sólo me oía a mí misma amenazando con marcharme. Pero esta vez, una parte de mí decía: «¿Qué estoy haciendo? ¿Qué estamos haciendo? Ya estamos atrapados otra vez». Ahora comprendo que la necesidad urgente de hacer reaccionar al otro es parte del amor. No tengo que sentirme mal por ello. Pero es que a veces me pongo furiosa por anticipado. Aquel día estaba preocupada. Pensaba que Tim iba a faltar a su promesa de pasar fuera el fin de semana, y el asunto se me fue de las manos. Entonces me di cuenta: «Espera un momento. Ya estamos otra vez. Vamos a tranquilizarnos». A esas alturas, él ya había salido de la habitación. [Se vuelve hacia Tim.] Salí a buscarte y te dije: «Oye, ya estamos otra vez instalados en la polca. Me siento abandonada, como si no fueras a cumplir tu promesa». [Sonríe.]

TIM: Tienes razón. Ya me había encerrado en mí mismo. Me había rendido. Pero en alguna parte de mi mente, recordé lo que habíamos hablado en la sesión. Y cuando viniste a buscarme, me sentí aliviado. Después pude decirte que quería pasar el fin de semana contigo. Rompimos la espiral y nos acercamos el uno al otro, nos tranquilizamos mutuamente. Me ayudó recordar que habías dicho que temías que te dejara colgada y no cogiese el fin de semana libre. Está vez no lo interpreté como un reproche sobre lo mucho que siempre te decepciono.

SARAH: Nunca había pensado que te afectaran tanto nuestras peleas. En realidad, pensaba que no te importaban en absoluto, así que, lo reconozco, me desesperaba, me ponía frenética. No podía hacerte reaccionar. Tampoco me ayudó que tú y tu familia me dijeseis que debía madurar y resolver las cosas por mí misma. Me hizo sentir aún más sola.

TIM: [Se acerca a ella.] Ya lo sé. Ahora lo entiendo. Siempre llegábamos al mismo punto: tú triste y sola, y yo sintiéndome como un cretino. No acertaba a comprender qué nos pasaba, y cuanto más me esforzaba por quitarle importancia, peor se ponían las cosas. Sue dice que es normal, que sucede a menudo. Supongo que nunca hemos hablado mucho de nuestras necesidades afectivas, de lo que esperamos del otro.

SARAH: Este ritual que nos arrastra es el problema, aunque tú, en lo de acercarte, seas como un viajero espacial. [Ella sonríe. Él asiente dándole la razón y sonríe también.]

Ahora, Tim y Sarah pueden actuar como hacen las parejas unidas por un vínculo seguro: reconociendo y aceptando las necesidades mutuas de apego. Cuentan con un recinto íntimo de seguridad al que acudir para iniciar un nuevo diálogo que refuerce aún más su lazo afectivo.

El propósito de estos tres primeros diálogos es recorrer a la inversa la escalada de tensión y preparar a la pareja para los siguientes, que forjan y fortalecen el vínculo.

El cuarto diálogo, «abrázame fuerte», es el que de verdad transforma la relación al impulsar a los miembros a ser más accesibles, más reactivos a las emociones del otro y a desarrollar un compromiso profundo. Los tres últimos, «perdonar las ofensas», «el vínculo a través del sexo y el contacto» y «mantener vivo el amor» se apoyan en la conexión afectiva creada en este diálogo. Cuando las parejas dominan la cuarta conversación cuentan con un antídoto contra los altibajos del amor y con una vía para escapar de las trampas de la desconexión.

«Abrázame fuerte» es una conversación difícil pero embriagadora. Se forja un vínculo afectivo que muchas parejas no han experimentado jamás, ni siquiera en los inicios de la relación, cuando las hormonas de la pasión inundaban sus cuerpos. Se parece al maravilloso lazo que une a madre e hijo, sólo que más complejo, rico y sexual. Cuando se despliega este diálogo, los miembros de la pareja se contemplan a sí mismos y al otro como nunca antes lo habían hecho; los embargan emociones nuevas y reaccionan de modo distinto. Se atreven a correr más riesgos y descubren una nueva intimidad.

Veamos cómo funciona este diálogo en una pareja como Tim y Sarah cuando, de repente, todo encaja.

Tim ya se atreve a decirle a su mujer que experimenta una «parálisis demencial» cuando se siente incapaz de complacerla. En tales situaciones, termina por encerrarse en sí mismo, pero ya no quiere seguir haciéndolo. Ahora añade: «Sin embargo, no sé cómo acercarme a ti. Ni siquiera estoy seguro de saber qué significa. No puedo hacerlo, salvo en la cama».

Pese a todo, como las reacciones de apego están programadas biológicamente, cuando le pregunto a Tim cómo le demuestra a su hijita cuánto la quiere, su rostro se ilumina: «Ah, le susurro y la abrazo, sobre todo por la noche, antes de dormir», apunta. «Y cuando me sonríe a la vuelta del trabajo, le expreso de distintas maneras cuánto me alegro de verla. Le gusta que la bese en la mejilla y le diga que es el tesoro de mi vida. Y juego con ella, me dedico por entero a ella en esos momentos especiales.» En ese instante, abre los ojos de par en par; sabe lo que voy a decir. «Ah, así que cuando se siente seguro, se le da bastante bien demostrar afecto. En realidad, sabe muy bien cómo sintonizar con sus seres queridos. Puede reaccionar con ternura, y conectar.» Él sonríe, inseguro pero esperanzado. A continuación hablamos de qué le impide demostrar afecto a su esposa. Se vuelve hacia Sarah y le dice que cree estar demasiado «en guardia», demasiado asustado para sintonizar con ella.

Tim y Sarah han llegado a un momento clave de su relación. Él guarda silencio un momento y prosigue: «Sé que no me he ocupado de ti», confiesa. «Reconozco que no te he apoyado. Estoy tan preocupado por demostrar lo que valgo en el trabajo… y a ti. Pero me destroza ver que te enfadas pese a todos mis esfuerzos. No puedo soportarlo, así que me encierro en mí mismo. No obstante, quiero estar contigo. Te necesito. Quiero que me des una oportunidad, dejar de preguntarme qué he hecho mal y poder decirte lo importante que eres para mí. Quiero que estemos juntos, pero no siempre sé cómo hacerlo.» Su esposa lo mira con los ojos como platos. Luego frunce el ceño y se echa a llorar.

Tim se ha vuelto accesible. Puede hablarle a su mujer de sus necesidades de apego y de su fragilidad. Se ha implicado en el terreno afectivo. Eso es lo importante, no las palabras que haya empleado. Sin embargo, Sarah, al principio no sabe cómo tratar a ese extraño. ¿Puede confiar en él? En pocos minutos, la música emocional ha cambiado: la polca se ha convertido en un tango, un baile de intenso contacto. Insegura, le lanza un comentario hostil. «Y cuando "no sepas cómo hacerlo", como tú dices, te irás corriendo al trabajo donde sí eres un experto, ¿no?»

Poco a poco, conforme Tim va expresando sus necesidades, Sarah ve ante sí «al hombre del que me enamoré, el compañero que siempre he querido a mi lado». Es el turno de Sarah, momento de escuchar esta nueva música y suavizar su semblante irritado. Podría empezar hablando de cuánto teme que la deje y de lo mucho que necesitaba saber que aún la quiere. La animo a expresar qué necesita exactamente para sentirse segura. «Es un riesgo tan grande, como saltar desde una gran altura confiando en que tú me cojas», dice dudosa. «He acumulado tanta desconfianza.» «Pídemelo», susurra él. «Estoy aquí.» Ella contesta: «Necesito seguridad. Y atención. Saber que soy lo más importante para ti, aunque sólo sea de vez en cuando. Necesito que repares en mi dolor y que reacciones cuando estoy asustada. ¿Puedes abrazarme?» Él se levanta y la hace levantar a su vez para envolverla en un abrazo.

Sé, después de haber acompañado a miles de parejas, que en ese preciso instante las relaciones abandonan el terreno inestable para internarse en un territorio firme donde forjar un amor para toda la vida. A través de este diálogo, Tim y Sarah han encontrado la conexión segura, el vínculo fiable que todos anhelamos.

PUESTA EN PRÁCTICA

El cuestionario y los ejercicios que se detallan a continuación te ayudarán a contemplar tu relación a través del prisma del apego.

El cuestionario ARC

Este cuestionario constituye el punto de partida ideal para que empieces a aplicar a tu propia relación las ideas que se plantean en este libro. Solamente tienes que leer cada afirmación y marcar la V si para ti es verdadera o la F si es falsa. Para conocer el resultado, cuenta un punto por cada vez que respondas «verdadera». Puedes contestar el cuestionario y reflexionar sobre tu relación a solas o proponerle a tu pareja que lo contestéis por separado y discutáis después las respuestas tal como se describe al final del cuestionario.

Desde tu punto de vista, ¿tu pareja es accesible?

1. Mi pareja me presta mucha atención.

   V   F

2. Me cuesta poco establecer contacto afectivo con mi pareja.

V   F

3. Mi pareja me demuestra que para él/ella
   yo soy lo primero.

V   F

4. No me siento solo/a ni excluido/a en esta relación.

V   F

5. Puedo compartir mis más profundos sentimientos
   con mi pareja. Sé que él/ella me escuchará.

V   F

Desde tu punto de vista,

¿tu pareja tiene capacidad de reacción emocional?

1. Si necesito contacto o consuelo, me lo da.

V   F

2. Mi pareja responde a las señales de que necesito
   su apoyo.

V   F

3. Siento que puedo contar con mi pareja cuando
   estoy nervioso/a o me siento inseguro/a.

V   F

4. Aunque nos peleemos o no estemos de acuerdo,
   sé que soy importante para mi pareja y que
   encontraremos el modo de volver a sentirnos unidos.

V   F

5. Si necesito estar seguro/a de que soy importante
   para mi pareja, me lo demuestra.

V   F

¿Estáis comprometidos emocionalmente?

1. Me siento muy cómodo/a cerca de mi pareja
   y confío en él/ella.
   V   F

2. Puedo confiar en mi pareja en casi todos
   los aspectos.
   V   F

3. Confío en nuestro vínculo incluso cuando estamos
   separados.
   V   F

4. Sé que a mi pareja le importan mi felicidad,
   mi dolor y mi miedo.
   V   F

5. Me siento lo bastante seguro/a como para
   correr riesgos emocionales con mi pareja.
   V   F

Si has sacado 7 puntos o más, estás en el camino de crear un vínculo seguro y puedes utilizar este libro para fortalecerlo. Si has sacado menos de 7 puntos, ha llegado la hora de utilizar los diálogos descritos en este libro para empezar a forjar un lazo afectivo con la persona amada.

Comprender el tipo de relación que existe entre ambos y expresar vuestras opiniones al respecto será el primer paso para crear el vínculo que ambos deseáis y necesitáis. ¿La opinión de tu pareja sobre tu accesibilidad, capacidad de reacción emocional y grado de compromiso coincide con tu punto de vista y con la sensación de seguridad que te inspira la relación? No olvides que tu pareja está hablando de lo segura y conectada que se siente hoy por hoy, no de si eres más o menos perfecto/a como compañero/a. Podéis comentar por turnos las respuestas que os han parecido más positivas e importantes. Lo mejor es hablar cinco minutos cada uno.

Ahora, si os sentís cómodos, tratad de explorar qué cuestiones han suscitado en vosotros emociones difíciles de asumir. Hacedlo, en la medida de lo posible, con el ánimo de ayudar al otro a sintonizar con vuestros sentimientos. Si os dejáis arrastrar por emociones negativas, no seréis capaces, así que evitad las críticas o las incriminaciones. Una vez más, lo ideal sería que cada uno hablara unos cinco minutos.

Explorando los vínculos emocionales

Quizá te sientas más cómodo/a reflexionando sobre aspectos generales en lugar de utilizar el cuestionario. Puedes limitarte a reflexionar sobre las preguntas que se formulan a continuación o escribir las respuestas en un diario para meditarlas más profundamente. Tal vez quieras comentar tus respuestas con tu pareja en algún momento.

- ¿La historia de Tim y Sarah tiene sentido para ti? ¿Te resulta familiar? ¿Qué parte te ha parecido más importante y cómo la interpretas?
- ¿Qué mensajes sobre el amor y el matrimonio te transmitieron tus padres? ¿Y tu comunidad? ¿La capacidad de acercarse y confiar en los demás se consideraba en tu casa una cualidad y un recurso?

- Antes de tu relación actual, ¿has disfrutado de relaciones afectivas seguras con personas en las que confiabas, a las que te sentías unido/a y a quienes podías acudir en caso de necesidad? ¿Tienes presente una imagen de este tipo de relación, un modelo que te ayude a construir tu relación actual? Piensa en un episodio que retrate esta clase de unión y coméntaselo a tu pareja.

- ¿Dedujiste de tus relaciones anteriores que las personas amadas eran inaccesibles, que debías estar en guardia y hacer todo lo posible por que te prestaran atención y respondieran a tus demandas? ¿Aprendiste que depender de los demás entrañaba peligro, que era mejor mantener las distancias, ser independiente y evitar la intimidad? Las estrategias básicas de supervivencia a menudo se desencadenan cuando la persona que amamos está distante o ausente. ¿A qué estrategias recurriste en tus otras relaciones, con tus padres pongamos por caso, cuando las cosas empezaban a ir mal?

- ¿Alguna vez has sentido la urgencia de saber que podías contar con la persona amada? Si no se mostraba accesible, ¿cómo te sentiste y qué aprendiste de ello? ¿Cómo lo afrontaste? ¿Ha tenido eso alguna repercusión en tus relaciones posteriores?

- Si te cuesta recurrir a los demás y confiar en ellos, aceptar su ayuda cuando la necesitas, ¿qué haces cuando la vida se pone difícil o te sientes solo/a?

- Di dos cosas muy concretas y específicas que un compañero/a accesible, con capacidad de reacción, seguro/a y comprometido/a haría un día cualquiera y cómo te harían sentir.

- En tu relación actual, ¿eres capaz de decirle a tu pareja, o de hacerle notar, que necesitas contacto y consuelo? ¿Te resulta fácil o difícil? Quizá pienses que se trata de un signo de debilidad o tal vez te parezca demasiado arriesgado. Puntúa tus dificultades al respecto en una escala del 1 al 10. Una puntuación muy alta significaría que te cuesta mucho. Coméntalo con tu pareja.

- Cuando te sientes aislado/a o solo/a en tu actual relación, ¿eres propenso/a a ponerte muy emotivo/a o incluso nervioso/a y presionas a tu pareja para que reaccione? ¿O tiendes más a cerrarte en ti mismo/a para negar tu necesidad de conexión? ¿Recuerdas si alguna vez te ha sucedido algo así?

- Piensa si en alguna ocasión una pregunta del tipo «¿puedo contar contigo?» ha quedado flotando en el aire o si te has sentido mal discutiendo un asunto trivial. Coméntalo con tu pareja.

- ¿Se te ocurre algún momento en que uno de los dos haya recurrido al otro y la respuesta de éste os haya hecho sentir unidos y seguros en el terreno emocional? Coméntalo con tu pareja.

Ahora que tienes una idea general de qué es el amor y cómo se crea una dependencia positiva, los diálogos de los siguientes capítulos te enseñarán a forjar un vínculo profundo con tu pareja. Los primeros cuatro describen cómo romper las dinámicas negativas que provocan desconexión entre los miembros de la pareja, y cómo sintonizar con el otro para disfrutar de una reactividad emocional duradera. Los dos siguientes explican cómo mejorar la calidad del lazo afectivo mediante el perdón y la intimidad sexual. El último enseña a cuidar de la relación a diario.

SEGUNDA PARTE

Siete conversaciones transformadoras

Conversación 1
Reconocer los «diálogos malditos»

«El conflicto es preferible a la soledad.»
Proverbio irlandés

En todos los casos, la persona a la que amamos por encima de todo, aquella que nos hace volar a lo más alto, es la misma que nos puede estrellar contra el suelo. Basta que mire hacia otro lado o haga un comentario casual. No hay vínculo posible sin tal «hipersensibilidad». Si la relación de pareja es estable y segura, sabremos afrontar esos momentos delicados. En realidad, los utilizaremos para fortalecer la unión. Pero si nos sentimos inseguros y poco tenidos en cuenta, esos instantes prenden como una chispa en un bosque reseco: arrasan toda la relación.

Así han sido los primeros tres minutos de una sesión particularmente explosiva con Jim y Pam, una pareja casada desde hace tiempo cuya relación ha experimentado un grave deterioro, aunque ambos siguen apreciando las buenas cualidades del otro. En sesiones anteriores, Jim me había dicho que el cabello dorado de Pam y sus ojos azules lo hipnotizaban; ella, a su vez, ha comentado a menudo lo buen compañero que es su marido, además de un padre excelente y un hombre atractivo. La sesión empieza con placidez. Pam cuenta que Jim y ella han pasado una semana muy agradable juntos y que ha procurado respaldar más a su marido cuando el trabajo lo estresaba demasiado. También dice cuánto le gustaría que él le pidiera apoyo emocional en los momentos críticos. Jim gruñe, mira al cielo y se aparta de su esposa con silla y todo. Juro que, en aquel momento, sentí cómo una ráfaga de aire gélido inundaba mi consulta.

Pam exclama a voz en grito: «¿A qué viene esa estúpida actitud? Me he esforzado mucho más que tú en solucionar nuestros problemas, engreído de mierda. Aquí estoy, ofreciéndote apoyo, y tú te pones a darte aires de superioridad, como siempre». «Qué manera de despotricar», le dispara Jim. «Nunca se me ocurriría pedirte ayuda. No hay más que verte ahora. Te pondrías a echarme la bronca, llevas años haciéndolo. Todo este lío es por tu culpa.»

Intento tranquilizarlos, pero gritan tanto que ni me oyen. Se apaciguan al fin cuando les digo que lamento mucho que este episodio se haya desencadenado justo cuando Pam trataba se ser positiva y cariñosa. Ella se echa a llorar; él cierra los ojos y suspira. «Siempre nos pasa lo mismo», dice Jim, y tiene razón. Precisamente por eso, estos momentos son el punto de partida. Identificar la pauta que se repite para empezar a centrarse en el juego más que en la pelota constituye el principio del cambio.

Recurrimos siempre a las mismas pautas —yo las llamo «diálogos malditos»— cuando consideramos amenazado el vínculo con la persona amada. «Quién tiene la culpa» es una dinámica imposible en la que incriminación mutua coloca a dos personas a miles de kilómetros de distancia, impidiendo el reencuentro y la creación de un recinto seguro de intimidad y confianza. Inmersas en esa pauta, las dos personas bailan a un metro de distancia, como Jim y Pam cuando empiezan a culparse mutuamente de los problemas de su relación. Muchas parejas se instalan en esta dinámica durante breves lapsos, pero es difícil mantenerla mucho tiempo. En la mayoría de los casos, «quién tiene la culpa» cede el paso a otra pauta más frecuente y cristalizada, que los teóricos suelen denominar de «ataque-evasión» o de «crítica-defensa». Yo la llamo la «polca de la protesta» porque la considero una reacción o, más exactamente, una protesta contra la pérdida de seguridad necesaria en una relación. La tercera dinámica es «evitación-huída» o, como a veces la llamamos en la TCE, «retirada, retirada». Suele aparecer cuando la «polca de la protesta» lleva un tiempo instalada en la relación y los miembros de la pareja se sienten tan impotentes que empiezan a guardarse para sí sus emociones y necesidades. Con su actitud distanciada, tratan de evitar el dolor y la desesperación. Volviendo a la metáfora del baile, sería como si ambos hubieran renunciado a la danza y se hubiesen sentado. Es la dinámica más peligrosa de todas.

En algún momento de la relación amorosa, todos caemos en una u otra dinámica similar. En ciertos casos, será un episodio breve, aunque peligroso, en una relación segura por lo demás. En otros, cuando el vínculo es precario, se convierten en la norma y, al cabo de un tiempo, el menor ademán negativo desencadena un «diálogo maldito». Al final, las pautas negativas se hallan tan instaladas en la relación y se manifiestan tan a menudo que destruyen el vínculo por completo y sabotean cualquier intento de reconciliación.

Sólo conocemos dos maneras de salvaguardar la unión cuando nos sentimos inseguros o ignorados. Una forma es evitar el compromiso: acallar las emociones, encerrarse en uno mismo y negar la necesidad de apego. Otra es prestar atención a la angustia y esforzarse por provocar una reacción en el otro.

La estrategia que adoptemos en los momentos de desconexión —exigir y hacer reproches o alejarnos y encerrarnos en nosotros mismos— dependerá en parte del temperamento, pero sobre todo de las lecciones que hayamos aprendido en relaciones fundamentales tanto del pasado como del presente. Además, como cada relación nos enseña algo nuevo, no siempre adoptamos la misma. Podemos tender al reproche en una relación y a la evasión en la otra.

De no haber sido por mi intervención, Jim y Pam hubieran ido saltando de un «diálogo maldito» a otro. Hundidos, agotados y desesperanzados habrían acabado por volver al «diálogo» que conocen mejor. Seguramente habrían concluido que el otro no tiene arreglo, juicio que habría enturbiado futuros episodios y habría minado la confianza mutua. Cada vez que no atinamos a recuperar la conexión, la relación se debilita. En esos casos, hay que empezar por rebajar la tensión. Jim y Pam proponen que yo defina el problema. Se refieren, claro, a atribuir la responsabilidad al otro. El respiro dura sólo treinta segundos; en seguida se lanzan de nuevo a buscar «quién tiene la culpa».

Diálogo maldito 1: Quién tiene la culpa

Este tipo de reacción tiene como finalidad la autoprotección, pero desemboca en el ataque mutuo, la acusación o la incriminación. Aparece cuando nos sentimos heridos o vulnerables y creemos haber perdido el control. La seguridad emocional desaparece. Cuando tenemos miedo, cualquier arma es buena para protegerse y, en esos casos, recurrimos a proyectar un haz de negatividad sobre nuestra pareja para poder contemplarla desde su peor ángulo. La estrategia puede ser fruto de la ira o una maniobra preventiva.

El diálogo «quién tiene la culpa» podría llamarse también «has sido tú». Cuando estamos acorralados y el pánico nos atenaza, tendemos a quedarnos con lo evidente: veo y siento lo que tú me haces a mí, no el efecto de mis actos en ti. En lugar de contemplar el conjunto del baile, nos fijamos en «esa vez que tú me has pisado». Al poco tiempo, la pauta funciona por sí sola.

Cuando una dinámica destructiva se ha instalado en la relación, la esperamos, la buscamos y reaccionamos al instante cuando creemos verla venir, algo que no hace sino cristalizarla. Como dice Pam: «Ya ni siquiera sé qué va primero. Cuando noto su desprecio, yo ya tengo la pistola a punto. ¡A lo mejor aprieto el gatillo y él ni siquiera me ha atacado!» Si estamos en guardia, atentos a cualquier señal de peligro, la dinámica se convierte en un callejón sin salida. Nunca estamos tranquilos en compañía del otro y desde luego no hay conexión ni confianza posible. La franja de posibles respuestas se estrecha y la relación se va marchitando.

Jim lo explica así: «Ya no sé que pensar de esta relación. O estoy bloqueado o muerto de rabia. Creo que he perdido el contacto con mis sentimientos. Mi mundo emocional se ha vuelto más pequeño, más limitado. Estoy demasiado ocupado protegiéndome». Es la reacción típica de los hombres. Muchos, cuando les pregunto en las primeras sesiones: «¿Qué estás sintiendo ahora, al ver llorar a tu mujer?» se limitan a contestar: «No lo sé». Cuando atacamos o contraatacamos, dejamos los sentimientos a un lado, pero, por desgracia, al cabo de un tiempo ya no podemos encontrarlos. Y si no contamos con las emociones para orientarnos por el territorio del amor, la pareja va a la deriva.

La relación nos parece cada vez más insatisfactoria e insegura; el cónyuge, una persona hostil e inmadura. Así lo expresa Jim: «Mi madre ya me advirtió que Pam no era una mujer madura y, por lo que estoy viendo, tenía razón. ¿Cómo va a funcionar una relación con alguien tan agresivo? No hay solución. Quizá lo más inteligente sería que nos separásemos, por mucho que les duela a los niños».

Cuando la dinámica «quién tiene la culpa» sólo asoma a la relación de vez en cuando y el cariño sigue siendo la norma, se suele producir el reencuentro tras la explosión. A veces ambos comprenden el daño que se han hecho y piden disculpas, o incluso pueden reírse de las tonterías que han llegado a decir. Recuerdo que una vez le grité a mi marido, John: «¿Qué te has creído, pedazo de macho canadiense?» y después me eché a reír porque no podría haber pensado una definición mejor. Sin embargo, cuando las pautas negativas llegan a enraizar, se instala en la relación un poderoso bucle con capacidad de autorregeneración. Cuanto más me atacas tú, más peligroso me pareces, más espero tu agresión y con más violencia me defiendo. Es un círculo vicioso. Para forjar un vínculo de auténtica confianza y seguridad, se debe cortar la dinámica por lo sano. El secreto está en reconocer que no hay, necesariamente, un culpable. El villano de esta película es la propia pauta; sus víctimas, los miembros de la pareja.

Volvamos a la historia de Jim y Pam y veamos cómo pueden dejar atrás la dinámica «quién tiene la culpa» con un poco de ayuda y algo de colaboración por su parte.

PAM: No pienso quedarme aquí más tiempo escuchando tus críticas. Según tú, yo tengo la culpa de todo lo que va mal entre nosotros.

JIM: Nunca he dicho nada parecido. Todo lo exageras. Eres muy negativa. Como el otro día, cuando vino aquel amigo mío a casa. Estábamos tan a gusto, y llegaste tú y dijiste…»

Jim se ha lanzado a toda velocidad por la que yo llamo «la vía de la autocomplacencia». Tiene lugar cuando uno de los dos recita una lista de ejemplos de todo lo que el otro ha hecho mal para demostrar que tiene razón. La pareja discute si esos detalles son «verdad» y quién tuvo la culpa de que «todo esto empezara».

Para ayudarles a identificar el «diálogo maldito» les sugiero que:

- Se centren en el presente y en lo que les ocurre en este momento.
- Observen que ambos están girando en un círculo vicioso. En un círculo, no hay principio.
- Consideren el propio círculo, la dinámica, como su enemigo, y reflexionen sobre las consecuencias que puede acarrear no romperlo.

He aquí lo que sucede:

JIM: Bueno, supongo que es verdad. Los dos estamos atrapados en eso. Pero nunca antes me había dado cuenta. Es que me pongo tan furioso que, al cabo de un rato, soy capaz de decir cualquier cosa con tal de fastidiarla.

SUE: Sí. El deseo de ganar la pelea y demostrar que el otro tiene la culpa es muy tentador. Pero en realidad nadie gana. Ambos pierden.

PAM: No quiero discutir así. Me mata. Y tiene razón, está destruyendo nuestra relación. Cada vez estamos más susceptibles. Al fin y al cabo, ¿qué importa quién tenga razón? Todo esto nos hace muy desgraciados. Y supongo que yo contribuyo a ello cuando quiero demostrarle que no puede hacerme callar. Intento que se sienta insignificante.

SUE: Sí. ¿Y sabe lo que hace usted, Jim? [Él niega con la cabeza.] Bueno, hace unos minutos ha dicho: «No pienso recurrir a ti, no voy a confiar en ti porque me pareces peligrosa». Después, creo que la ha acusado de ser la causa de todos los problemas, ¿verdad?

JIM: Sí, como si le dijera: «No dejaré que te acerques». Y después la degrado.

SUE: Y después de dar vueltas y vueltas sobre lo mismo, acaban renunciando porque se sienten cada vez más derrotados y solos, ¿verdad?

JIM: Exacto. Pero si estamos tan atrapados en este círculo, ciclo, bucle, dinámica o como se llame, ¿cómo vamos a romperlo? Ésa es la cuestión. Por ejemplo, en el episodio que comentábamos, yo no había abierto la boca, fue ella la que empezó.

SUE: [Arqueo las cejas. Él se interrumpe.] Bueno, en primer lugar es necesario identificar el círculo vicioso en el que nos hemos instalado y aceptar que acusar al otro sólo sirve para separarnos más. La tentación de «ganar» y hacer que el otro admita su error es parte de la trampa. Después hay que tratar de romper la dinámica, como ahora, en vez de ponerse cada vez más desagradable o andar en busca de pruebas en las innumerables versiones de los hechos. Si lo desean, podrán colaborar para detener al enemigo que se está apoderando de su relación.

JIM: [Mirando a su mujer] Muy bien, pues, hoy por hoy, quiero poner fin a nuestras peleas. Estamos atrapados en un círculo vicioso. Si fuera una película, la podríamos titular: «¿Quién es el malvado?» [Ambos ríen.] Nos está matando, así que acabemos de una vez. Me estabas diciendo que querías apoyarme más… ¡No sé por qué he empezado a machacarte! ¡Quiero contar más contigo!

PAM: Sí, creo que si conseguimos pararnos a pensar y decir: «Oye, ya estamos metidos en esa especie de bucle otra vez. ¿Por qué seguimos echando leña al fuego y haciéndonos daño?» tal vez podamos llevarnos bien y quizás hasta algo más. Algo parecido a lo que éramos antes. [Se echa a llorar.]

Pam ha dado en el clavo. Romper la dinámica que hemos bautizado como «quién tiene la culpa» conduce a la amistad. Pero las parejas quieren ser algo más que amigos y tener controlada la pauta «ataque-ataque» sólo es el primer paso. Hay que indagar en otros aspectos que dificultan la relación. Pero antes propongo que pongáis en práctica algunos de ejercicios.

PUESTA EN PRÁCTICA

Las reflexiones planteadas a continuación te ayudarán a identificar cómo tú y tu pareja contribuís a quedar atrapados en la modalidad «lucho para ganar». Puedes meditarlas, escribirlas, leerlas en voz alta y, por supuesto, comentarlas con tu pareja.

A todos se nos da bien echar la culpa a los demás. Ya en el Jardín del Edén, Adán culpó a Eva, ella culpó a Adán y los dos le dijeron a Dios: «Yo no tengo la culpa. Él otro me ha incitado». Más recientemente, Frank McCourt, en su libro *El profesor*, comentaba lo poco que cuesta hacer escribir a los niños si les pides que redacten una nota de excusa explicando por qué no han hecho los deberes; son increíblemente creativos a la hora de culpar a los demás de su propia desidia. Así que, para empezar, trata de recordar un incidente sin importancia del que tú fuiste responsable, sin lugar a dudas.

Por ejemplo, «fui a cenar a casa de un amigo, y cuando llevé la fuente de sopa a la mesa, se me cayó al suelo en la cocina».

Ahora recuerda qué hiciste en aquella situación y discurre cuatro excusas distintas que podrías haber inventado para

culpar a otro. («¡Nadie me dijo que la fuente pesara tanto!»)
Averigua qué tal se te da. Imagina tres respuestas distintas,
todas negativas, que tu amigo podría haber dado. ¿Qué habría pasado? ¿Os habríais instalado en un círculo vicioso?

Ahora trata de recordar un incidente parecido con tu pareja. ¿Qué hiciste para «ganar» la discusión y demostrar tu
inocencia? ¿De qué la acusaste? ¿Qué armas sueles utilizar
cuando te sientes acorralado/a?

¿Puedes describir, a grandes rasgos, en qué tipo de bucle
quedasteis atrapados, críticas y etiquetas incluidas? ¿Cómo
empezasteis definiendo al otro? ¿Qué armas usasteis para
herir y descalificar? ¿Ganó alguien? (Seguramente no.)

¿Qué sucedió después de la dinámica «quién tiene la culpa»? ¿Cómo te sentiste contigo mismo/a, con tu pareja, con
el vínculo entre ambos? ¿Hablasteis para consolaros mutuamente? Si no, ¿cómo afrontasteis la pérdida de seguridad en
la relación? ¿Qué habría pasado si hubieras dicho: «Nos estamos descalificando mutuamente para echarle la culpa al otro.
Si nos dejamos llevar por esta dinámica, sólo nos haremos
más daño. Pongamos fin a este círculo vicioso y hablemos sin
buscar culpables»?

Diálogo maldito 2: la «polca de la protesta»

Es la dinámica más frecuente y tentadora de una relación.
Las investigaciones llevadas a cabo por el psicólogo John
Gottman, de la Universidad de Washington, en Seattle, demuestran que muchas de las parejas que ingresan en esta
pauta al principio del matrimonio no llegan al quinto aniver-

sario. Otras se quedan instaladas en ella indefinidamente. Su capacidad de perdurar en el tiempo se debe a que los pasos de la «polca de la protesta» tienden a crear un bucle estable, en el que cada movimiento se retroalimenta. Uno de los dos se acerca con talante agresivo, el otro retrocede y vuelta a empezar. También se perpetúa porque las emociones y necesidades que se esconden tras esta dinámica son las más poderosas del mundo. Las relaciones de apego son los únicos lazos de la Tierra en los que cualquier respuesta es preferible a ninguna. Estamos programados para protestar cuando el ser amado no responde y la finalidad de la polca es precisamente ésa: hacer reaccionar al otro, conseguir una respuesta que nos devuelva la conexión y nos tranquilice.

Sin embargo, a las parejas les cuesta identificar la pauta. A diferencia del ciclo más evidente «ataque-ataque» que hemos titulado «quién tiene la culpa», la «polca de la protesta» es más sutil. Uno de los dos exige, se queja de forma activa de la separación; el otro se aleja, protestando pasivamente por la crítica implícita. Las parejas insatisfechas, que echan en falta señales de apego en el otro, a menudo se quejan de «interferencias» en la comunicación o de una «tensión constante».

Veamos cómo funciona la polca de la protesta.

Pregunto a Mia y a Ken, una joven pareja que ha acudido a mi consulta: «¿Dónde radica el problema, en su opinión? Me han dicho que se aman y que desean estar juntos. Llevan seis años casados. ¿Qué les gustaría cambiar de su relación?»

Mia, pequeña y morena, de mirada intensa, vuelve la vista hacia su marido, Ken, un hombre alto y guapo que guarda silencio, al parecer hipnotizado por la alfombra que tiene a los pies. Ella hace un mohín y suspira. Después me mira, señala con un gesto a su marido y sisea: «Ahí tiene el problema, lo tiene ahí delante. Nunca dice nada ¡y ya estoy harta! Su silencio me saca de mis casillas. Todo el peso de la relación recae en mí. Yo lo hago todo y más. Y si yo no...» Deja caer las manos con un gesto de resignación. Ken deja escapar un suspiro y mira a la pared. Me gusta cuando la polca es tan fácil de identificar.

Con sólo una imagen, conozco la posición de cada cual en la dinámica del conflicto. Mia aporrea la puerta, protestando por su sensación de aislamiento, pero Ken la mantiene bien cerrada. Ella me cuenta que ha dejado a Ken dos veces, pero, ante las súplicas de él, decidió volver. Él dice no entender lo que pasa; se siente impotente. Al parecer, ha acabado por pensar que o bien él tiene la culpa —quizá nunca debió casarse— o bien el problema se debe a que Mia y él no acaban de encajar. Sea como sea, no cree que sirva de mucho acudir a las sesiones. Ya han probado otras terapias de pareja.

Les pregunto si se pelean pero, por lo que dice Ken, casi nunca mantienen lo que se dice una discusión. No están instalados en la dinámica de «quién tiene la culpa». Sin embargo, a veces, cuando Mia amenaza con marcharse, él se limita a contestar: «Estupendo». Al parecer, en esos momentos se siente fatal. Además, dice, Mia trata de ser «mi entrenadora personal». Al decirlo, hace una mueca y se ríe.

Para la mayoría de parejas hay un episodio paradigmático, un incidente que capta la naturaleza esencial de su vínculo. Si el episodio es positivo, lo recuerdan en los aniversarios o en los momentos especiales. Si es negativo, le dan vueltas y más vueltas para averiguar qué dice de su relación. Ahora, Mia y Ken me cuentan un episodio importante:

Ken: Me esfuerzo mucho por complacerla. Quiero que sea feliz conmigo, pero no lo consigo. Aquel día, accedí a ir a bailar con ella porque le apetecía mucho. Pero cuando llegamos, todo se estropeó.

Mia: ¡Se estropeó porque no bailabas! Primero no querías salir a la pista y cuando lo hiciste te quedaste allí plantado.

Sue: ¿Y qué hizo usted, Mia?

Mia: Lo cogí y lo ayudé a moverse. Intentaba enseñarle a bailar.

Ken: [Haciendo un gesto negativo con la cabeza.] En realidad te agachaste y te pusiste a moverme las piernas. Así que me harté y salí de la pista.

Mia: Si no lo hubiera hecho, tú ni te habrías movido. Toda la relación es así. Si yo no me ocupo, no haces nada. [Se vuelve hacia mí.] No participa.

Sue: Entonces, eso es lo que no funciona entre ustedes, y no sólo en la pista de baile. Usted se empeña en hacer reaccionar a Ken y él se queda tan quieto y silencioso que apenas sabe que está ahí. La pauta en la que están instalados ¿les hace sentir desmoralizados e inseguros respecto al otro?

Mia: Ya lo creo. Ni oigo lo que dice. Siempre está murmurando. El otro día intenté que hablara más claro y al final dejó de hablarme.

KEN: Ya sé que a veces murmuro. Pero aquel día te pusiste a gritar justamente cuando íbamos en coche por la autopista. ¡Estoy al volante y tú me estás pidiendo que hable cada vez más alto!

SUE: Mia, es como si usted se hubiera convertido en la instructora de baile. Le dice a Ken cómo tiene que moverse, cómo debe hablar. Tal vez lo haga por miedo a que se distancie tanto que el reencuentro se haga imposible. [Ella asiente con empatía.] Espera que Ken se acerque y se comunique con usted y cuando no es así se siente muy sola e intenta hacerle reaccionar. Sin embargo, él lo vive como una presión, incluso como una crítica. Se siente inútil —no sabe hablar, no sabe bailar— y se aísla aún más.

KEN: Exacto. Me bloqueo. No hago nada bien. Ni siquiera aprueba mi manera de comer.

SUE: Claro. Y supongo que cuanto más bloqueado está usted, más instrucciones intenta darle Mia.

MIA: Es que me siento tan frustrada que lo pincho, lo azuzo, lo empujo para que reaccione. Como sea.

SUE: Bien, vayamos por ahí. Usted lo pincha, Ken se bloquea y es incapaz de responder. ¿Se encierra en sí mismo, Ken? [Asiente.] Y cuanto más se cierra usted, más excluida se siente Mia y más lo azuza. Es un círculo que gira y gira sobre sí mismo y se ha apoderado de la relación. ¿Qué le pasa por la cabeza, Ken, cuando se «bloquea»?

KEN: Creo que tengo miedo de actuar. Haga lo que haga, estará mal. Así que procuro no hacer nada. Me retiro a mi concha.

MIA: Y entonces yo me siento muy sola. Intento sacarlo de su mutismo por cualquier medio.

SUE: Muy bien. La dinámica está clara. Uno se bloquea, se siente paralizado, se encierra en sí mismo y el otro, que se siente excluido, lo hostiga para hacerlo reaccionar.

MIA: Es una situación muy triste, para los dos. ¿Cómo podemos ponerle fin?

SUE: Bueno, ya hemos avanzado mucho. Hoy por hoy, para ustedes dos, tales movimientos son tan automáticos como la respiración. Ni siquiera son conscientes de que los hacen. Pero sepan que esta pauta es como un campo de minas en la relación. Ya no se sienten seguros cuando están juntos. Si yo fuera Ken, hablaría murmurando por miedo a meter la pata. Si fuera Mia, presionaría a Ken todo lo que pudiera, porque en mi fuero interno le estaría suplicando: «Sácame a bailar. Acércate a mí».

MIA: Es así como me siento. Eso intento, acercarme a él. Pero reconozco que estoy resentida. Me siento frustrada.

KEN: Entonces, ¿es completamente normal lo que nos pasa? ¿No significa que, sencillamente, no estamos hechos el uno para el otro?

SUE: Claro que no. Muchos nos instalamos en esa dinámica cuando no encontramos la manera de sentirnos seguros y conectados en pareja. Tal como yo lo veo, Ken, usted es tan importante para Mia que ella no puede soportar que se distancien. Pero usted se bloquea porque teme fallarle a su esposa, disgustarla y dañar más la relación. Ese principio que reza «cuando dudes, ni hagas ni digas nada» es un consejo malísimo para una pareja. La cuestión es: ¿podrán ayudarse mutuamente a detener la espiral? ¿Sabrán darse cuenta de cuándo se instalan en ella y colaborar para reconstruir su relación?

KEN: A lo mejor sí.

En las siguientes sesiones, Ken y Mia reanudan la polca una y otra vez. Descubren que su espiral, como ellos la llaman, surge cuando el apego se ve amenazado. En todos los matrimonios hay diferencias, pero cuando los une un vínculo seguro, los episodios finalizan pronto e incluso sirven para reforzar la relación; no tienen importancia.

Por ejemplo, en un matrimonio feliz, Mia seguiría protestando siempre que notara cierta desconexión, pero con menos intensidad. Al estar más segura del vínculo que la une a su marido, se expresaría con más suavidad y claridad. Ken, por su parte, sería más receptivo y reaccionaría mejor a sus protestas. No se tomaría la angustia o la decepción de su esposa como una sentencia de muerte para él como marido o para la relación, sino como una señal de que ella lo necesita.

En una relación insegura, sin embargo, la polca de la protesta se acelera y se hace más intensa. Acaba causando tantos estragos que la pareja es incapaz de resolver sus problemas e incluso de comunicarse. Cada vez más, la ansiedad de separación impregna la relación. Hay que saber, sin embargo, que ninguna relación está del todo inmersa en semejante dinámica destructiva. Sigue habiendo momentos de conexión, pero no con la frecuencia o la fuerza suficiente para paliar el daño provocado por la «polca de la protesta». Puede darse también que el tipo de cercanía no sea la que uno de ambos desearía. Por ejemplo, los hombres con tendencia a aislarse buscan intimidad en la cama, pero las relaciones sexuales no colman las necesidades de conexión de la mayoría de mujeres.

Durante años, los terapeutas han interpretado esta pauta, erróneamente, como luchas de poder, e intentado modificarla enseñando a las parejas estrategias de resolución de conflictos, algo tan inútil como pretender curar una neumonía viral con un pañuelo. Estaban pasando por alto que la dinámica, en realidad, refleja un problema de apego. Las dificultades, más que de conflicto o de control, son de distancia emocional. Ken no se «evade» —que es como la bibliografía sobre el tema denomina su pasividad— porque sí, ni son casuales la rabia y la agresividad que su actitud provoca en Mia. Por lo visto, los primates tienden a reaccionar con agresividad cuando el individuo del que dependen se comporta como si no existieran. Las crías, tanto humanas como de primate, suelen atacar a una madre pasiva en un intento desesperado por llamar su atención. Si la madre no reacciona, se sienten perdidas, indefensas y «mortalmente» aisladas.

El ejemplo de «polca de la protesta» que acabamos de ofrecer es sólo uno entre tantos. No todas las personas que se distancian o están a la defensiva experimentan un bloqueo como el de Ken. Eso sí, tanto los individuos que tienden a presionar como los que suelen aislarse usan algunas expresiones características para describir sus experiencias. Vamos a repasarlas: tal vez reconozcas en ellas algunas de tus frases y actitudes.

Las personas que tienden a actuar como Mia se suelen expresar de la siguiente forma:

- «Tengo el corazón destrozado. Me pasaría el día llorando. A veces me siento morir con esta relación.»
- «Últimamente anda siempre distraído, con la cabeza en otra parte. Y cuando está en casa, se enfrasca en el ordenador o se pone a mirar la tele. Es como si viviéramos en planetas distintos. Me siento excluida.»
- «A veces me siento más aislada en esta relación que cuando vivía por mi cuenta. Es más fácil vivir sola que así, juntos pero separados.»
- «En aquella época lo necesitaba mucho pero él estaba tan distante… Como si todo le diera igual. No le afectaban mis sentimientos. Les quitaba importancia.»
- «Somos como compañeros de piso. Ya no parecemos una pareja.»
- «Me saca de mis casillas. A él no parece importarle, así que lo ataco. Sólo quiero que reaccione, como sea.»
- «Ya no sé si le importo. Es como si no me viera. No sé cómo acercarme a él.»
- «Si no le presionara, nunca nos acercaríamos. Nunca.»

Si nos fijamos bien en estas afirmaciones, veremos que incluyen toda una relación de sentimientos con que remiten al ansia de apego: sentirse ignorado o infravalorado por la pareja; experimentar la separación en términos de vida o muerte; sentirse excluido o solo; sentirse abandonado en tiempos difíciles o no poder contar con la pareja; anhelar contacto emocional y enfadarse por la nula respuesta del otro; tener la sensación de que el ser amado es sólo un amigo o un compañero de piso.

Cuando se anima a dichas personas a describir la dinámica destructiva a partir de los propios movimientos, y no de los errores o culpas del otro, suelen emplear los siguientes verbos: *empujar, atraer, golpear, atacar, criticar, quejarse, presionar, encenderse, gritar, provocar, tratar de acercarse* y *conseguir*. Cuando estás bailando, es difícil ver el movimiento de tus propios pies. Por eso, las personas que tienden a exigir y protestar, suelen hablar de cómo se sienten: frustradas, rabiosas o disgustadas, y así lo interpreta su pareja. Sin embargo, sólo es una primera capa, la más superficial, de lo que les pasa en realidad.

Las personas que tienden a actuar como Ken se suelen expresar de la siguiente forma:

- «Para ella, no hago nada a derechas. No creo que este problema tenga solución.»
- «Estoy bloqueado. No sé cómo me siento, así que no hago nada, me quedo al margen.»
- «Me hace sentir que no estoy a la altura. Como marido soy un fracaso y eso me paraliza.»
- «Me encierro en mí mismo y espero a que ella se tranquilice. Procuro que haya paz, no echar más leña al fuego. Es mi manera de cuidar la relación: no echar más leña al fuego.»

- «Me aíslo; sólo así estoy a salvo. Intento que sus comentarios no me afecten. Estoy en el banquillo de los acusados y ella es el juez.»

- «Creo que yo no cuento en esta relación. Me siento fuera de lugar, así que me refugio en el ordenador, en el trabajo, en mis aficiones. En el trabajo soy alguien. No creo ser nadie especial para ella.»

- «Yo no le importo. En su lista de prioridades, ocupo el último lugar, después de los niños, la casa y su familia. ¡Diablos, hasta el perro le importa más que yo! Sólo soy el que trae el dinero a casa. Y acabo sintiéndome vacío. Nunca se sabe si el amor sigue ahí o no.»

- «Creo que no necesito a los demás tanto como ella. Digamos que no soy tan dependiente. Me han enseñado que sólo los débiles dependen del otro, los inmaduros, así que procuro arreglar las cosas a mi manera. Cuando se pone así, desaparezco.»

- «No sé de qué habla. Estamos bien. Pasa en todos los matrimonios, la relación cambia, el amor se transforma en amistad. De todas formas, no sé a qué se refiere cuando habla de estar "cerca".»

- «Intento tomar medidas concretas para resolver los problemas. Arreglarlos. Trato de encontrar soluciones factibles, pero no funciona. Ella no quiere eso. No sé lo que quiere.»

Tras tales afirmaciones se ocultan también problemas de apego: sentirse impotente e inseguro, incapaz de actuar; negar las emociones negativas y bloquearse; considerarse un fracaso como pareja o sentirse fuera de lugar; sentirse juzgado o rechazado por el otro; negar los problemas de la relación y las necesidades de apego; hacer cualquier cosa por evitar la ira y la desaprobación de la pareja; abordar los problemas mediante estrategias racionales para no afrontar las cuestiones emocionales.

Cuando las personas como Ken describen su comportamiento, utilizan los siguientes términos: *alejarse, bloquearse, ofuscarse, rechazar los sentimientos, esconderse, retirarse, racionalizar* y *arreglar las cosas*. Para referirse a sus sentimientos, suelen hablar de depresión, bloqueo, vacío y sensación de impotencia o fracaso. Sus parejas, por lo general, sólo ven falta de reactividad emocional.

El género debe ser tenido en cuenta, aunque los roles varían dependiendo de las culturas y de las parejas. En nuestra sociedad, las mujeres tienden a cuidar más de la relación. Cuando el matrimonio se distancia, se dan cuenta antes que los hombres y suelen estar más en contacto con sus necesidades de apego, por eso asumen más a menudo el rol de la esposa cargante y culpabilizadora. A los hombres, por el contrario, se les ha enseñado a negar sus necesidades emocionales y también a ocuparse de los problemas prácticos, por eso tienden a adoptar el rol del que no se implica.

Si yo te pido contacto emocional y tú, en lugar de responderme, buscas la solución racional a un problema, yo lo experimentaré, en términos de apego, como falta de respuesta. Por eso los asistentes sociales acostumbran a decir que las personas necesitan ayuda «indirecta», es decir, cuidados y reacción emocional de sus parejas más que consejo. Los hombres alegan muchas veces que no saben dar una respuesta afectiva. ¡Pero sí saben! Lo hacen en un contexto de seguridad, por lo general con los niños. Es triste la situación de un hombre que se esfuerza en ofrecer consejos y soluciones a su esposa sin comprender que ella, en realidad, le está pidiendo compromiso emocional. Para su compañera, la única solución es que él se comprometa.

Nuestra cultura inculca a hombres y mujeres por igual una serie de creencias que nos precipitan a la dinámica de la «polca». Particularmente destructiva es la idea de que un adulto sano y maduro no necesita contacto emocional y no tiene derecho a pedirlo. Los clientes me dicen cosas como: «No le puedo decir que me siento como una niña y necesito que me rodee con sus brazos. No soy una niña» o «¿Cómo voy a decirle que quiero ir en primer lugar, aunque sólo sea de vez en cuando? Nunca he pedido nada parecido. No tengo derecho». Si no podemos expresar y aceptar nuestras necesidades de apego, jamás enviaremos mensajes claros a los demás cuando no las estén cubriendo. Cuesta menos decir: «¿Por qué estás tan callado? ¿No tienes nada que decirme?» que abrir el corazón y pedirle al otro que responda a nuestro anhelo de cariño.

No sólo los enamorados se instalan en la polca de la protesta. También padres e hijos, hermanos y hermanas, cualquier persona unida a otra por lazos afectivos. A menudo nos cuesta menos identificarla con los hermanos o con los hijos que con la pareja. ¿Será porque en esos casos, la fragilidad de uno es menos evidente? ¿Por qué cuando riño a mi hijo adolescente por llegar tarde, si él empieza a suspirar e ignora mis quejas pierdo los papeles hasta tal punto que, pese al fuerte vínculo amoroso que nos une, no puedo evitar meterme con él? Muy sencillo: de repente, me llega un mensaje cargado de connotaciones de apego. Mira al cielo. Me habla en un tono de superioridad. Yo interpreto que mi inquietud y mis comentarios no le importan. Para él, soy irrelevante. Así que reacciono a mi vez y lo critico. Él retrocede y vuelve a desdeñarme. La «polca de la protesta» está servida. Sin embargo, cuando identifico la música, procuro hacerme a un lado e invitar a mi hijo a mirar el baile: «Espera un momento. ¿Qué estamos haciendo? Nos estamos enzarzando en una discusión absurda y nos estamos haciendo daño». Es el primer paso para poner fin la polca: identificar la música.

¿Qué he aprendido después de veinte años observando cómo parejas adictas a la «polca de la protesta» reconstruían su relación? Muchas cosas.

En primer lugar, que tienes que reparar en ella. No hay que fijarse sólo en el contenido de la discusión, sino en cómo se despliega la dinámica y qué dice de la relación. También tienes que contemplarla en conjunto. Si sólo te fijas en las reacciones específicas, sobre todo en las del otro, si sólo dices: «Oye, me estás atacando», estás perdido. Tienes que hacerte a un lado y ser capaz de ver todo el cuadro.

En segundo lugar, ambas personas deben comprender cómo los movimientos de cada cual arrastran al otro a la dinámica. Al atacarte, te llevo a defenderte y a justificarte. Inconscientemente, te estoy impidiendo que te abras y seas sensible a mis necesidades. Si, por el contrario, me quedo al margen, te dejo solo, así que te empujo a presionarme para recuperar el contacto.

En tercero, la polca surge por ansiedad de separación. No es posible ponerle fin racionalizando el problema ni mediante técnicas formales de comunicación. Si pretendemos modificar elementos clave de la relación y construir un vínculo seguro, tenemos que conocer la naturaleza del baile. Debemos aprender a escuchar las peticiones de auxilio y saber que la desesperación las transforma en actitudes como «lo presionaré, lo pincharé, cualquier cosa con tal de conseguir una respuesta» o «mejor no haré nada y así no tendré que oír lo imperfecto que soy o que todo ha terminado». Dichas pautas son universales porque nuestras necesidades y miedos, así como las reacciones ante una posible separación, también lo son.

En cuarto, que podemos llegar a conocer la naturaleza del amor sintonizando con esos momentos de desconexión, con la protesta y la angustia. Entonces podremos aceptar que la propia dinámica es el enemigo, y no nuestra pareja.

En quinto, que si nos unimos y llamamos al enemigo por su nombre, la pauta irá perdiendo fuerza. Hay que hacerse a un lado y crear un marco de seguridad para poder hablar de las emociones y necesidades que despiertan los mecanismos de apego.

Cuando Ken y Mia sean capaces de hablar ese lenguaje, empezarán a confiar en su relación. Como dice él: «Conforme vamos entendiendo cómo funciona la espiral, no nos instalamos en ella con tanta facilidad. Ayer le dije a Mia: «"Nos estamos enganchando. Empiezo a distanciarme y tú estás cada vez más enfadada. Es uno de esos momentos en que te sientes ignorada, ¿verdad? No nos hagamos daño. Dejémoslo. Ven aquí y dame un abrazo". Lo hizo. Y me sentí de maravilla». Le pregunté a Ken qué recursos le habían sido de más ayuda para vencer la dinámica. Contestó que comprender que Mia no era «el enemigo» y que cuando ella se instalaba en la «polca» era para «luchar por la relación», no para «hacerlo discutir».

Para disfrutar de una relación sana, debemos reconocer y aceptar la ansiedad de separación y ser capaces de poner fin a la «polca de la protesta». Tenemos que renunciar a las estrategias que hemos venido empleando para afrontar los momentos de desconexión, callejones sin salida que aumentan la distancia a la vez que destruyen la confianza y la seguridad. Sólo así lograremos que el vínculo amoroso crezca y se consolide.

PUESTA EN PRÁCTICA

¿Te suena la historia de Ken y Mia? ¿Reconoces aspectos de esa dinámica en tu relación? ¿Recuerdas la última vez que tú y tu pareja os instalasteis en la «polca de la protesta»? ¿Eres capaz de mirar desde el prisma del apego y vislumbrar cómo se perfila, más allá de los motivos concretos de la disputa, la ansiedad de separación? Por ejemplo, ¿sobre qué estabais discutiendo en realidad? ¿Sobre la conveniencia o no de reparar la casa de campo o sobre la seguridad de vuestro vínculo? Quizás el que ha perdido la discusión se sienta exactamente así: perdido. Tal vez uno de los dos estuviera expresando su necesidad de mayor intimidad o buscaba que el otro le reafirmase la estabilidad de la relación, pero la conversación versó sobre temas prácticos.

En tu relación actual, ¿qué sueles hacer cuando te sientes desconectado/a o inseguro/a? Intenta pensar si, al leer las historias de este capítulo, te has identificado con alguien. Trata de recordar también la última discusión o episodio doloroso que has protagonizado. Imagina que eres un observador imparcial. ¿Cómo describirías la dinámica y tu actuación en ella? ¿Protestas o te aíslas? ¿Te parece que criticas a tu pareja e intentas cambiarla? ¿O acaso te encierras en ti mismo/a para no entrar en temas peliagudos que puedan poner de manifiesto fragilidad en la relación? Todos, en una u otra ocasión, adoptamos ambas posturas.

La clave es la flexibilidad, así como ser capaz de contemplar las propias reacciones y el impacto que tienen en los demás. Te animo a que seas valiente, te fijes bien e identifiques tu postura habitual, la que adoptas antes de tener tiempo para pensar. Ésa es la reacción que te arrastra a una dinámica de desconexión con la persona amada. Las posturas pueden ser distintas en cada relación. Por ahora, sin embargo, piensa sólo en tu vínculo más significativo y en cómo respondes a esa persona cuando se plantean dudas y cuestiones relacionadas con el apego.

La evasión suele ser la actitud más difícil de identificar, sobre todo para la persona que la adopta. Quizá tiendas a replegarte en ti mismo/a para recuperar la tranquilidad. Puede ser una estrategia muy útil, a menos que la ejecutes de manera automática y te cueste cada vez más abrir el corazón y reaccionar a las necesidades de tu pareja. En ese caso, la autoprotección no hace sino desencadenar la «polca de la protesta». Cuando tu pareja te necesite, se sentirá rechazada, abandonada y excluida.

¿Se te ocurre si en algún momento específico de la relación te ha sido útil esconder la cabeza? ¿Qué pasó después? A menudo recurrimos a esa estrategia para que la pelea no vaya a más y ponga en peligro el vínculo. Ahora ¿puedes pensar si alguna vez la actitud de encerrarte en ti mismo/a ha perjudicado la relación? ¿Qué ocurrió después, cómo te sentiste y cómo afectó a la dinámica de pareja?

Si te sientes cómodo/a, intenta comentar con tu pareja tus respuestas a algunas de las preguntas. ¿Os instaláis a veces en la dinámica de la «polca»? Intentad concretar qué movimientos hace cada uno. ¿Podéis captar cómo la pauta se retroalimenta? Describidla de forma muy sencilla rellenando los espacios en blanco de la siguiente frase con una palabra.

Cuanto yo más _____

tú más _____ **, y entonces**

yo más _____ **y así hasta el infinito.**

Ponedle un nombre a la pauta y comentad, en la medida de lo posible, cómo mina la sensación de seguridad en vuestra relación. ¿Ha cambiado la música emocional entre vosotros?

Por ejemplo, Todd dice que su recurso más habitual para acercarse a su pareja es el sexo. Se siente mucho más seguro de sí mismo en la cama que hablando de sentimientos con su esposa. Él describe así su papel habitual en la «polca de la protesta»: «Acudo a ti para tener relaciones. Pero no sólo para disfrutar de un orgasmo, sino porque es mi manera de acercarme. Cuando me rechazas, te pido explicaciones. Cuanto más te insisto yo, más te apartas tú para defender tu espacio».

Su mujer, Bella, contesta: «Sí, y cuanto más me criticas y me acosas, más abrumada me siento, me alejo aún más de ti, y tú te desesperas e insistes. Es el cuento de nunca acabar, ¿verdad?» Todd confirma que, a grandes rasgos, así funciona «la polca de la protesta» en su caso. Deciden llamarla Vórtice, porque, para ellos, ese nombre expresa hasta qué punto se obsesiona Todd con la accesibilidad sexual de su esposa, y lo mucho que se empeña ella en defender su espacio. A partir de ahí, Todd es capaz de expresar lo rechazado y furioso que se siente, y Bella comenta que, por su parte, está bloqueada y sola en su matrimonio. ¿Cómo os sentís tu pareja y tú cuando habláis de vuestros movimientos en la «polca de la protesta»?

Aunque de vez en cuando te instales en esa dinámica ¿puedes romperla de tanto en tanto y relacionarte con tu pareja de otra manera? En esas ocasiones, ¿te arriesgas a pedir atención abiertamente? ¿Eres capaz de expresarle a tu cónyuge tus sentimientos y necesidades en lugar de aislarte? ¿Qué lo hace posible? ¿Cómo consigues mantener a raya la dinámica de la «polca»? Intentad averiguarlo juntos. ¿Se os ocurre una manera de ayudaros mutuamente a crear un recinto de seguridad para que la pauta no os arrastre en cuanto os sentís distanciados? Se hace más fácil cuando aceptamos que la dinámica no es sino una llamada de auxilio enmascarada. Por ejemplo, Juan descubrió que le bastaba con decirle a su mujer «Advierto que estás muy disgustada y que necesitas algo de mí, pero no sé qué es» para que la situación mejorase.

Diálogo maldito 3: Detente y huye

En ocasiones, cuando una pareja viene a verme, no advierto la hostilidad que impregna el diálogo «quién es el culpable» ni el ritmo frenético de la «polca de la protesta». Sólo oigo un silencio sepulcral. Volviendo a la metáfora de la danza, sería como si ambos estuvieran sentados. Da la sensación de que no hay nada en juego, ninguno de los dos parece implicado en la dinámica, salvo por la tensión que se respira en el ambiente y el intenso dolor que reflejan sus rostros. Los teóricos dicen que por mucho que intentemos reprimir las emociones, siguen ahí. Como ya advirtió Freud, se filtran por cada poro de la piel. Lo que veo en realidad son dos personas parapetadas tras una actitud de autodefensa y negación. Se han instalado en la autoprotección y actúan como si no sintieran ni necesitaran nada.

Es la pauta de «detente y huye» a menudo una evolución de la «polca de la protesta». Sucede cuando aquel que tiende a presionar y a criticar renuncia a llamar la atención de su pareja y decide guardar silencio. Si la dinámica sigue su curso, el miembro agresivo llorará la pérdida de la relación, se desvinculará y se irá. En esta fase, ambos se tratan con mucha educación, incluso cooperan en aspectos prácticos, pero a menos que se ponga remedio la relación ha terminado. A veces, el miembro que tiende a encerrarse en sí mismo comprende al fin que, aunque parezca reinar la paz, ha desaparecido todo vínculo emocional, positivo o negativo, y recurre a un terapeuta o lee un libro como éste.

El distanciamiento extremo de «detente y huye» surge como reacción a la pérdida de intimidad y a la sensación de impotencia ante la idea de recuperarla. En esos casos, uno de los componentes suele contar lo mucho que ha presionado al otro en protesta por la falta de comunicación, y dice haber soportado un gran dolor a solas. Se describe como incapaz de sentir, como aturdido. El otro acostumbra a estar atrapado en su propio aislamiento, que ha devenido, por defecto, su manera habitual de negar la distancia. Ninguno intenta ya acercarse al otro. Nadie quiere correr riesgos, de modo que la danza ha llegado a su fin. Si la pareja no busca ayuda y la situación persiste, muy pronto será imposible recuperar la confianza o reconstruir esa relación que agoniza. El ciclo «detente y huye» habrá acabado con la pareja.

Terry y Carol reconocen que nunca han sido lo que se dice «una pareja unida». Carol, una mujer intelectual y tranquila, insiste sin embargo en que ha tratado de hablar una y otra vez con su marido sobre la «depresión» de éste. Así interpretaba ella el extrañamiento emocional de su pareja. Terry, apacible y formal, comenta que ella lleva años señalándole los defectos, sobre todo como padre. Acuden a mí a causa de una pelea, algo poco frecuente entre ellos. Al parecer, todo empezó cuando Carol se puso unos pantalones que a Terry no le gustaban para ir a una fiesta. Él dijo que, si no se los quitaba, significaría que no lo amaba y que tendrían que divorciarse. Después, de camino a la fiesta, Terry la informó de que estaba pensando en tener una aventura con una compañera de trabajo, aunque suponía que a Carol le daba igual porque, de todas formas, nunca tenían relaciones. Ella, a su vez, le confesó que le gustaba un viejo amigo y recalcó que él nunca la tocaba, ni para demostrarle su afecto ni para hacer el amor.

En la sesión, revelan que han estado tan absortos con sus obligaciones profesionales y sus responsabilidades como padres que cada vez les costaba más encontrar tiempo para la intimidad y las relaciones sexuales. Carol dice que hace ya tiempo que son como extraños y que ha intentado muchas veces «sacar a Terry de su sopor». Él comenta que su mujer lleva años con una actitud muy «crítica», sobre todo respecto a su modo de ejercer la paternidad, pero que desde hace un año más o menos se ha vuelto muy distante. Su esposa se defiende diciendo que al final decidió «tragarse» la rabia y aceptar que el matrimonio es así. Dedujo que su marido ya no la consideraba lo bastante atractiva ni interesante para prestarle atención. Al oír eso, Terry habla con tristeza del fuerte vínculo que une a su esposa con sus dos hijos, y dice que tiene la sensación de haber perdido a Carol. Es una madre pero no una esposa. Se pregunta si no será él demasiado serio o introvertido para estar con una mujer.

El verdadero problema de la dinámica «detente y huye» está en la desesperanza que la impregna. Ambos han decidido que el problema radica en sí mismos, en sus defectos innatos. Frente a esta sensación, la reacción natural es esconderse, ocultar un yo indigno de amor. Recordemos que, según Bowlby, una de las cuestiones clave del apego es cómo usamos la mirada del otro para construir la propia imagen. ¿Qué otra información podría ser más relevante en la configuración diaria de nuestro yo? Nuestros seres queridos son el espejo en el que nos miramos.

Cuanto más aislados e impotentes se sienten Carol y Terry, más se esconden del otro. Las muestras elementales de apego, como el contacto visual prolongado y las caricias, habituales en las relaciones paterno filiales y entre enamorados, han ido disminuyendo hasta desparecer. Durante las sesiones, Terry y Carol no mantienen contacto visual y comentan que llevan mucho tiempo sin hacerse caricias espontáneas. Al ser ambos muy intelectuales, han racionalizado su falta de contacto íntimo y niegan, al menos la mayor parte del tiempo, el dolor que experimentan por no sentirse deseados por el otro. Ambos hablan de síntomas de depresión, y es verdad que la depresión es una consecuencia natural de la ruptura del vínculo. Con el tiempo, la distancia entre ambos ha aumentado y cada vez les parece más arriesgado acercarse al otro. Carol y Terry describen los tópicos, los movimientos y los sentimientos que suelen afectar a las parejas instaladas en la «polca de la protesta», sólo que con más dudas sobre su capacidad para ser amados. Ese recelo los paraliza y «congela» la queja que, por lo general, se expresa ante el distanciamiento.

Cuando empezamos a indagar en el pasado, ambos reconocen haberse criado en familias racionales, donde la distancia emocional era la norma. Cuando se sentían solos, tendían a cerrarse en sí mismos a la vez que negaban su necesidad de contacto emocional. La historia de cada cual con sus seres queridos configura las relaciones posteriores. En momentos de desconexión, cuando el vínculo con la persona amada nos parece frágil, tendemos a adoptar, por inercia, la estrategia que utilizábamos en la infancia, las tácticas que nos ayudaron a mantener una mínima unión con nuestros padres. Si nos invaden emociones «incómodas», de esas que nos avisan de que el vínculo peligra, la reacción automática es tratar de acallarlas y refugiarnos en la lógica y en actividades de distracción. Cuando la desconexión se apodera de la pareja, la necesidad de evitar ese tipo de emociones será un fin en sí misma. Como dice Terry: «Si mantengo la calma, no hablaremos de sentimientos. No quiero abrir la caja de Pandora».

A la hora de afrontar emociones y necesidades, este tipo de tácticas funciona por defecto; las adoptamos de forma tan automática que no las consideramos una elección. Sin embargo, si advertimos que nos instalan en dinámicas destructivas con la persona amada, podemos cambiarlas. No son aspectos innatos de nuestra personalidad ni necesitamos años de terapia para modificarlas. Terry habla de su padre, un hombre mayor y agresivo, y de su madre, una figura importante de la política. Se queda en blanco cuando le pregunto si alguna vez se sintió unido a su madre. Dice que sólo recuerda haberla visto por televisión. No tuvo más remedio que aprender a tolerar la distancia y obviar su necesidad de consuelo y contacto. Aprendió bien la lección, pero aquella estrategia de supervivencia infantil es desastrosa para su matrimonio. Carol también admite que se empezó a «marchitar» cuando «taponó» su necesidad de contacto e intimidad.

Como en los otros casos, una vez que Terry y Carol aceptan que sus propios movimientos los aíslan mutuamente, recuperan la esperanza y empiezan a revelar sus sentimientos. Carol admite que ha acabado por «renunciar» y que ha «levantado un muro» entre Terry y ella para paliar su sensación de rechazo. Confiesa que se volcó en los niños buscando colmar su ansia de cariño e intimidad. Terry se declara sorprendido ante aquella revelación y comenta lo mucho que sigue deseando a su esposa. Así, ambos van descubriendo el efecto que provocan en el otro y comprenden que siguen siendo importantes para su pareja. Tras unas cuantas tentativas e igual número de peleas, Carol me dice al fin: «Ambos nos sentimos más seguros. Las discusiones son duras, pero las prefiero al vacío glacial, al silencio sepulcral de antes». Terry observa:

«Creo que podemos superar el círculo vicioso en el que estamos inmersos. Nos herimos mutuamente, nos asustamos y nos aislamos del otro. Pero no tenemos por qué hacerlo». Los nuevos comienzos llegan cuando aceptamos que, al privarnos del amor que tanto necesitamos, hemos caído en nuestra propia trampa. Los lazos duraderos se forjan a partir del momento que decidimos poner fin a las dinámicas de desconexión, a la danza de la angustia.

PUESTA EN PRÁCTICA

¿Te suena de algo la pauta de «detente y huye»? Si es así, ¿dónde aprendiste a negar tus necesidades de conexión emocional? ¿Quién te enseñó a hacerlo? ¿En qué momentos te sientes más solo/a? ¿Te atreverías a comentar las respuestas a estas preguntas con tu pareja? Arriesgarse a entablar este tipo de conversación es como tomar un antídoto contra la escasa capacidad de reacción emocional o contra la tendencia a obviar la necesidad de apego. ¿Cómo crees que te podría ayudar tu pareja a expresarte?

¿Podrías comentar con tu pareja qué ademanes desencadenan la dinámica del distanciamiento? Puede ser algo tan insignificante como que el otro levante la vista al cielo en algún momento. ¿Podrías identificar también de qué manera exacta alejas a tu pareja de ti o haces que parezca peligroso cualquier intento de acercamiento?

¿Qué te dices a ti mismo/a cuando te aíslas para justificar tu actitud y convencerte de que sería mejor no acercarte a tu pareja? Pueden ser ideas preconcebidas sobre el amor y sobre lo que es apropiado en una relación amorosa, prejuicios inculcados por la familia e incluso por la propia cultura. ¿Te atreves a comentar el tema con tu pareja?

¿Por qué no haces una lista de todo lo que te has perdido por culpa de esta dinámica? Es fácil hacerse una idea de lo que significa la conexión afectiva pensando en cómo nos sentimos cuando nos enamoramos de alguien y estamos dispuestos a correr cualquier riesgo por estar a su lado. Sin duda recuerdas aquellos momentos al igual que tus esperanzas y anhelos del principio. ¿Hasta qué punto difieren de tu situación actual?

Como ejercicio final de este capítulo, trata de identificar cuál de las tres dinámicas —«quién tiene la culpa», la «polca de la protesta» o «detente y huye»— amenaza en mayor medida tu relación amorosa actual. Recuerda que los motivos de las discusiones (ya sea el horario de los niños, la vida sexual o la carrera profesional) no cuentan. La verdadera causa radica siempre en la estabilidad y la seguridad del vínculo que te une a tu pareja. Hablamos de accesibilidad, capacidad de reacción afectiva y compromiso emocional. Intenta resumir la pauta que amenaza tu relación llenando los espacios en blanco de las siguientes frases. Después, conviértelas en un párrafo que describa tu dinámica de pareja.

Cuando _____**, siento que nuestra unión no es segura.** Rellena el hueco con la situación que desencadena la melodía de la desconexión, por ejemplo, *cuando dices que estás demasiado cansado/a para mantener relaciones y llevamos semanas sin hacer el amor, cuando nos peleamos por mi forma de ejercer la paternidad, cuando llevamos semanas* *sin hablarnos*. No valen frases largas, muy generales o abstractas ni reproches disfrazados, así que no está permitido escribir algo como *cuando te pones impertinente, como de costumbre*. Eso sería hacer trampas. Sé concreto/a y específico/a.

Yo suelo _____. Lo hago para afrontar sentimientos críticos y buscar una manera de cambiar la dinámica.
Escoge una palabra de acción, un verbo, por ejemplo: *quejarme, regañarte, analizarte, ignorarte, marcharme*.

Lo hago con la esperanza de _____. Escribe el motivo que te arrastra a la dinámica, por ejemplo: *evitar el conflicto* u *obligarte a reaccionar*.

Cuando esta pauta se prolonga, me siento _____.
Identifica una emoción. Las más frecuentes son: *frustrado/a, enfadado/a, insensibilizado/a, vacío/a o confuso/a*.

Entonces, me digo que _____. Resume tus peores temores respecto a la relación, por ejemplo: *No te importo, no te importa la relación, no soy capaz de complacerte*.

Tal como yo percibo el círculo vicioso que, cada vez más a menudo, nos impide conectar de forma segura, cuando reacciono tal como he descrito antes, tú pareces _____. Escoge una palabra de acción, un verbo, por ejemplo: *encerrarte en ti mismo/a, obligarme a reaccionar*.

Cuanto yo más _____, tú más _____.
Entonces el dolor y la soledad se apoderan de nosotros.
Inserta verbos que describan cómo contribuís tu pareja y tú a la dinámica.

Quizá podríamos establecer una señal para avisarnos mutuamente de que la dinámica se está desencadenando. La podemos llamar _____. Observar la pauta es el primer paso para que dejemos atrás el círculo vicioso.
En cuanto seas capaz de identificar las dinámicas negativas y advertir cómo os arrastran, estarás listo/a para aprender a romperlas. La siguiente conversación explora en profundidad las arrolladoras emociones que alimentan ese tipo de pautas, sobre todo la ansiedad de separación.

Conversación 2
Identificar los puntos flacos

«Las interrupciones en los mecanismos de apego
son peligrosos… como una córnea arañada, la ruptura
de una relación produce un dolor insoportable.»

Thomas Lewis, Fari Amino y Richard Lannon,
Una teoría general del amor

En el amor, todos somos vulnerables; no hay forma de evitarlo. La relación con las personas que amamos nos expone en el plano emocional, por eso a veces nos hacen daño con palabras o actos descuidados. Aunque duela, la herida suele ser superficial y transitoria. Sin embargo, casi todos tenemos una zona especialmente sensible —un punto flaco en la piel emocional— suave al tacto, que enrojece fácilmente y susceptible de un intenso dolor. Cuando ese punto flaco se resiente, toda la relación corre peligro. Perdemos el equilibrio emocional y nos instalamos en los «diálogos malditos».

¿Qué es exactamente un punto flaco? Yo lo defino como una hipersensibilidad originada por el descuido, el abandono o el desdén hacia una necesidad de apego en algún momento de la historia personal o de la relación actual, situación que provoca lo que yo llamo las «2 D»: *desposeído o des-*

deñado en el plano emocional. Las 2 D son puntos flacos en potencia de todos los enamorados.

Dicha sensibilidad suele proceder de relaciones dolorosas con personas significativas de nuestro pasado, sobre todo los padres, que nos dan la pauta para las relaciones amorosas; los hermanos u otros miembros de la familia y, por supuesto, las parejas, antiguas y actuales. Por ejemplo, hace poco, cuando mi marido John se quedó dormido mientras le hablaba, puse el grito en el cielo. Estaba cansado y había dormido poco, pero me recordó a un antiguo novio, que se quedaba dormido cada vez que yo intentaba entablar una conversación seria. Dormitar era una forma no muy sutil de aislarse y desconectar de la relación. Aquella experiencia me volvió hipersensible al respecto; para mí, el sueño repentino indica abandono emocional.

François, un cliente mío, se pone muy susceptible ante cualquier indicio de que su esposa, Nicole, pueda no desearle o estar interesada en otro hombre. En su primer matrimonio, su esposa le fue abiertamente infiel en muchas ocasiones. Ahora, el pánico le ciega cada vez que Nicole sonríe a algún amigo famoso por sus conquistas en una fiesta o cuando no está en casa y no sabe adónde ha ido.

Linda se queja de lo mal que se siente cuando su marido, Jonathan, no le dice que está guapa o que ha hecho un buen trabajo. «Es como si me invadiera una oleada de angustia, y empiezo a hacerte reproches o a meterme contigo», le dice. Linda atribuye a su madre el origen de su hipersensibilidad: «Se negaba a hacerme cumplidos o a alabarme por nada y siempre me decía que no era guapa. Una vez me dijo que ella creía que las personas, si las halagabas, se esforzaban menos.

Ansiaba su reconocimiento y le guardaba rencor por negármelo. Supongo que ahora necesito lo mismo de ti, así que cuando me arreglo y te pregunto qué tal estoy, me duele que me ignores. Sabes que necesito tus halagos, pero me los niegas. Por lo menos, yo lo percibo así. No puedo ser objetiva al respecto, me hace sufrir demasiado».

Aunque las personas suelen tener muchos puntos flacos, hay uno que se suele llevar la palma a la hora de desencadenar dinámicas de pareja negativas. Steve se siente morir cuando su esposa, Mary, dice que le gustaría mantener relaciones más a menudo. Una petición así se podría interpretar de manera muy positiva, pero él la vive como un misil teledirigido que hace pedazos su confianza sexual; su amígdala grita «ahí viene» y él se hunde. Ante la petición de Mary, se encierra en sí mismo y la deja fuera. «Me siento como si volviera a estar casado con mi primera esposa. No paraba de decirme cuánto la decepcionaba y me angustiaba mucho estar a la altura, sobre todo en la cama.» Un recuerdo de la infancia pone en evidencia también su punto flaco. Steve era el chico más bajo de la clase, y su padre, delante de sus hermanos, le decía constantemente: «¿Hablo con Steve o con Stephanie?» Aquella experiencia le hizo sentir que «no era lo bastante masculino para ninguna mujer».

Los puntos flacos, sin embargo, no siempre proceden de antiguas heridas; pueden surgir en una relación actual, incluso en una habitualmente feliz, si nos sentimos desposeídos o desdeñados en el plano emocional. A veces se manifiestan durante las grandes crisis o transiciones —como el nacimiento de un hijo, una enfermedad o la pérdida del empleo— cuando tenemos una gran necesidad de apoyo y no lo recibimos. También puede ponerse en evidencia cuando uno de los componentes demuestra una indiferencia crónica; semejante actitud provoca un dolor abrumador que impregna incluso los aspectos más insignificantes de la relación. La falta de reacción afectiva por parte del ser amado deja en carne viva los puntos flacos de nuestra piel emocional.

Jeff y Milly tenían una relación magnífica hasta que el mejor amigo de él fue ascendido a un puesto para el que Jeff había trabajado mucho. Cuando sucedió, cayó en una depresión. En lugar de darle consuelo y tranquilizarlo, Milly le dijo que «se dejara de pamplinas». Han superado la crisis y la conexión se ha restablecido, pero desde aquella experiencia él se siente incapaz de afrontar la angustia. Ante sus estallidos de rabia, en apariencia irracionales, cada vez que considera que Milly no lo está apoyando, su mujer guarda silencio y se siente fracasada como esposa. Es fácil adivinar lo que sucede a continuación: se instalan en un «diálogo maldito».

Helen se hundió cuando un psicoterapeuta la culpó del problema con la bebida de su hijo adolescente. Durante la sesión de evaluación, Sam, por lo demás un buen esposo, apoyó el punto de vista del terapeuta. Más tarde, cuando Helen le dijo cuánto le había dolido su postura, Sam persistió en su actitud, lo que provocó amargas discusiones. Para proteger la relación, Helen decidió olvidar aquella ofensa «sin importancia» y concentrarse en todo lo bueno de su matrimonio. Creyó haberlo conseguido.

No obstante, cuesta tanto reprimir las emociones significativas que intentarlo puede envenenar toda la relación. La herida de Helen está empezando a supurar. La toma con Sam cada vez que hace un comentario sobre ella, y éste, inseguro, ha optado por el silencio. Aun así, se pelean por cualquier cosa. Él acusa a su esposa de estar volviéndose tan paranoica como su madre, y ella se siente cada vez más sola y perdida.

Los puntos flacos de Jeff y Helen están al rojo vivo, pero no se dan cuenta. Por raro que parezca, a muchos nos pasa lo mismo. A menudo ni siquiera sabemos que los tenemos. Sólo somos conscientes de sus efectos secundarios: turbación, aislamiento o ira repentina. La rabia y el desapego constituyen los principales detonantes de los «diálogos malditos» y suelen enmascarar otras emociones relacionadas con la sensación de fragilidad: tristeza, vergüenza y, por encima de todo, miedo.

Si cada dos por tres te instalas en los «diálogos malditos» con tu pareja, todo apunta a que estás resentido con ella o, más probablemente, ambos lo estáis. Por desgracia, los puntos flacos se irritan entre sí. Si el de tu pareja se inflama, su reacción exacerbará el tuyo.

Observemos a Jessie y Mike, que no han hecho más que discutir desde que la hija de ella, de doce años, se fue a vivir con ellos. Jessie dice: «De la noche a la mañana Mike ha pasado de ser un tipo tierno y cariñoso a comportarse como un tirano. No para de dar órdenes y de ponerle reglas a mi hija. Cuando está en casa, no deja de gritar. Ya he tenido que aguantar a bastantes déspotas en mi familia. No puedo soportar que me mangoneen. A mí nadie me protegió, pero yo protegeré a mi hija».

Mike fluctúa entre tristes objeciones sobre lo mucho que ama a su esposa, pese a que ella se pasa días enteros sin hablarle, y estallidos de rabia porque, según dice, él nunca quiso ser padre de esa niña imposible y malcriada. Parece al borde del colapso cuando explica lo mucho que ha cuidado a Jessie todos estos años para acabar descubriendo que «no existo cuando la niña anda cerca». Mike recuerda que una vez padeció herpes y Jessie, dice, estaba demasiado pendiente de su hija como para «cuidarlo». Las heridas mutuas en sus puntos flacos han acabado por instalarlos en la «polca de la protesta».

Motivos parecidos arrastraron a Brenda y a Tom a otro de los «diálogos malditos»: «detente y huye». Brenda está obsesionada con su recién nacido. Tom intenta por todos los medios que le haga caso y, una noche, su mujer estalla. Está harta de sus exigencias, dice, llamándolo «obseso sexual» y «patético». Tom no puede dar crédito. Pese a su atractivo, suele ser bastante tímido e inseguro con las mujeres y necesita sentirse deseado por Brenda.

Por fin, toma represalias: «Muy bien. Es evidente que ya no estás enamorada de mí y que nuestra historia, estos últimos años, ha sido un fraude. No necesito que me abraces. No necesito estar contigo. Voy a salir a bailar, y tú puedes dedicarte a cuidar al bebé». Deja indicios por toda la casa de que está coqueteando con una chica de las clases de baile. Brenda, que se considera una mujer del montón, siempre se había preguntado por qué Tom, siendo tan atractivo y brillante, la escogió a ella. Ahora, aterrorizada ante la actitud de su marido, se refugia aún más en el bebé. Apenas hablan. Por proteger sus puntos flacos, sabotean la capacidad de reacción emocional que tanto anhelan.

Para poner fin a esas dinámicas destructivas no basta con identificar y poner límites a los «diálogos malditos» (véase Conversación 1), sino que también debemos localizar y fortalecer esos puntos flacos, y ayudar a nuestra pareja a hacer lo mismo. A las personas que han crecido al amparo de una relación segura y amorosa les costará menos que sus heridas cicatricen. Tienen pocos puntos flacos y no tan arraigados. Una vez que han comprendido lo que subyace a sus desencuentros con el ser amado, son más capaces de ponerles fin y curar las heridas.

Para otros, sin embargo, traumatizados o abandonados por las personas que amaban o de quienes dependían, el proceso es largo y arduo. Sus puntos flacos son tan extensos y se encuentran tan a flor de piel que acceder a sus propios miedos y confiar en el apoyo de la pareja les parece un reto enorme. Kal, superviviente de abusos diversos y veterano del ejército, dice: «Yo soy un punto flaco andante. Ansío apoyo y consuelo, pero muchas veces, cuando mi dama me conmueve de verdad, no sé si me ha hecho una caricia u otra herida».

Aún así, no somos prisioneros del pasado. Podemos cambiar para mejor. Una reciente investigación de la psicóloga Joanne Davila, de la Universidad Estatal de Nueva York, confirma lo que he observado en mis sesiones: con ayuda de un cónyuge cariñoso, es posible poner fin incluso al sufrimiento más arraigado. Podemos conseguir una sensación básica de seguridad si contamos con una pareja sensible a nuestras necesidades que nos ayude a afrontar los sentimientos dolorosos. El amor es capaz de transformarnos.

Cómo saber si estás ante un punto flaco

Dos señales nos advierten de que nos enfrentamos a un punto flaco, ya sea propio o ajeno. La primera, un giro radical en el tono emocional de la conversación. Hace un momento, tu pareja y tú estabais bromeando tranquilamente, pero de repente uno de los dos adopta un tono disgustado u ofendido, o, por el contrario, reservado o gélido. Se produce un desequilibrio, como si las reglas del juego hubiesen cambiado de repente y nadie te hubiera avisado. La persona ofendida empieza a enviar señales distintas y el otro trata de interpretar el cambio. Como dice Ted: «Vamos en coche hablando de cualquier cosa y de repente noto un frío glacial. Ella se queda mirando por la ventanilla con los labios apretados, taciturna, como si deseara que yo no existiese. ¿A qué viene eso?»

La segunda, cuando la reacción a una supuesta afrenta es desproporcionada. Marla cuenta: «Por lo general, hacemos el amor el viernes por la noche, así que Pierre me estaba esperando, pero llamó mi hermana, que estaba disgustada, y me puse a charlar con ella. Supongo que estuve unos quince minutos al teléfono. Él bajó hecho una furia y empezamos a discutir. Cuando se pone así, no hay manera de hablar con él». En realidad, sí la hay, sólo que Marla aún no ha entendido la lógica del amor y Pierre no sabe explicarle a su esposa ni a sí mismo por qué, en ciertos momentos, se siente tan vulnerable. Él lo vive así: «Mi mente dice: "¿por qué te disgustas tanto? Olvídalo". Pero ya me estoy subiendo por las paredes».

Semejantes reacciones se desencadenan cuando afloran necesidades y miedos primigenios en relación al apego. Son nuestras emociones más profundas y poderosas, que nos invaden de súbito. Para comprender a fondo los puntos flacos, debemos identificar qué emociones exacerban nuestra sensibilidad y descifrarlas de tal modo que podamos afrontarlas. Si no lo hacemos, las pasaremos por alto en nuestra precipitación por defendernos, mediante la ira o la indiferencia, y enviaremos a nuestra pareja un mensaje del todo equivocado. En las relaciones inestables, camuflamos la fragilidad, lo que impide al otro llegar a vernos realmente.

Veamos por partes qué sucede cuando se toca un punto flaco:

1. Una amenaza a los vínculos de apego nos pone en guardia y dispara la emotividad, los anhelos y los miedos, como un interruptor que pusiera en marcha los mecanismos afectivos: una mirada, una frase, un cambio en el tono emocional de cualquier conversación de pareja. Las señales de apego pueden ser tanto positivas como negativas, provocar buenos o malos sentimientos, pero cuando tocan un punto flaco, todas las sirenas se disparan. El cerebro dice: «Se acerca algo extraño, negativo o doloroso». La alarma puede saltar, por ejemplo, al notar un deje crítico en el tono de voz del otro o si nuestra pareja hace caso omiso a una petición de cariño. Marie le dice a su marido Eric: «Sé que intentas ser cariñoso y te lo agradezco. Demuestras interés por mis problemas. Todo va sobre ruedas, hasta que dices "mira" con el tono que emplearías con una niña que no entiende nada. Noto como si me clavaran una aguja. Me doy perfecta cuenta de que te exaspero. Me consideras tonta, y me duele». Eric está estupefacto. Creía que discutían porque a ella le parecía mal todo lo que él decía.

2. El cuerpo reacciona. La gente lo describe de formas distintas: «se me encoge el estómago y empiezo a hablar en tono agudo» o «me quedo frío e inmóvil». A veces, el único modo

de averiguar cómo nos sentimos es prestar atención a las sensaciones. Las emociones fuertes movilizan nuestro cuerpo, lo ponen en actitud de supervivencia a la velocidad del rayo. Además, cada emoción provoca una reacción distinta. Cuando estamos asustados, el flujo sanguíneo aumenta en las piernas; cuando nos enfadamos, en las manos.

3. El intelecto, localizado detrás de la frente, en el córtex prefrontal, reacciona con más lentitud. En ese momento, sintoniza con el cerebro emocional, la amígdala, y se pone a buscar el sentido de lo que está pasando. Sucede cuando comprobamos si es correcta la percepción inicial y discernimos el sentido de la señal respecto a la seguridad del vínculo. Los peores temores de Carrie se confirman justo en ese instante: «Cuando parece que vamos a hacer el amor y me dices que estás cansado, me altero muchísimo. Tengo la sensación de que no me deseas, de que no soy más que una amiga, de que no soy especial para ti». Su marido, Derek, contesta: «¿No puede ser que sólo esté cansado?» Carrie responde: «No cuando llevas toda la noche coqueteando conmigo y creando todo tipo de expectativas. Si no vas a responder a ellas, necesito un poco de ayuda para digerirlo. No quiero tragarme yo sola el enfado».

4. Nos vemos obligados a hacer un movimiento determinado, hacia nuestra pareja, en dirección opuesta o en contra. Tenemos programado el impulso de actuar ante cualquier emoción. La ira nos empuja a luchar. La vergüenza, a escondernos. El miedo nos hace huir, quedarnos quietos o, en casos extremos, atacar. La tristeza nos obliga a llorar y a marcharnos. Al describir las peleas con su esposo, Ana dice: «Sólo quiero echar a correr.

Necesito alejarme. En cuanto la ira asoma a su rostro, desaparezco. Dice que lo ignoro, pero es que los pies me van solos en cuanto oigo sus reproches. No puedo quedarme a escuchar».

Todo sucede en una milésima de segundo. Charles Darwin, fascinado por el poder de las emociones y su papel en la lucha por la supervivencia, quiso comprobar hasta qué punto podía controlarlas. En el zoo de Londres, se plantaba ante un terrario que albergaba una gigantesca víbora e intentaba una y otra vez no retroceder cuando ésta hacía amagos de atacarle. Nunca lo consiguió. Su cuerpo siempre reaccionaba ante el miedo por mucho que su mente consciente le dijera que no corría peligro.

La misma historia puede llevarse al terreno de las relaciones. En un momento de ternura, mi compañero hace de repente un comentario crítico. Noto que mi cuerpo se paraliza. He tardado menos de dos centésimas de segundo en sentir el dolor y emprender la retirada (es más o menos el tiempo que, según estiman los científicos, tardamos en registrar la expresión de un rostro). La ternura del momento se ha esfumado. Las emociones nos dicen lo que de verdad importa. Como una brújula interna, nos orientan y nos dirigen.

<u>PUESTA EN PRÁCTICA</u>

Cómo identificar tus puntos flacos

¿Recuerdas si en algún momento concreto de tu relación actual has perdido de repente el equilibrio, si un ligero ademán o falta de respuesta ha amenazado tu sensación de seguridad en pareja o si te has sentido arrastrado/a a una reacción de las que desembocan en un «diálogo maldito»? Quizá tengas presente algún instante en que te descubriste de repente muy enfadado/a o súbitamente indiferente. Vayamos más allá de esas reacciones superficiales, hasta las emociones más profundas, y analicemos el episodio.

- ¿Qué estaba pasando en la relación? ¿Cuál fue la señal negativa, el interruptor que disparó en ti la sensación de distancia emocional? ¿Cómo te sentías una milésima de segundo antes de enfadarte o antes de desentenderte? ¿Qué dijo o hizo exactamente tu pareja para provocar dicha reacción?

  Por ejemplo, Anne, una joven estudiante de medicina que llevaba pocos meses viviendo con Patrick, un abogado, dice: «Sucedió el jueves por la tarde. No hubo forma de arreglarlo. Nos pasamos varios días enfadados. Todo empezó cuando le estaba hablando a Patrick de mis estudios, de lo mucho que me estaba esforzando. Al final, me puse como loca. Me inundó esa rabia incontrolable que forma parte de nuestra dinámica. Veamos. Recuerdo que empezó a levantar la voz, empleando ese tono distante, como de conferenciante, que adopta. Y después dijo que, si me obsesionaba tanto, no podía ayudarme. Esa voz dispara todas mis alarmas. Convierte cualquier desacuerdo en una especie de crisis.

- Recuerda algún episodio en que tu pareja tocara uno de tus puntos flacos. ¿Cómo reaccionó tu cuerpo? Tal vez te sentiste disgregado/a, indiferente, acalorado/a, sin aliento, con un peso en el pecho, muy pequeño/a, vacío/a, tembloroso/a, lloroso/a, helado/a, en llamas. ¿Hacerte consciente de tu cuerpo te ayuda a nombrar la experiencia?

Anne dice: «Me pongo muy nerviosa. Reacciono como un gato en pleno patatús. Patrick diría que me vuelvo loca. Él sólo ve eso, pero yo por dentro noto como un temblor, como si estuviera asustada».

- ¿Qué interpreta tu cerebro al respecto? ¿Qué te dices a ti mismo/a cuando sucede?

Anne comenta: «Me digo para mis adentros: "Me está enjuiciando" y me enfado con él. Pero no es exactamente así porque lo que siento se parece más a: "No está a mi lado. Tengo que enfrentarme a esto yo sola. No se molestará en apoyarme." Y es escalofriante.»

- ¿Qué hiciste en aquella ocasión? ¿Cómo pasaste a la acción?

Anne prosigue: «Bueno, le grité, le dije que era un canalla por no ayudarme y que se podía ir al infierno. De todas formas, yo no lo necesitaba. Después me pasé varios días enfadada con él. Cuando me pongo así, es como si tragara veneno. Tengo la sensación de que con esta reacción evito afrontar mis más profundos sentimientos. Al final, concluí que no se puede confiar en nadie. Los demás no están ahí cuando los necesitas.»

- Intenta relacionar todos los elementos anteriores rellenando los espacios en blanco:

En aquel incidente, lo que desató mi reacción fue _____ _____. Visto/a desde fuera, probablemente parecía _____. Pero en lo más profundo, sentía _____ (*escoge una de las emociones negativas básicas: tristeza, rabia, vergüenza, miedo.*) **Hubiera necesitado que** _____. La conclusión a la que llegué sobre nuestro vínculo, sobre mí mismo/a o sobre el amor fue _____.

«El desencadenante es el tono de Patrick», dice Anne. «Percibo que me está enjuiciando. Que me rechaza. Seguramente parecía enfadada, pero por dentro me sentía asustada y sola. Necesitaba que me tranquilizara, que me dijera que es normal que los estudios te inquieten, sentirse insegura y pedir apoyo. La conclusión a la que llegué sobre la relación fue que no podía contar con él ni esperar su cariño.»

- ¿Qué te dice el episodio sobre tus puntos flacos?

    Anne comenta: «No puedo soportar pedirle ayuda y sentirme rechazada. Incluso me dice que no debería necesitar tanto apoyo. Por dentro, estoy asustada».

    Intenta pensar en qué otras situaciones se ha manifestado tu punto flaco.

- El punto flaco que has descrito, ¿es el único que has identificado en tu relación o hay otros? Las personas suelen tener más de uno, aunque por lo general un mismo tipo de señal desencadena la angustia en distintas situaciones.

• • •

Localiza el origen de tus puntos flacos

- Piensa en tu historia personal. ¿Se originó tu punto flaco en la relación con tus padres, tus hermanos, en otra relación romántica o incluso con tus compañeros de clase o con tus amigos? ¿O es una hipersensibilidad nacida en tu relación actual? Otra forma de pensar en ello es fijarse en si, cuando te tocan esa zona sensible, aparecen fantasmas del pasado: ¿puedes relacionar el dolor con una experiencia del pasado y valorar si a partir de aquel momento te sentiste vulnerable?

Anne comenta: «Mi madre siempre me dijo que nunca llegaría a nada y que mi hermana era la única que tenía futuro. Estaba sola en aquella casa. A nadie le importaba mis sueños. Cuando conocí a Patrick, pensé que creía en mí. Al principio, me sentí a salvo, pero ahora, cuando me critica y no me apoya, vuelvo a tener la sensación de que nadie cuida de mí. Todo aquel dolor me invade otra vez».

- ¿Crees que tu pareja repara en tus aspectos vulnerables o sólo advierte tus sentimientos superficiales o tus reacciones?

Anne dice: «¡Oh, no! No quiero que conozca mi punto flaco. Nunca se me había ocurrido. Sólo ve que monto en cólera y se pone nervioso».

- ¿Podrías decir un punto flaco de tu pareja? ¿Sabes qué haces exactamente para irritarlo?

• • •

Habla con tu pareja

Por naturaleza, somos bastante reacios a reconocer nuestros aspectos vulnerables. La sociedad nos dice que debemos ser fuertes, indestructibles, así que tendemos a ignorar o negar la propia fragilidad. En lugar de afrontar su tristeza y anhelos, Carey se aferra a su ira. «En caso contrario, me convertiría en una persona débil y necesitada», observa. También tememos ser incapaces de superar el dolor. Los clientes me dicen: «Si empiezo a llorar, temo no poder parar. Imagine que pierdo el control y me quedo llorando para siempre». O: «Si me permito sentir ese tipo de cosas, sólo conseguiré sufrir más. El dolor hará presa en mí y será insoportable».

Quizá somos aún más reacios a confesarle nuestra fragilidad a la pareja. Pensamos que perderemos atractivo. También somos conscientes de que admitir la propia fragilidad implica colocar un arma poderosa en manos de la persona que más puede herirnos. Tal vez nuestra pareja saque partido de la situación. Por instinto, tendemos a protegernos.

Cuando estamos en el lado opuesto, nos negamos a reconocer los signos de malestar en el otro, por muy evidentes que sean. No sabemos qué hacer o cómo sentirnos, sobre todo si carecemos de un modelo para interaccionar de forma eficaz. Algunos jamás hemos presenciado cómo funciona un vínculo seguro o no queremos aceptar la fragilidad de nuestra pareja e, indirectamente, la nuestra. Es fascinante, sin embargo, que siempre demos prioridad al llanto de un niño. Respondemos. Los niños no nos amenazan, aceptamos que son vulnerables y que nos necesitan. Los contemplamos en un marco de apego. En cambio, no se nos ha enseñado a considerar a los adultos del mismo modo.

La realidad es que nunca disfrutaremos de una conexión sólida y estable si no dejamos que nuestra pareja nos conozca de verdad, o si ella no desea conocernos. Un alto ejecutivo, David, lo reconoció ante mí un día. «Bueno», dijo, «supongo que en el fondo soy consciente de que siempre me quedo al margen de las grandes emociones, tristeza, miedo o cualquier otro sentimiento difícil. Si echo a correr cada vez que percibo señales de malestar en mi pareja o me habla de cosas negativas, no lograremos conectar».

Queremos y necesitamos que la persona amada responda a nuestro dolor, pero nunca podrá hacerlo si no se lo damos a conocer. Amar bien requiere valor… y confianza. Sin embargo, si albergas dudas reales y fundamentadas sobre las buenas intenciones de tu pareja, por ejemplo, si le temes físicamente, es mejor que no confíes en ella, por supuesto. En ese caso, deberías consultar a un terapeuta o reconsiderar la relación.

Cuando estés preparado/a para comentar tus aspectos vulnerables, empieza poco a poco. No hay necesidad de desnudar el alma. A menudo, un buen modo de comenzar es hablar de cómo expresarlo. «Me cuesta mucho decirte esto…» puede ser un buen principio. A partir de ahí, podemos revelar algún detalle de lo que nos hace sufrir. Una vez que te sientes cómodo/a, es más fácil hablar abiertamente de los orígenes de la herida.

Dicha actitud ayudará a tu pareja a revelar a su vez alguno de sus puntos flacos así como su procedencia. Este tipo de confidencias a menudo son recibidas con sorpresa. En las sesiones de pareja, la primera vez que uno de los componentes se hace consciente y verbaliza sus puntos débiles, el otro suele reaccionar con incredulidad. El cónyuge sólo había reparado en las emociones superficiales, sin pensar que debajo acechaba la vulnerabilidad más arraigada.

Limitarse a reconocer y revelar los puntos flacos no los hace desaparecer, por supuesto. Se han convertido en sistemas de alarma incorporados que se disparan en cuanto peligra el vínculo emocional con la persona amada, y no se pueden desconectar fácilmente. Eso demuestra lo importante que es el apego para los seres humanos; los datos incorporados a un código primario de supervivencia son difíciles de borrar.

La emoción clave es el miedo, el terror a perder la conexión. Nuestro sistema nervioso, como señala Joseph LeDoux, del Centro de Ciencia Neurológica de la Universidad de Nueva York, tiende a crear conexiones entre los sistemas de alarma y la amígdala, esa parte del cerebro que registra los acontecimientos emocionales. Todo el sistema está diseñado para incorporar información, no para hacerla desaparecer. Por eso es preferible equivocarse pensando en positivo que en negativo. No obstante, las conexiones se pueden debilitar, como aprenderemos en el próximo capítulo y, en cualquier caso, el mero hecho de hablar con la pareja sobre los miedos y anhelos más profundos te quita un gran peso de encima. Le pregunté a David: «¿Se siente usted más angustiado o asustado cuando reconoce esos sentimientos delicados y habla de ellos?» «No», dice, «qué raro. En cuanto comprendí que eran normales, que estamos programados para sentirlos, no me resultó tan duro. En realidad, eso me ayuda a entrar ahí, en ese sitio terrorífico, y a controlar esos sentimientos. Cuando entiendes su lógica, no parecen tan terribles». Al mirarlo, lo veo más equilibrado, transmite más aplomo que cuando estaba ocupado eludiendo sus miedos y esquivando los mensajes «espeluznantes» de su novia. Me hace pensar en algo que siempre me dice Francis, mi profesor de tango: «Cuando encuentras el equilibrio sobre tus pies y estás en sintonía contigo misma, puedes prestarme atención y moverte conmigo. Entonces podemos bailar juntos».

Vincent y James, una pareja gay, también lo descubrieron. Vincent tiende a alejarse y a guardar silencio cuando James y él tienen problemas. «¿Qué puedo decir?», arguye. «No sé cómo me siento. No entiendo lo que me pasa cuando empieza a decir que no tenemos una buena relación. James quiere que lo hablemos, pero ¿cómo voy a hablar de algo que no comprendo? Me quedo en blanco, guardo silencio y le dejo continuar, pero él se angustia cada vez más.» Sabemos que cuando peligra el recinto íntimo de seguridad que hemos construido junto al ser amado, nos abruma una tristeza teñida de impotencia, vergüenza ante los sentimientos de incapacidad y fracaso, así como un miedo desesperado al rechazo, la pérdida y el abandono. Está sonando la melodía del pánico.

Como comentábamos antes, nuestro sistema de alarma emocional se dispara cuando nos sentimos desatendidos: se nos niega el acceso afectivo a nuestro ser amado y carecemos de la atención, el cuidado y el consuelo necesarios; la actitud que Harry Harlow denominó «tranquilidad por contacto». También se enciende cuando tenemos la sensación de que el otro nos desdeña, cuando nos sentimos abandonados en el terreno emocional («Cuando llamo, no hay respuesta, no reacciona. Estoy necesitado y solo») o rechazados («Me siento despreciada, criticada. No se me valora. Yo nunca soy lo primero»). El cerebro responde con señales de impotencia a la desidia y el desdén.

Vincent no ha sido capaz de asumir y verbalizar esas emociones ni de pedirle ayuda a James para superarlas, y han acabado por convertirse en sus puntos flacos, que reaccionan al peligro y lo impulsan a distanciarse como medida de protección.

¿Qué pasa cuando Vincent observa las emociones suscitadas por sus puntos flacos y las analiza por partes? En primer lugar, se centra en lo que le sucede justo antes de «quedarse en blanco». ¿Qué señal específica desencadena esa reacción que tanto teme James? Cuando se calma y lo piensa un poco, Vincent consigue articular: «Me parece que es su cara. Frunce el ceño, advierto que está frustrado y sé que lo he estropeado todo. Si me concentro en mis sensaciones físicas al hablar de ello, me noto nervioso, como si tuviera mariposas en el estómago, como antes de un examen del colegio. Al reflexionar sobre por qué me pasa eso, creo que, en el fondo de mi corazón, pienso que estamos condenados. No hay esperanza. Sea lo que sea lo que él quiere, yo no lo tengo».

James pregunta: «¿Y qué sentimiento resumiría exactamente todo lo anterior?» Vincent contesta con tranquilidad: «Bueno, angustia sería una buena palabra». Al decirlo, su expresión se relaja. Aunque la situación no sea ideal, sienta bien poder ordenar el mundo interno. Después continúa: «Si la siguiente pregunta es qué hago ante ese sentimiento, la respuesta salta a la vista. No hago nada. Cualquier movimiento empeorará las cosas. Me quedo tal como estoy y espero a que se disipe la frustración de James».

Ahora Vincent es capaz de describir sus puntos flacos, y cómo estos desencadenan su incapacidad de reaccionar. Se siente triste, nervioso e impotente, e intenta no hacer nada con la leve esperanza de que el problema se esfume. Me dice que esas emociones son «territorio desconocido» para él y que nunca había sintonizado con ellas. Lo alabo por su valor y franqueza y le comento que la estrategia de encerrarse en uno mismo funciona de maravilla en muchas situaciones, pero que en las relaciones amorosas alarma al otro y da un giro negativo a los acontecimientos. Hablamos del origen de su punto flaco. Él recuerda que al principio de la relación se sentía muy seguro con James y a veces era capaz de expresar sus sentimientos. Sin embargo, con el paso de los años, empezaron a distanciarse. La distancia aumentó cuando James sufrió un accidente tan doloroso que no podía soportar que lo tocaran. Vincent empezó a perder la seguridad en sí mismo y a estar cada vez más en guardia ante las señales negativas de James.

James le contesta a Vincent: «Bueno, hasta ahora nunca me había dado cuenta de que sufrías. Ni por un instante. Sólo veía a alguien que desaparecía ante mis ojos, y entonces nos instalábamos en ese "diálogo maldito". Es frustrante hablarle a una pared, ¿sabes?» Pero también se atreve a decirle a Vincent que empieza a comprender lo mucho que debe de costarle ordenar su mundo emocional si él siempre está a la que salta. Le habla entonces de sus propios puntos flacos. Al parecer, tiene la sensación de que a Vincent le ilusiona tanto su profesión de actor que lo ha dejado de lado. Cuando éste le dice: «a lo mejor soy un crack en escena pero, en el terreno personal, me aterroriza que te enfades conmigo» está afrontando su propia fragilidad de un modo totalmente nuevo. Está más presente, es más accesible.

En el amor, por lo general, compartir las emociones negativas da mejor resultado que la ausencia afectiva, a menos que éstas se nos vayan de las manos. La falta de respuesta no hace más que disparar el pánico primigenio del otro miembro de la pareja. «Cuando me pongo así sólo busco hacerte reaccionar para demostrarte que no puedes prescindir de mí.» Vincent y James viajan ahora en un ascensor que desciende por las distintas plantas de su mundo emocional. Al cambiar el nivel de la conversación, las reacciones de cada cual se despejan y podemos emitir mensajes más diáfanos sobre nuestras necesidades de apego. Al hacerlo así, le ofrecemos a la persona amada una oportunidad única de responder con amor.

Veamos en algunas instantáneas cómo James reconoce su punto flaco y cómo Vincent le ayuda en el proceso. Este último le pregunta a su compañero por la señal que desencadena su frustración. James se lo piensa un momento y responde: «Ahora mismo estoy esperando a que suceda. Estoy seguro de que vas a olvidar nuestros planes de pasar tiempo juntos». En ese momento, James se va por la tangente y empieza a describir, con todo lujo de detalles, cuándo cogió Vincent aquella «costumbre». El otro le sugiere que se centre más en cómo sabe lo que va a suceder. ¿Qué indicios inducen a James a pensar que algo va mal?

Cuando James cierra los ojos un momento, oigo cómo su ascensor emocional se detiene en una planta. «Vincent parece distraído. No me presta atención», dice con los ojos bañados en lágrimas. Si escuchamos nuestras emociones en silencio a menudo se revelan por sí mismas, como una imagen borrosa que se aclara poco a poco. James prosigue: «Se me hace un nudo en la garganta. Estoy triste, supongo. Mi cerebro dice: "Ya está otra vez, pasando el rato a solas, leyendo. Y aquí estoy yo, más solo que la una." Tenemos una vida maravillosa, montones de cosas, pero estoy a solas en ella».

Vincent, que en sesiones anteriores se había defendido alegando lo mucho que le ha dado a James y que éste debería ser más independiente en cualquier caso, escucha ahora con atención. Yo doy crédito al sentimiento de soledad de James y a su anhelo de conexión con Vincent. James sigue escuchando sus sentimientos, extrayendo el mensaje que le transmiten sus emociones. Su voz se va apagando y murmura: «Supongo que he acabado por pensar que Vincent no me necesita. Siempre está ahí, pero fuera de mi alcance».

Ahora habla en un tono aún más bajo, y se vuelve hacia su pareja. «Si no me enfado, soy vulnerable. Ahora mismo me siento frágil y triste. No me atrevo ni a mirarte. Estoy pensando que todo esto acabará por aburrirte. Tu verdadero amor es tu trabajo. Intento aceptarlo, pero tanto miedo y desolación han acabado por amargarme.» Se pasa la mano por la cara y, de repente, aparece una ira desafiante donde antes había tristeza y fragilidad. «No sé por qué hacemos terapia. Quizás estaríamos mejor separados.»

¡Zas! La emoción ha dado un vuelco. Es difícil demorarse en las profundidades del mundo emocional. Pero Vincent reacciona de maravilla. Advierte que James se está esforzando y lo ayuda. «Me estás diciendo que bajo tu frustración te sientes frágil y triste. Y quieres saber si hay algo que me importa más que mi trabajo. Está bien. No se me da bien hablar de mis ne-

147

cesidades, estoy aprendiendo. Pero te aseguro que, si vuelves a decir que estaríamos mejor separados, me dará un ataque. Prefiero mil veces estar contigo, por muy desgraciado que pueda ser, si es que a ti te parece bien.» James se echa a reír.

Van por el buen camino. Están aprendiendo a hacer de sus puntos flacos un motivo de conexión y no de distanciamiento.

PUESTA EN PRÁCTICA

Tratad de recordar si en algún momento os sentisteis vulnerables o heridos y si la reacción del otro os ayudó a acercaros. ¿Qué fue, en concreto, lo que cambió las cosas?

A continuación pensad en un episodio reciente que os alejó y os instaló en un «diálogo maldito». En aquella situación, ¿quién subió la temperatura emocional y quién la bajó para eludir sentimientos dolorosos? Pensad sendas frases que describan cómo suele cada uno afrontar la sensación de fragilidad que lo invade en los momentos difíciles y comentadlo. Por ejemplo: *Me quedo de piedra o helado, me preparo para contraatacar, echo a correr y me escondo.*

Si, por lo general, te relacionas así con tu pareja, seguramente es porque te pareció la única opción viable en relaciones anteriores. ¿Cómo te ayudó aquella estrategia a mantener intacta la relación más importante de tu vida? Por ejemplo, ¿la maniobra sirvió para llamar la atención de un ser querido, para no sentirte tan rechazado/a o ignorado?

En el episodio que has recordado, ¿te aferraste a las emociones superficiales e inmediatas o fuiste capaz de explorarlas y expresar sentimientos más arraigados? Dile a tu pareja, en una escala del uno al diez, cuánto te cuesta hablar de los sentimientos que te hacen sentir vulnerable. ¿Qué sensación tienes al comentarlos ahora? ¿Puede tu pareja ayudarte a profundizar más en ellos? No lo olvides, todos vamos en el mismo barco emocional, cometemos los mismos errores y tratamos de dar sentido a nuestra vida sentimental sobre la marcha, lo mejor que podemos.

Al recordar el episodio que os llevó a un punto muerto como pareja, ¿puede cada cual identificar qué indicio en concreto le hizo perder el equilibrio emocional y lo precipitó a una espiral de inseguridad? Intenta expresárselo a tu pareja como un hecho, sin echarle la culpa. Anne dice: «Fue ver que mientras yo lloraba, tú guardabas silencio». Patrick contesta: «Veía el sufrimiento en la expresión de tu rostro. Me sentía fatal por dentro pero nunca sé qué hacer en esas situaciones».

Los puntos flacos se manifiestan de muchas formas distintas. Intenta usar las palabras y las frases propuestas a continuación para describirle a tu pareja la sensación de fragilidad que te asaltó durante aquel episodio. Si te cuesta demasiado, puedes rodear las palabras con un círculo y mostrárselas a tu pareja.

En aquella ocasión, si me atengo a mis emociones más vulnerables, me sentí: solo/a, ignorado/a e insignificante, frustrado/a e impotente, en guardia, incómodo/a, asustado/a, herido/a, desesperanzado/a, intimidado/a, amenazado/a, aterrorizado/a, rechazado/a, como si yo no importara, ignorado/a, fuera de lugar, excluido/a, confundido/a y perdido/a, molesto/a, avergonzado/a, vacío/a, atónito/a, triste, abandonado/a, decepcionado/a, aislado/a, defraudado/a, paralizado/a, abrumado/a, pequeño/a o inferior, despreciado/a, frágil, preocupado/a.

¿Te atreves a hablarle de esa sensación a tu pareja? Si te cuesta demasiado por ahora, puedes comentarle qué sería, según tú, lo peor que podría pasar si se lo revelases. Intenta decirle a tu pareja:

Cuando me planteo confesarte qué sentimientos me hacen sentir más vulnerable, no me atrevo. Mi peor temor es que si lo hiciera _____.

¿Puedes preguntarle a tu pareja qué sensación tiene cuando le hablas de esto? ¿Te ayuda a sentirte lo bastante seguro/a como para comentarle estas impresiones? ¿Qué efecto sentís que provoca este tipo de conversación en la relación?

¿Podéis pensar juntos una nueva versión de aquel episodio difícil con el que hemos empezado el ejercicio, una que incluya vuestros movimientos básicos en la dinámica (por ejemplo, me encerré en mí mismo/a y me escabullí), y nombrar los sentimientos superficiales que os asaltaron de manera evidente (por ejemplo, me sentí incómodo/a y nervioso/a, como si me hubieran pillado en falta, sólo un poco molesto/a)?

Mis movimientos básicos en la dinámica fueron _____, y me sentí _____.

Ahora podemos ir un poco más lejos. Trata de discernir qué indicio en concreto desató las fuertes emociones que has elegido de la lista anterior. Podría ser el tono de voz de tu pareja. Después, añade los sentimientos que has seleccionado en la lista.

Cuando oí/vi _____, **me sentí** _____
_____.

Intentad ceñiros a un lenguaje sencillo y concreto. Las palabras o las definiciones ambiguas pueden hacer confusa la conversación. Si os quedáis atascados, comentadlo, tratad de retroceder al último punto sobre el que no teníais dudas y volved a empezar.

A continuación, unid todos los elementos.

Cuando nos instalamos en nuestra dinámica y yo __
_____ *(utiliza un verbo, por ejemplo, te presiono),* **me siento** _____ *(emoción superficial).* **El resorte emocional que desencadena en mí la sensación de desconexión es ver/sentir/oír** _____ *(la señal que dispara la ansiedad de separación).* **En un nivel más profundo, me siento** _____.

¿Qué habéis aprendido de los puntos flacos del otro? Recordad que si os rozáis mutuamente esas zonas sensibles es sólo porque os queréis.

Por mucho cuidado que pongáis ambos, es imposible estar siempre en sintonía. Las señales se pasan por alto a menudo, y la fragilidad, fruto del apego, ocupará en un momento u otro un papel central. El secreto es darse cuenta y afrontar los puntos flacos sin instalarnos en pautas destructivas. En el siguiente capítulo, aprenderéis más sobre cómo trabajar los sentimientos de apego para poder recorrer a la inversa las dinámicas negativas que nos arrastran.

Conversación 3
Revivir los momentos críticos

«Lo importante es saber rectificar…
aunque sólo sea para volver a intentarlo.»
Deborah Blue, Love at Goon Park

Tía Doris, una mujer voluminosa de pelo oxigenado y vello en la barbilla, vertía ron sobre un enorme pudín de Navidad. También discutía con mi más que achispado tío Sid. Se volvió hacia él y dijo: «Alguien está cogiendo una mona. De las que acaban mal. Estás medio borracho y te juro que no pienso quedarme sin Navidades blancas. ¿Tenemos que discutir? Yo la tomaré contigo y tú te defenderás si puedes. Ambos nos sentiremos mal entonces. ¿Tenemos que pasar por eso o podemos volver a empezar?» Tío Sid asintió solemnemente y murmuró con suavidad: «Nada de monas y nada de peleas», y, a continuación: «Un pudín delicioso, Doris». Le dio unas palmadas a mi tía en la espalda y se fue a la otra habitación.

Recuerdo el incidente como si hubiera sucedido ayer mismo porque tío Sid iba hacer de Santa Claus aquella noche, y una «mona» en aquellas circunstancias podía afectar a mis regalos. Un cumplido y unas palmadas me salvaron la Navidad. Ahora, muchos años después, contemplo el episodio desde un punto de vista menos egoísta. En un momento de conflicto y desencuentro, tío Sid y tía Doris fueron capaces de identificar una pauta destructiva, declarar un alto el fuego y reestablecer la conexión.

Seguramente Doris y Sid no tuvieron grandes dificultades en dejar la discusión y cambiar el rumbo de los acontecimientos porque, la mayor parte del tiempo, su amor era un recinto seguro de confianza y capacidad de reacción emocional. Sabemos que a las personas que disfrutan de una relación estable les cuesta poco recuperar el contacto. Son capaces de pararse a pensar en lo que está sucediendo y responsabilizarse de su papel en el proceso. Las parejas con problemas lo tienen más difícil. Están atrapadas en la superficie de la relación, donde reina el caos emocional, y consideran al otro una amenaza, un enemigo.

Para que se produzca el reencuentro, la pareja debe «desescalar» el conflicto y crear, de forma consciente, una base de seguridad emocional. Tienen que trabajar de común acuerdo para reducir los diálogos negativos y paliar sus inseguridades básicas. Tal vez no estén tan unidos como quisieran, pero pueden controlar el daño que sin querer infligen al otro, sufrir desencuentros sin precipitarse impotentes hacia los «diálogos malditos», afrontar sus puntos flacos sin caer en exigencias desmedidas ni en un mutismo para protegerse uno mismo, y entender mejor la exasperante paradoja de que la persona amada, nuestro paliativo contra el miedo, puede convertirse de repente en la causa misma del miedo. En resumen, pueden mantener el equilibrio emocional mucho más a menudo y con más facilidad. Así se crea la base necesaria para reparar las grietas que amenazan la relación y crear un auténtico vínculo amoroso.

En esta conversación, aprenderás a hacerte cargo de los momentos de desconexión emocional, o desarmonías, como las denominan los teóricos, evitar una escalada peligrosa y recuperar la seguridad. Para poner en práctica este proceso en las sesiones, acompaño a las parejas de vuelta a los momentos críticos de su relación y les pido que, aplicando lo que han aprendido en las conversaciones 1 y 2 sobre su manera de comunicarse y su ansiedad de apego, hallen el modo de suavizar el terreno. Se trata de revivir tanto las peleas que hacen historia como los pequeños desencuentros que se repiten en el tiempo. Reproducimos la acción a cámara lenta, haciendo preguntas (¿qué pasó en aquel momento?) e identificando en qué momentos clave se disparó su sensación de inseguridad. Asimismo, les muestro cómo habrían podido frenar el conflicto desplazándolo en una dirección distinta, más positiva.

Cuando Claire y Peter discuten no se andan con chiquitas. Podrían ganar el Oscar a las mejores disputas conyugales. En esta ocasión, todo empieza cuando Claire le señala a Peter que podría haberla ayudado más cuando enfermó de hepatitis aguda. «Te quedaste tan tranquilo, como si nada», dice. «Cuando te pedí que hicieras las tareas de la casa, te pusiste desagradable e irritable. No tengo por qué aguantar eso.»

«¡Aguantar!», exclama Peter. «Por lo que yo sé, tú no aguantas nada. Me haces pagar hasta el más mínimo error. Claro, a ti te da igual que yo me estuviera dejando la piel en un gran proyecto. ¡Cuánto te he decepcionado! Me lo dejas bien claro siempre que puedes. No estarías tan mal cuando viniste y me soltaste un discurso sobre cómo hay que limpiar el baño.» Se levanta de la silla como si fuera a marcharse.

Claire echa la cabeza hacia atrás y grita frustrada: «¡El más mínimo error! ¿Cómo ponerte de morros y pasarte dos días sin hablarme? ¿Te refieres a eso? Un canalla, eso es lo que eres». Peter, mirando a la pared, responde enfadado: «Si, muy bien, a este canalla se le quitan a veces las ganas de hablar con la experta en limpieza». Los expertos en demolición de relaciones amorosas han puesto manos a la obra.

Desescalada del desencuentro

Reproduzcamos este pequeño drama y veamos cómo pueden modificar la dinámica. Para ello, recorreremos paso a paso el camino hacia un intento de armonía.

1. Detener la partida. Durante la pelea, Claire y Peter sólo están pendientes de atacar y defenderse: quién tiene razón y quién está equivocado, quién es la víctima y quién el villano. Son antagonistas, sólo emplean los pronombres «yo» y «tú». «Tengo derecho a que se me cuide», declara Claire beligerante, «y si tú no eres capaz de hacerlo, me las arreglaré sin ti». La victoria, sin embargo, sería amarga, porque en realidad no es eso lo que quiere. Peter contesta con voz pausada: «¿No podemos dejarlo de una vez? En esta guerra, los dos salimos perdiendo». Por primera vez se ha referido a un «nosotros». Claire suspira. Cambia de actitud y de tono: «Sí», dice con expresión pensativa. «Siempre llegamos a este punto. Es un callejón sin salida. Ambos queremos tener razón, así que seguimos discutiendo hasta acabar exhaustos».

2. Reconocer los propios movimientos. Clarie se queja de que Peter la ignora, de que no trataba entender su postura cuando estalla el conflicto. Examinan los movimientos de cada cual. Ella reflexiona: «Lo primero que hice fue quejarme y enfadarme contigo. ¿Qué hiciste tú?» «Quise defenderme y te ataqué a mi vez», contesta él. Claire prosigue: «Entonces te mandé a la porra y seguí acusándote. En realidad estaba protestando por tu indiferencia». Peter, ahora más tranquilo, se arriesga a bromear. «Te has saltado una parte. Entonces me amenazaste, ¿recuerdas?, con eso de que te las podías arreglar sin mí».

Claire sonríe. Juntos hacen un breve resumen de sus movimientos. Claire lo manda a la porra mientras Peter se muestra imperturbable. Ella grita más y lo amenaza. Él la da por imposible e intenta escapar. Peter se echa a reír: «La piedra impenetrable y la mandona. Vaya par. Bueno, reconozco que hablar con una piedra debe de ser frustrante». Claire le sigue y reconoce que su furia y su talante crítico probablemente empujen a su marido a ponerse a la defensiva y contribuyan a que después se cierre en sí mismo. Ambos coinciden en que cuesta mucho ser sincero.

3. Reconocer los propios sentimientos. Claire, ahora, es capaz de hablar de lo que siente en lugar de, como ella dice, «arremeter contra Peter y ponerle un enorme cartel de culpable». Reflexiona: «Reacciono así porque estoy disgustada. Una parte de mí quiere decirte: "Muy bien, si tan difícil es vivir conmigo, te vas a enterar. No vas a pasar de mí." Pero por dentro estoy destrozada. ¿Sabes lo que quiero decir?» Peter murmura: «Ya lo creo. Conozco muy bien la sensación». Ha-

blar, como Claire, de las «emociones superficiales» de la ira y la confusión, es un buen punto de partida para hacerse accesible a la persona amada. A veces, utilizar el lenguaje de las «partes» ayuda a hacer ese tipo de confesiones. Facilita el camino para reconocer aspectos de nosotros mismos de los que no nos sentimos orgullosos y también para expresar sentimientos ambiguos. Peter podría decir: «Sí, una parte de mí no siente nada. Me pasa siempre que nos ponemos a discutir. Pero creo que otra parte de mí también está destrozada».

4. Hacerse cargo de cómo influyes en los sentimientos de tu pareja. Tenemos que reconocer que nuestras estrategias para afrontar emociones desequilibran a nuestra pareja y le provocan una ansiedad de separación aún más intensa. Como estamos unidos, mis sentimientos, de forma natural, influirán en los tuyos. No obstante, advertir el impacto de las propias emociones en el otro puede ser muy difícil cuando nos ciegan las nuestras, sobre todo si llevamos puestas las lentes del miedo. Durante la discusión que estamos analizando, todo sucede tan rápido y Claire está tan perturbada que no se da cuenta de que tanto su tono como la frase «no lo aguanto» tocan el punto flaco de Peter y lo llevan a ponerse a la defensiva. En realidad, le está diciendo que si él se comporta así es por un defecto de personalidad. ¡Es un canalla!

Peter tampoco advierte en su momento que el comentario sobre la «experta en limpieza» desencadena en Claire una avalancha de amenazas, tanto que acaba diciéndole lo bien que se las puede arreglar sin él. Para controlar los «diálogos malditos» y no herirse en puntos vulnerables, ambos deben aceptar que arrastran al otro a una espiral negativa y contribuyen activamente a su propio malestar. Ahora Peter puede hacerlo. Dice: «Cuando nos peleamos, primero me defiendo y después dejo de hablar. Eso a ti te saca de quicio, ¿verdad? Tienes la sensación de que no puedes contar conmigo. Me encierro en mí mismo. No sé qué otra cosa hacer. Sólo sé que no quiero seguir viéndote tan enfadada».

5. Preguntar al otro por sus emociones profundas. Durante la pelea y el distanciamiento posterior, Peter y Claire están demasiado ocupados como para sintonizar con las emociones profundas del otro y reconocer que están tocando sus puntos flacos. Sin embargo, cuando contemplan el conjunto de la imagen y se tranquilizan, en lugar de estar pendientes de sus propios miedos y de pensar lo peor sobre su pareja, pueden empezar a interesarse por los sentimientos subyacentes.

En ese momento, Peter se vuelve hacia su esposa y dice: «Cuando discutimos, no puedo dejar de pensar que vas a dejarme. Sin embargo, no te pones así sólo porque estés enfadada, ¿verdad? Debajo de toda esa rabia hay dolor, ¿no? Ahora lo entiendo. Sé que tu punto flaco es el abandono, el miedo a que te dejen. No quiero hacerte daño. Supongo que te veía como una jefa despótica empeñada en demostrar mi inutilidad como esposo». Cuando Claire le pregunta por sus sentimientos suavizados durante la discusión, es capaz de hacer introspección y descubrir que la frase «no lo aguanto» desencadena su miedo al fracaso.

Y Claire, recordando la sesión sobre los aspectos vulnerables, añade: «Tenías la sensación de que, hicieras lo que hicieses, me ibas a decepcionar. Y en momentos así te sientes tan mal que sólo quieres desaparecer del mapa». Peter asiente.

Para llegar a este momento, es de gran utilidad que la pareja haya hablado con franqueza de sus puntos flacos en conversaciones anteriores. No obstante, aceptar en qué medida tus actos influyen en el comportamiento del otro y demostrar interés en sus aspectos vulnerables también ayuda.

6. Expresar las propias emociones profundas, los sentimientos suavizados. Aunque cueste verbalizar las emociones profundas, a veces de tristeza y vergüenza pero más a menudo de ansiedad de separación, pues puede ser lo más difícil, es también el paso más agradecido. Ayuda a ver lo que está en juego en la discusión. A menudo, pasamos por alto la angustia y el miedo que se esconden tras las peleas recurrentes sobre temas cotidianos. El análisis de los desencuentros ayuda a Claire a explorar sus propios sentimientos y a expresárselos a Peter. Inspira profundamente y le dice: «Me duele, pero tengo que decírtelo. El miedo me abruma. Lo noto como un nudo en la garganta. Si dejara de acercarme a ti, de llamar tu atención, te limitarías a quedarte mirando cómo nos alejamos. Contemplarías sin hacer nada cómo nuestra relación se desvanece, cómo desaparece sin más. Y pensarlo me pone los pelos de punta». Peter escucha y asiente. Le dice: «Me ayuda mucho que te hayas atrevido a decirme eso. Cuando hablas así, te veo desde una perspectiva distinta, más parecida a mí. Me cuesta menos sentirme cerca y siento el impulso de tranquilizarte. Es verdad que a veces me bloqueo, pero no dejaré que te alejes de mí».

7. Estar unidos. Recorrer los pasos descritos hasta aquí ayuda a forjar una vida en común renovada y auténtica. En lo sucesivo, la pareja contará con un territorio y una causa co-

munes. Ya no se consideran adversarios, sino aliados. Pueden poner límites a las conversaciones negativas que alimentan la inseguridad de ambos y afrontar juntos esa fragilidad. Peter le dice a su esposa: «Me gusta que estemos de acuerdo en que nuestras discusiones son demasiado agresivas, que se nos van de las manos y nos asustan a ambos. Estar de acuerdo en que no vamos a caer en la misma disputa de siempre nos da un gran poder. Aunque no estemos seguros de cuál será el siguiente paso, me siento mucho mejor. Podemos avanzar, dejar atrás la dinámica de siempre».

Lo comentado hasta aquí no significa que Peter y Claire estén en sintonía ni que los una un vínculo seguro, pero al menos saben cómo frenar la inercia antes de que la distancia entre ambos se convierta en un abismo insalvable. Son conscientes de dos factores fundamentales para la desescalada del conflicto: primero, que sus reacciones en momentos de desconexión pueden hacer mucho daño a su pareja; y, segundo, que las respuestas negativas de cualquiera de ambos tal vez no sean más que intentos desesperados para afrontar la ansiedad de la separación.

Las parejas no siempre pueden aplicar estos principios ni los pasos específicos para desescalar el conflicto cuando se distancian. Hacerlo requiere práctica, y volver una y otra vez sobre un episodio desagradable del pasado hasta que se torna coherente y que, ahora, brindará a la pareja la posibilidad de reaccionar con compasión. No obstante, una vez dominan el proceso, pueden empezar a integrar los pasos al ritmo diario de su relación. Cuando discutan o se distancien, darán un paso atrás para preguntar: «¿Qué está pasando?»

Aun con mucha práctica, las parejas no siempre son capaces de hacerlo; a veces la temperatura emocional sube demasiado. Por lo general, cuando mi marido pasa por alto las señales que le envío, puedo retroceder y reflexionar sobre el episodio. Conservo el equilibrio y decido cómo reaccionar. Otras veces, me siento tan vulnerable que, en cuestión de segundos, el universo se reduce a lo que yo vivo como una cuestión de vida o muerte. Reacciono con agresividad para tener la sensación de que controlo la situación, para no sentirme impotente. Mi marido, sin embargo, sólo ve hostilidad. Cuando estoy más tranquila, vuelvo a intentarlo: «¿Podemos volver atrás y empezar de nuevo?», le pregunto. Entonces apretamos el botón mental de rebobinado y reproducimos el episodio.

Al realizar este tipo de operaciones una y otra vez, las parejas acaban por darse cuenta en seguida cuando pisan un terreno resbaladizo. Advierten con más facilidad que el suelo no es seguro y lo abandonan con rapidez. La confianza que adquieren en su capacidad para hacerse cargo de los momentos de desencuentro les ayuda a forjar una relación segura. A la mayoría, sin embargo, les costará un tiempo crear la versión abreviada, casi de bolsillo, del «lenguaje anticonflicto» que encontraron tía Doris y tío Sid.

Detectar el efecto que ejerces en tu pareja

Kerrie y Sal son el típico ejemplo de los altibajos que experimentan las parejas en el proceso de desescalada. Llamativos, casados desde hace veinte años, sólo coinciden en que los últimos cuatro han sido un infierno. Se instalan constantemente en una dinámica negativa en torno a los horarios de ella. Al parecer, ha vuelto a trabajar después de haberse pasado varios años dedicada al hogar, y ahora se va a dormir mucho más tarde que Sal. Han intentado negociar el tema pero rompen los pactos nada más hacerlos.

Llevan casi veinte minutos lanzándose pullas en mi consulta. Les pregunto si ésa es su manera habitual de relacionarse. Kerrie, una mujer alta y elegante vestida toda de rojo, incluido su maletín de piel italiano, me dice tajante: «No. Por lo general, yo conservo la calma. Prefiero las buenas maneras. Y cuando se pone agresivo, me guardo de responder. Pero últimamente me siento cada vez más acorralada, así que me defiendo para que me deje en paz un rato». Sugiero que la dinámica que estoy presenciando tal vez sea una pequeña variante de la habitual, en la que ella se mantiene al margen y él intenta hacer reaccionar a su esposa para recuperar el control. Asienten.

Sal, un elocuente abogado corporativo con el pelo algo gris en las sientes, inicia una perorata sobre lo poco atendido que se siente en su matrimonio. No se le brinda ningún afecto, ni atención, ni sexo. No se le escucha. Está furioso, y tiene derecho a estarlo. Kerrie mira al cielo, cruza las piernas y empieza a sacudir el pie, enfundado en un zapato rojo de tacón alto, con gesto nervioso. Les señalo que, en este mismo instante, estoy presenciando la dinámica en directo. Él está enfadado y pide atención mientras que ella le envía señales de «no puedes obligarme».

Kerrie rompe la tensión con una carcajada al reconocer su propia estrategia. Sal comenta que la poca capacidad de empatía de su mujer se debe a la educación recibida, y da unos cuantos consejos para reencauzarla. Ella, como es natural, sólo capta que su marido la hace responsable del problema y que debe trabajar para superar sus defectos. La tensión vuelve a instalarse.

Charlamos un poco del amor y del apego. Les digo que la actitud de Sal se debe a que estamos programados para reaccionar con agresividad cuando nos sentimos rechazados, y que la respuesta de Kerrie es una estrategia para tranquilizarse y no poner en peligro la relación. El mensaje básico, «no tenéis problemas, es que las personas somos así», parece de gran ayuda.

La pauta «me vas a escuchar/no puedes obligarme» lleva instalada en la pareja desde el principio del matrimonio, pero empeoró cuando Kerrie se puso a trabajar como agente inmobiliario y ahora se da en todas las discusiones, desencuentros y roces cotidianos. En el plano intelectual, comprenden que la dinámica gobierna su relación, y que ambos han acabado por ser, como dice Sal, «víctimas de esta espiral emocional enloquecida».

No obstante, salta a la vista que Kerrie contempla a Sal a través de un estrecho prisma de desconfianza. En el fondo, no comprende el impacto que su actitud distante ejerce sobre él aquí y ahora, y cómo esa distancia lo arrastra al círculo vicioso. No acaba de entender cómo, sin pretenderlo, desencadena la respuesta agresiva de su marido.

En un momento de la conversación, ella se vuelve hacia Sal y le dice con brusquedad: «¿Así que por eso te pones tan pesado? Tenemos una necesidad innata de conexión y yo puedo parecer bastante fría a veces, es mi modo de ser. Pero he sido una buena esposa, ¿o no?» Mirando al suelo, Sal asiente con solemnidad. «Pero esta mañana has empezado otra vez con el rollo de que siempre estoy ocupada y que anoche me fui muy tarde a la cama. Ahí tenemos un grave problema. Siempre estamos igual. Si no nos acostamos al mismo tiempo o me voy a dormir más tarde de lo que esperas, la tomas conmigo. Eso no lo entiendo. Sólo cuenta lo que tú quieres en cada momento, aunque hayamos pasado el día juntos.»

Sal inicia otra perorata para demostrar que, en realidad, no es tan exigente. Kerrie ha desconectado antes de que acabe la primera frase.

Tenemos que cambiar el nivel del diálogo en este punto y conseguir un compromiso emocional mínimo. Le pregunto cómo se siente cuando espera a Kerrie en la cama. Él lo piensa un momento y contesta: «¡Oh, es genial pasarte la vida esperando a tu mujer. Preguntándote si se dignará a aparecer!» A primera vista, parece exactamente lo que es, un hombre acostumbrado a mandar y a que todo el mundo se desviva por hacer su voluntad. Pero, bajo la ira, advierto que la duda lo atenaza.

Le pregunto: «¿Qué está sintiendo ahora, al hablar de eso? Parece enfadado, pero noto un deje de amargura bajo el sarcasmo. ¿Qué sensación tiene cuando la espera, pensando que a ella le trae sin cuidado que la esté esperando, sin saber siquiera si aparecerecerá?» He pulsado el botón de descenso. Después de un largo silencio, contesta:

«Amargura», admite. «Ésa es la palabra. Y la expreso en forma rabia. Pero ¿qué siento mientras la espero?» De repente, se desmorona. «Es una agonía.» Se tapa los ojos. «Y no soporto sentirme así.»

Kerrie echa la cabeza hacia atrás sorprendida. Frunce el ceño con incredulidad. Con voz suave, le pido a Sal que me ayude a entender la palabra «agonía». Cuando vuelve a hablar, todo vestigio de Sal, el terror de los juzgados, se ha esfumado. «Me siento como si estuviera al margen de su vida», dice. «No soy importante para ella, en absoluto. Me encaja en los huecos de su apretado horario. La noche siempre había sido nuestro momento de intimidad. Pero ahora la espero durante horas y acabo por sentirme rechazado. Si intento hablar de ello, me ignora. Tumbado en la cama, aguardando, me siento insignificante. No sé qué me pasa. No siempre ha sido así. Es como si estuviera solo.»

Reparo en las palabras «solo» y «rechazado», por sus connotaciones de pérdida. Recuerdo haberle oído hablar en la primera sesión de su infancia solitaria, transcurrida en caros internados casi todo el tiempo mientras sus padres, diplomáticos ambos, viajaban por todo el mundo. Me dijo entonces que Kerrie era la única persona a la que se había sentido unido, en la que había confiado, y que conocerla le había abierto un mundo nuevo. Al hablarle de esos recuerdos y señalarle sus propias palabras, legitimo su dolor. Después le pregunto cómo se siente al expresar esas emociones y la sensación de rechazo. Prosigue: «Triste y algo desesperanzado».

Le digo: «¿Como si una parte de usted le dijera que ya no tiene un lugar junto a ella? ¿Ya no sabe hasta qué punto es importante para Kerrie?» «Sí». Sal habla en voz muy baja. «No sé qué hacer, así que me enfurezco y hago mucho ruido.» Comento: «Intenta llamar la atención de Kerrie, pero se siente impotente. Para la mayoría de la gente es aterrador sentir que peligra el vínculo con el ser amado, no poder acercarse al otro». «No quiero sentirme así», añade Sal. «Pero tiene razón. Es aterrador. Y triste. Como ayer por la noche. Estaba allí tendido en la oscuridad y mi cabeza decía: "Está ocupada. No tiene tiempo para ti." Y aquí me tiene, como un idiota patético». Al decirlo, las lágrimas inundan sus ojos.

Esta vez, Kerrie tiene los ojos abiertos de par en par y se ha inclinado hacia su marido. Le pregunto cómo se siente al oír las palabras de Sal. «Estoy muy desconcertada», dice, y le pregunta, al tiempo que se vuelve hacia él: «¿Lo dices en serio? Sí, va en serio. ¿Te enfadas conmigo porque crees que ya no me importas? ¿Te sientes solo? Nunca me había dado cuenta. Nunca hubiera imaginado…» Deja la frase sin acabar. «Sólo veo a un tipo que la toma conmigo.» Hablamos de lo mucho que la sorprende descubrir cuánto le afecta a su marido tener menos acceso a ella y cómo se ha sumido en un mundo donde la echa de menos y tiene miedo de haber perdido su lugar. «Entiendo que me vieras así», prosigue Sal. «Intento ignorar mis sentimientos. Prefiero enfadarme o ponerme sarcástico, y eso es lo que te muestro.»

A Kerrie le cuesta digerirlo. Su marido no es el hombre que ella creía. No me resisto a señalar que la ira de Sal aleja a su esposa y que, al distanciarse, ambos entran en una espiral de inseguridad y aislamiento.

«No tenía ni idea de que te sentías así», dice Kerrie. «No sabía que cuando trataba de evitar todas esas discusiones… Jamás hubiera imaginado que me esperabas y que te sentías tan dolido. No era consciente de lo mucho que sufrías. Que te importara tanto estar conmigo en la cama. Cuando discutimos, tengo la sensación de que sólo quieres más sexo.» Su expresión y su tono de voz se han suavizado. A continuación, con un susurro de sorpresa dice: «No sabía que te importara tanto. Pensaba que sólo querías controlarme».

Le pregunto si se ha dado cuenta de que al distanciarse para evitar la ira de Sal desencadena la ansiedad de separación de éste, le roza un punto flaco y dispara su rabia arrastrándolo a una espiral de malestar. «Sí, ya lo veo», asiente. «Supongo que por eso no puede evitar enfadarse, por mucho que lo hayamos hablado y sepa que me disgusta. Si lo he entendido bien, me están diciendo que cuando me distancio y me entretengo con mis cosas despierto todos esos sentimientos en él. Si se pone furioso me distancio aún más, y entramos en un círculo vicioso.» Se vuelve hacia Sal. «Pero yo... cómo iba a imaginar que me esperabas abatido en la oscuridad. No sabía que provocaba ese efecto en ti. Sencillamente, no me daba cuenta. De que te sentías tan solo...»

Kerrie y Sal están empezando a comprender el poder que ejercen en el plano emocional del apego. Por primera vez entienden cómo cada uno desencadena los miedos del otro y alimenta la «polca de la protesta». Sal se queja de la frialdad de ella, Kerrie protesta por su actitud agresiva cuando intenta acercarse. Ambos han captado al fin qué mecanismos arrastran al otro a la dinámica destructiva.

Detectar que la pareja actúa impulsada por el miedo

En otra sesión, Kerrie y Sal analizan otro episodio negativo. En aquella ocasión, Kerrie le preguntó a Sal qué le parecía el vestido que iba llevar a una boda de la familia en la que se sentía como una intrusa. En realidad, le estaba lanzando el anzuelo a su marido para que la apoyara, pero él no se dio cuenta. En cambio, adoptó una actitud más o menos crítica al darle a entender que ella ya conocía su opinión sobre el vestido y que, en cualquier caso, lo que a él le gustara daba igual. La discusión derivó al momento en una disputa sobre la calidad de su vida sexual, y retomaron la vieja dinámica: ella se encerró en sí misma para no enfrentarse a un Sal cada vez más furioso. Ahora, conscientes de la pauta, reproducen la pelea y la enriquecen con reflexiones acerca de cómo la ansiedad de la separación los instala en la desesperación y el distanciamiento.

«Bueno, me preguntaste por el vestido», dice Sal. «"¿Qué tal?", dijiste. Te di mi opinión, eso es todo.» Kerrie mira por la ventana. Intenta no llorar. Cuando le pregunto qué le está pasando, se vuelve y arremete contra Sal: «Sí, te lo pregunté. Y sabes lo mucho que me importaba encajar con esa gente. Me sentía insegura. Podrías haberme apoyado. Pero no. Sólo recibo indirectas de lo poco que me esfuerzo en complacerte. Te pregunté, ¿no? Quería apoyo, no un montón de críticas. ¿Qué diablos quieres de mí? No hago nada bien. Éste es uno de esos momentos en que daría cualquier cosa por no estar aquí. Al final, todo es por el sexo». Se da la vuelta con ademán ofendido y mira obstinada por la ventana. «Tienes razón», contesta él en tono abrupto. «Me preguntaste, pero ¿desde cuándo mi opinión cuenta? Te pondrás lo que te dé la gana, lo que a mí me guste o no te trae sin cuidado. Y sí, me ayudaría que no fueras tan fría en la cama. Pero eso es sólo parte del problema. No todo se reduce al sexo.»

Sugiero a Sal y Kerrie que paren un momento e intenten rebobinar. ¿Qué habría grabado una cámara en los últimos minutos? Sé que pueden hacerlo. Les vi salir de una dinámica parecida hace solo una semana. Sal sonríe y se arrellana en el asiento. A continuación, hace una descripción detallada de cómo se instalan en ella.

«Sí, muy bien. Ya estamos otra vez con esa historia de "yo presiono-tú te alejas". Supongo que en realidad no se trata del vestido, ¿verdad? Ni siquiera del sexo.»

Me encanta oírle decir eso. Entiende que han pasado por alto la cuestión principal: los sentimientos y necesidades de apego que desencadenan el drama. Ha reparado en la espiral negativa mientras estaba teniendo lugar. Ahora debe renunciar a su postura crítica. Se vuelve hacia Kerrie. «Supongo que me estoy poniendo pesado. Creo que aún estoy enfadado por lo de la otra noche. Si lo recuerdas, quería que nos revolcáramos en el estudio, pero tú estabas cansada.» Calla y mira al suelo. «Como tantas veces.»

Sal acaba de cambiar el nivel de la conversación con mucha habilidad. Advierte su propia realidad y la invita a entrar. Ahora espero la reacción de Kerrie. ¿Adoptará una postura distante, aprovechará la ocasión para lanzarle una pulla del tipo: «Ah, así que tú estás resentido. Pues escúchame bien, colega…»? ¿O reaccionará bien a su intento de abandonar el círculo vicioso del perseguidor nervioso y la presa ofendida?

Kerrie lanza un gran suspiro. Habla con suavidad: «Muy bien. El problema es que tú buscas proximidad y yo estoy cansada. Te sientes herido y me sueltas todo eso de que no valoro tu opinión y no te hago mimos».

Al identificar la clave emocional de la discusión, está hilvanando la historia del apego, el tema que subyace a la trama del momento. Prosigue: «Quería tu opinión sobre el vestido, pero tú seguías enfadado por otra cosa, ¿verdad? Bueno, ha sucedido mil veces. Nos lo sabemos de memoria. ¿Podemos superarlo ya?»

No me resisto a señalarles que lo están haciendo en este preciso instante. Han considerado la pauta de manera global en lugar de centrarse en hechos concretos y limitarse a responder a los movimientos negativos del otro. Kerry ahora se interna aún más en territorio seguro. Se inclina hacia Sal. «Bueno, supongo que aún estoy aprendiendo a identificar tus puntos flacos. Entiendo que te pareciera fría la otra noche. Estaba agotada. No me atreví a decírtelo. Sabía que querías estar conmigo. Creo que me asustaba tu reacción, así que me protegí.»

«¿Fue una de esas veces que hemos comentado?», pregunta Sal, «¿de ésas en que crees que nada salvo una sesión amorosa de dos horas me complacerá y te sientes tan presionada que eres incapaz de responder a mis demandas?»

La reacción me sorprende. Cuando los «diálogos malditos» pierden intensidad se abre el espacio a la curiosidad, el acceso a la realidad del otro. Sal no sólo trata de discernir sus propios sentimientos, se pone en el lugar de su esposa y abraza sus emociones.

Kerry, visiblemente conmovida por las palabras de su esposo, se inclina hacia delante y se quita los zapatos rojos de tacón, sus «zapatos de batalla», como ella los llama. Con ese calzado anuncia al mundo que es una persona fuerte a la que se debe tener en cuenta. «Sí, sentí presión. Y supongo que me encerré en mí misma. Pero ahora sabemos que te aterroriza esa reacción, ¿no? Así que me insistes y yo me alejo aún más. Así va la cosa.»

En mi consulta suena una nueva melodía. La pareja contempla la danza e identifica sus pasos en ella. No sólo eso, sino que ambos comprenden cómo arrastran al otro a la dinámica. Aunque, ¿saben hasta qué punto el círculo vicioso los instala a ambos en la soledad y el miedo? Les comento: «Y es muy duro para ambos. Acaban sintiéndose muy solos».

«Sí», dice Sal, «y entonces me retiro a ese lugar triste y aterrador, supongo. Más o menos eso intentaba decir cuando estaba enfadado: ¿por qué pide mi opinión, si lo que digo no le importa? Cuando me invade esa sensación...» Inmóvil, guarda silencio.

«Le invade esa sensación porque se asusta, porque duda de ser importante para Kerrie», señalo yo. «Nos sucede a todos. Ese miedo forma parte del amor. No obstante, cuesta mucho reconocerlo y asimilarlo, es más fácil enfurecerse.» Kerrie, ahora muy pendiente de su marido, dice en voz baja, como si todo cobrara sentido al fin: «Y entonces el miedo te lleva a ese lugar oscuro...» «Sí», contesta Sal. «Me vuelvo loco intentando afrontarlo, controlarlo. Me pongo furioso.»

«Cuando eso sucede, Sal, su ira desencadena, a su vez, los miedos de Kerrie», señalo. Kerrie asiente. «Entonces me entra la angustia de que nunca podré complacer a este hombre. No soy lo bastante para él. Lo absurdo de todo esto es que me gusta acurrucarme con él en el sofá. Me gusta cómo hacemos el amor. Y nos arrastramos mutuamente a este estúpido baile para acabar hechos polvo.»

Les señalo que, hasta el momento, acaban de capturar e inmovilizar al demonio del diálogo maldito. Han afrontado sus miedos de manera distinta, bajo un prisma que disminuye la ansiedad en lugar de exacerbarla. Sal tiene otra cosa importante que decir. Parece más seguro, como si pisara terreno más firme. «Estamos aprendiendo a afrontar esto. Si sabemos cómo nos enganchamos, aprendemos a ver cuáles son nuestros puntos flacos y por qué nos duelen…, bueno, quizá podamos incluso estar…» Hace una pausa para buscar las palabras exactas. «Bueno, aún más unidos.» Acaba de hablar y sonríe. Kerrie ríe y le coge la mano.

¿Qué hemos visto hacer a Sal y a Kerrie en estas últimas conversaciones?

- Han afrontado de otra manera los pasos de su dinámica negativa; han empezado a observar el desarrollo de la pauta *in situ* y a encauzar su relación.
- Han reconocido su responsabilidad en la dinámica.
- Han comprendido cómo sus propios movimientos desencadenan la ansiedad de separación del otro, nacida de una necesidad primigenia y universal de apego. Así, comienzan a comprender la increíble influencia que poseen sobre su pareja.
- Están asimilando, expresando y compartiendo el dolor ante el rechazo y el miedo al abandono que mueven la dinámica.

Todo lo dicho significa que poseen la capacidad de desescalar el conflicto, y es más, cada vez que lo hacen crean una base de seguridad a la que acudir para afrontar las emociones profundas que forman parte del amor.

Ahora que has visto cómo funciona el proceso de desescalada, ha llegado la hora de aplicarlo a tu propia relación.

PUESTA EN PRÁCTICA

1. Escoge con tu pareja un episodio breve e incómodo (pero que no resulte demasiado doloroso) de la relación, uno que haya tenido lugar hace dos o tres semanas, y haced una descripción sencilla de lo sucedido de la forma más objetiva posible. Se supone que ambos coincidiréis en la descripción. Ahora redactad en forma de secuencia los pasos que cada uno disteis en el incidente. ¿Cómo se relacionan tus propios movimientos con los de tu pareja y cuáles motivaron los suyos? Comparad las notas de ambos e intentad redactar una versión conjunta. Procurad que sea sencilla y también descriptiva.

2. Añadid los sentimientos que experimentasteis y cómo cada cual contribuyó a desencadenar la respuesta emocional del otro. Compartid las respuestas e intentad llegar a un acuerdo. Ahora trata de averiguar qué pudo sentir, en un nivel más profundo, tu pareja. Hazle preguntas. La curiosidad te ofrecerá una información muy valiosa. Si a tu pareja le cuesta acceder a sus sentimientos más ocultos, intenta adivinarlos a partir de sus puntos flacos. Confirma o revisa con él o ella esos sentimientos.

3. Utilizando la información que acabáis de obtener, tratad de describir juntos qué os habríais dicho después del episodio si hubierais sido capaces de permanecer unidos y completadlo de la manera en que os hubiera hecho sentir a salvo. ¿Qué sensación habrías tenido? ¿Cómo os habríais sentido respecto al otro y a la relación?

4. Realizad las tres prácticas anteriores con un episodio más doloroso, aún sin resolver. Si te quedas atascado/a, limítate a asumir que ciertas partes del ejercicio son difíciles para ti. Si a tu pareja se le hace muy duro, pregúntale cómo podrías ayudarla. A veces basta un poco de apoyo para ser capaz.

5. Si supieras que, mediante este sistema, puedes quitar hierro a los conflictos o modificar los desencuentros, ¿cambiaría tu postura respecto a la relación? Coméntalo con tu pareja.

Gracias a lo aprendido en estas tres conversaciones, ahora eres capaz de desescalar conflictos, y eso es magnífico. No obstante, para disfrutar de una relación amorosa sólida y sana, no basta con poner límites a las pautas destructivas que generan ansiedad de separación ni con escuchar las protestas del otro y aceptarlas, sino que también se debe crear una comunicación positiva que favorezca la apertura, la capacidad de reacción emocional y el compromiso mutuo. Lo vas a aprender en las siguientes conversaciones.

Conversación 4
Abrázame fuerte: compromiso y encuentro

«Cuando alguien te quiere, pronuncia tu nombre
de manera distinta. Sabes que tu nombre
está a salvo en sus labios.»
Billy, de cuatro años, definición del amor
publicada en Internet

La imagen del amor que nos ofrecen las películas de Holly-wood es bastante acertada: dos personas se miran fijamente a los ojos, avanzan despacio hacia los brazos del otro y empiezan a moverse juntas en perfecta sincronía. Sabemos al instante que esas dos personas se importan, que están unidas.

Sin embargo, tales instantes casi siempre indican que la pareja está en los inicios del romance. Rara vez se utilizan para mostrar un estadio más avanzado del amor. Ahí Hollywood se equivoca, porque los momentos de capacidad de reacción emocional e intenso compromiso afectivo son básicos a lo largo de toda la relación. De hecho, constituyen el sello distintivo de las parejas felices y seguras.

Cuando nos enamoramos, tendemos a sintonizar de forma natural y espontánea con el otro. Somos hiperconscientes de su presencia, sensibles hasta extremos indecibles a la más mínima acción y palabra del ser amado, a cada expresión o sentimiento. Con el tiempo, sin embargo, nos volvemos menos atentos, más autocomplacientes, a veces incluso dejados, con la pareja. Nuestras antenas emocionales pierden potencia, o quizá las señales del otro se debiliten.

Para construir un vínculo seguro y sostenerlo en el tiempo, debemos alcanzar una sintonía con el ser amado tan fuerte como al principio. ¿Cómo se consigue? Creando deliberadamente momentos de compromiso y conexión. En esta conversación, darás el primer paso hacia la creación de tales instantes; las conversaciones posteriores te enseñaran a reforzar el vínculo de forma deliberada, para que puedas crear tus propios «momentos hollywoodienses» a voluntad.

La conversación «abrázame fuerte» ayuda a consolidar la sensación de seguridad que tu pareja y tú habéis empezado a construir a través de las conversaciones 1, 2 y 3, con las que aprendisteis, por una parte, a poner límite a las pautas destructivas en las dinámicas de pareja y, por otra, a reconocer al menos uno de los sentimientos más profundos que se manifiestan en los ciclos negativos o en los momentos de desencuentro. La conexión consciente y una capacidad de reacción emocional eficaz son difíciles de lograr si no se cuenta con una base de seguridad. En esta conversación, aprenderás a generar pautas positivas de acercamiento y respuesta al ser amado. En suma, aprenderás a hablar el lenguaje del apego.

Considéralo así: si las conversaciones 1, 2 y 3 se pueden comparar con un paseo juntos por el parque, la 4 es como bailar un tango. Te llevará a un nuevo nivel de compromiso emocional. Todas las sesiones anteriores son una preparación para ésta, y las posteriores se articulan a partir de la capacidad de la pareja para superarla. «Abrázame fuerte» es el mejor puente para salvar el espacio entre dos soledades.

Dejar a un lado nuestros mecanismos de defensa y reconocer las necesidades más profundas puede resultar duro, incluso doloroso. ¿Por qué correr el riesgo? Muy sencillo: si no nos abrimos al otro y le dejamos ver nuestras necesidades de apego, las posibilidades de que las satisfaga son mínimas. Para que el mensaje llegue a su destino, tenemos que enviar una señal alta y clara.

Si, por lo general, los demás nos han ofrecido un recinto de seguridad y confianza y el vínculo que nos une al ser amado es estable, cuesta menos mantener el equilibrio emocional, conectar con los sentimientos más profundos cuando nos sentimos vulnerables y expresar la necesidad de apego que forma parte de nuestro ser. En cambio, si no estamos seguros de la relación, se hace difícil compartir los anhelos o arriesgarse a revelar la propia fragilidad. En este último caso, algunos tratan de controlar las emociones a toda costa, ocultarlas, en lugar de pedir lo que necesitan. Otros niegan incluso que tengan emociones y necesidades. Pero siguen ahí de todas formas. Como el asesino de la película *En carne viva*, perverso pero muy intuitivo, que le murmura a Meg Ryan, la protagonista que evita toda proximidad: «Lo ansías tanto que te duele».

La Conversación 4 está dividida en dos partes. La primera —Lo que más temo— requiere que explores y elabores todavía más los sentimientos profundos que vislumbraste en conversaciones anteriores. En aquellas, descendiste unos cuantos pisos para acceder a tu mundo emocional oculto. Si quieres descubrir tus prioridades en el terreno del apego, tendrás que bajar hasta el sótano.

La segunda parte —Lo que más necesito de ti— es crucial, la piedra angular de la TCE. Requiere expresar con franqueza y coherencia las propias necesidades, e invitar a la pareja a un diálogo caracterizado por la accesibilidad, la capacidad de reacción emocional y el compromiso, es decir, a una conversación ARC.

Una pareja con problemas

Charlie y Kioko son una joven pareja de inmigrantes procedente de una cultura asiática en la que el hombre es el cabeza de familia y la expresión emocional está mal vista. Kioko toma antidepresivos, que su médico le recetó porque «se puso histérica» cuando rechazaron su solicitud para estudiar en la universidad. Charlie, para ayudarla, trató de aconsejarle, pero, básicamente, sólo le dijo lo poco preparada que estaba para los estudios que había escogido. Como era de esperar, no fue de gran ayuda. En ese punto se encuentran cuando acuden a verme.

Charlie y Kioko identifican con facilidad sus «diálogos malditos»: él no se implica emocionalmente y la abruma con discursos plagados de «deberías», mientras que ella fluctúa entre recriminaciones y lágrimas de desesperanza. Tras unas cuantas sesiones, son capaces de identificar sus «puntos flacos», aunque todavía les cuesta explorar sus emociones. Kioko, pequeña y exótica, confiesa en su inglés rápido y melodioso que creció sometida a rígidas normas y que el castigo por el incumplimiento era el rechazo.

Deduzco que Kyoko, hoy por hoy, padece una alergia a que le digan lo que «debe» hacer, y se siente castigada cuando Charlie la ignora. Intenta explicarle a su marido: «Me siento inferior, una nulidad, y apareces tú para hacerte cargo de la situación diciendo: "Sí, claro que eres inferior, lo que deberías hacer es esto y esto otro". Y me enfado contigo. Tus consejos me degradan. Me siento humillada y furiosa. Pero entonces vienes con más reglas para que no me enfurezca. Y estoy sola. Desconsolada». Reconoce que su marido le parece «increíble» en muchos aspectos: es responsable, concienzudo y ella lo respeta mucho. No obstante, las discusiones y la distancia física y emocional la están «volviendo loca. Creo que lo llamáis perder la cabeza. Cada vez estoy más deprimida».

A Charlie, número uno en su campo, la medicina, le ha costado mucho digerir el malestar de Kyoko. Su idea del amor era proteger a su esposa de los «disgustos» y «guiarla» por el Nuevo Mundo. En cuanto a sus propios sentimientos, reconoce, en cierto momento, que las «explosiones» de su mujer le parten el corazón. Sin embargo, tiende a minimizar su dolor y se centra en los «problemas» de su esposa.

Poco a poco, Charlie pasa de criticar las reacciones de ella («Kyoto tiene un problema psicológico; cambia como el tiempo») a comentar sus propias reacciones («Me protejo. No sé que hacer cuando estalla. En casa nunca hablamos así. Este tipo de conversación me resulta ajeno») y por fin empieza a explorar sus propias emociones y motivaciones («Me siento abrumado, así que le doy consejos, fórmulas para que deje de estar tan enfadada»).

Kyoko ve más claro cómo presiona a su pareja para hacer valer su opinión y evitar que Charlie se aleje de ella. Reconoce cuánto le duele la actitud de su marido y termina diciendo que se siente «descartada» desde que han dejado de hacer el amor. Las palabras «abrumada» y «descartada» parecen resonar en la consulta. Al final de la sesión, Charlie concluye: «Supongo que mis consejos y mi postura intelectual han perjudicado a Kyoko, la han hecho sentirse como una niña. Tratar de que prescinda de sus sentimientos no hace sino empeorar las cosas». Ella, a su vez, dice comprender que el desapego y la racionalización de Charlie son un mecanismo para defenderse del malestar que siente al verla tan hundida.

A continuación, pasan a «reconstruir un momento crítico». El episodio tuvo lugar un día que Charlie estaba de visita en casa de un amigo y Kyoko, que se sentía sola, lo llamó por teléfono. Aunque él notó, por el tono de voz, su desasosiego, le colgó, diciendo que estaba ocupado y que tenía que dejarla. Sin embargo, cuando reconstruyen el incidente, consiguen desentrañar lo sucedido. Kyoko cuenta que había estado pensando en los problemas de ambos y sintió la súbita necesidad de llamarlo para que la tranquilizara. Charlie explica que, al distinguir la emoción en la voz de su esposa, se había puesto «nervioso» y había huido de la explosión que veía avecinarse. Kyoko reconoce que se pone «como loca» cuando Charlie se distancia y dice comprender que la actitud de ella lo abrume y lo desconcierte. Los dos se sienten mejor al reconocer que a veces «pierden el rumbo» de su matrimonio y se instalan en la queja mutua.

Ha llegado el momento de que Charlie y Kyoko avancen hasta la Conversación 4 y se arriesguen a expresar sus más profundas necesidades.

Lo que más temo

Esta parte de la conversación tiene como objetivo obtener una perspectiva más clara de las emociones. Le pregunto a Chralie cómo podría ayudar Kyoko a recuperar el vínculo que los unía en el pasado. «Bueno, no me pondría tan nervioso ni la sermonearía tanto si ella dejara de estallar cada dos por tres», contesta.

Le invito a hablar de sí mismo y de sus sentimientos. Me dice que no está seguro de por dónde empezar. La palabra «sentimientos» le resulta «ajena». No obstante, comprende, y sonríe al decirlo, que quizá tenga cierta «lógica» tratar de escuchar los sentimientos y expresarlos. Se vuelve hacia Kyoko y le dice que la considera más predecible, más «segura», desde que sabe que, cuando le ofrece consejo, se siente rechazada y castigada. Pese a todo, no sabe cómo acceder a sus propios sentimientos ocultos.

Le pregunto cómo se las arreglaba para identificar sus emociones en los ejercicios anteriores. ¿Por dónde empezaba? Es un hombre muy inteligente y me responde algo que los terapeutas tardan años en aprender. Dice: «Ah, primero averiguo lo que me bloquea, lo que me impide centrarme en mis sentimientos. Me concentro en el instante en que experimento un rechazo y buceo en mi pensamiento buscando fórmulas». Asiento, y Kyoko trata de ayudarle: «Debe de ser como cuando estudio inglés. Si los sentimientos son como una lengua extranjera para ti, es normal que te sientas incómodo. Siempre procuramos apartarnos de lo que no conocemos. Lo desconocido da miedo». Charlie se echa a reír y le dice a su esposa: «Tienes razón. Rechazo mis sentimientos porque para mí son un territorio extraño. No los controlo. Me resulta más fácil decirte lo que tienes que hacer».

Se vuelve hacia mí y hace una segunda reflexión: «En nuestras mejores conversaciones, me ayudó recurrir a lo que usted llama "manillas" y meditar sobre ellas». Las manillas son imágenes, palabras y frases descriptivas que abren la puerta a nuestros sentimientos más ocultos, a la realidad emocional. Kyoko y yo le recordamos a Charlie algunas de las manillas que ha utilizado para describir sus reacciones: «me rompe el corazón», «abrumado», «nervioso», «extraño» y «al borde de la huida». Charlie asiente con la cabeza pero parece inseguro. «Me cuesta detenerme en esas sensaciones», susurra. «Incluso preguntarme sobre ellas. Prestar atención a las señales que desencadenan pensamientos y sentimientos en mí. No sé adónde me llevarán. Me siento más seguro si me limito a pensar, pero quizá no baste en este caso.» Asiento, y le pregunto qué manilla tiene en mente en este momento. Contesta en voz baja: «Bueno, es evidente. Me repliego en mí mismo cuando no puedo soportar el desasosiego, la sensación de tener un mal presentimiento».

Kyoko y yo retrocedemos un poco. «¿Qué tiene que ver una idea tan abstracta como "un mal presentimiento" con lo que estamos hablando?», me pregunto en voz alta. Entonces Kyoko interviene. Ha aprendido, de conversaciones anteriores, a desentrañar las expresiones abstractas de su marido para que no saboteen la sesión. Se inclina hacia delante y pregunta: «Charlie, ¿es como si tuvieras que distanciarte de tus emociones y de las mías porque te provocan angustia?» Él clava la mirada en el suelo y asiente despacio. Suspira.

«Sólo quiero tenerlo todo bajo control, por eso me angustio. Me abruma que Kyoko esté tan disgustada conmigo y me siento perdido. No sé que hacer.» Llegados a este punto, siempre intento acceder a la raíz del miedo, así que hubiera preguntado: «¿Y cuál es su peor temor, Charlie? ¿Qué es lo peor que podría pasar?» Pero no me hace falta preguntar. Prosigue por iniciativa propia: «La palabra "destrozado" me viene a la cabeza una y otra vez», dice. «Si me quedo escuchando lo mal que se siente Kyoko, me quedaré destrozado. Perderé el control. La explosión nos matará».

Charlie acaba de hacer grandes revelaciones. Tenemos que sacar partido de este momento, de modo que intento, pieza a pieza, ayudarle a desentrañarlo. Siempre es mejor empezar por identificar la emoción.

Le pregunto: «En ese caso, Charlie, la emoción básica que me parece identificar es el miedo. ¿Tengo razón?» Asiente con ademán solemne: «Lo noto justo aquí», dice, y se da unas palmadas en el pecho. «Pero ¿qué le dice ese miedo? ¿Cuáles son ésos "y si…" tan terribles? ¿Teme acaso que si no permanece impasible ella pierda aún más el control? ¿Le asusta, tal vez, pensar que su mujer busca algo que usted no puede darle? ¿Qué si reconoce lo mucho que ella sufre no será el esposo perfecto que debería ser y la perderá del todo?» Charlie asiente enérgicamente. «Sí, tiene razón en todo. En todo. Me he esforzado mucho, pero ninguno de mis recursos sirve. Cuanto más intento que entre en razón, más empeora todo. Me siento impotente. Muy impotente. Soy bueno en todo lo que hago. Sigo las reglas al pie de la letra. Pero en este caso…» Abre las manos con un gesto de derrota.

¿Quién no lo daría todo por un par de reglas infalibles para amar y ser amado? Pero el amor se basa en la improvisación y Charlie ha cerrado las puertas a su mejor guía, sus emociones y las de su esposa.

Le pregunto: «Ahora que está concentrado en su sensación de miedo y de impotencia, ¿cuál es la principal amenaza, el mensaje más aterrador? ¿Puede decírselo a Kyoko?» Se yergue en el asiento y grita: «No sé cómo hacerlo, no tengo ni idea». Se vuelve hacia su esposa y continúa: «No sé qué hacer cuando eres infeliz conmigo, y estallas a cada momento. Contigo, nunca me siento seguro de mí mismo. Y lo necesito. Estoy muy triste. Hemos cruzado el mundo juntos y si llegara a perderte…»

Se echa a llorar. Kyoko llora también.

¿Qué ha pasado? Charlie se ha internado en sus emociones más profundas y ha expresado su necesidad de estar unido a su esposa por un vínculo emocional seguro. Ha extraído un mensaje coherente de su torbellino emocional. Al mirarlo, veo que me sonríe. No parece impotente ni abrumado en absoluto. Le pregunto: «¿Cómo se siente, Charlie, después de haber dicho eso?» «Muy raro», contesta. «Me ha sentado bien ser capaz de decir esas cosas. No estoy destrozado. Kyoko sigue aquí y, de alguna manera, me siento más fuerte.»

Cuando examinamos la experiencia y le damos un sentido o, como yo digo, «la ordenamos y la destilamos», nos inundan el alivio y la sensación de poder, por muy doloroso que haya sido el proceso.

Tenemos delante a un nuevo Charlie, más accesible. La reacción de Kyoko en este momento es crucial. Muy a menudo, en relaciones desgraciadas, cuando una persona corre el riesgo de abrir el corazón, el otro no se da cuenta, o no se fía del gesto. He visto a muchas personas quitar importancia al acercamiento de su ser amado con todo tipo de comentarios, desde «qué tontería» hasta alguna versión de «eso tendrás que demostrarlo». En esos casos, vuelven a instalarse en los «diálogos malditos».

Lo cierto es que nadie correría el riesgo de sufrir un desaire si la otra persona no le importase de verdad. A veces, la persona menospreciada debe estar dispuesta a repetir el mensaje una y otra vez hasta que el otro se acostumbre a verla bajo esa nueva perspectiva. Las parejas que, llegadas a ese punto, se instalan en un «diálogo maldito» también pueden repetir las Conversaciones 1, 2 y 3 desde el principio.

Por suerte para Charlie y Kyoko, ella reacciona bien al oírle sincerarse. «Ahora entiendo que te refugiaras en la frialdad de la lógica y te dedicaras a darme instrucciones», dice. «No sabía que yo te importara tanto como para hacerte sufrir así. Te respeto muchísimo por compartir conmigo tu dolor. Me hace sentir más unida a ti.» Charlie se limita a sonreír y cambia la silla de sitio un par de veces.

La capacidad de atender a las más íntimas revelaciones de nuestra pareja es el principio de la capacidad de reacción afectiva y del compromiso mutuo. La palabra «atender» procede del término latino *ad tendere*, que significa acercarse. Kyoko se ha acercado a Charlie.

Ahora le toca a ella revelar sus emociones y ver si su esposo es capaz de acogerlas. De vuelta al «momento crítico», le dice a Charlie: «Cuando volviste a casa, te dije que estaba disgustada y me contestaste: "Ahora no te pongas furiosa conmigo", y me amenazaste con dejarme si no se acababan las rabietas. Toqué fondo. No siempre puedo reaccionar con lógica y tranquilidad». Charlie parece incómodo y murmura «lo siento» entre dientes. Reconoce que no siempre acaba de comprender cuánto sufre ella en esas ocasiones.

Kyoko aprieta el botón del ascensor emocional y desciende algunos pisos más. Empieza diciendo: «Me entristece mucho que ya no seamos capaces de estar juntos». Charlie asiente con la cabeza y contesta: «No deberías estar triste, porque estamos trabajando en nuestra relación». Se coge los brazos, niega con la cabeza y continúa: «Voy a tratar de comprender tu dolor. ¿Cuál ha sido el peor momento, el peor sentimiento para ti?» Es muy buena pregunta y, al formularla, Charlie ayuda a Kyoto a llegar al fondo de la cuestión.

Sin embargo, Kyoko no puede responder. Guarda silencio y grandes lágrimas ruedan por sus mejillas. Charlie le da unas palmadas en la rodilla. «Cuando te digo que estás loca es sólo porque me asusta que haya malestar entre nosotros», susurra. Ella le dice: «Los peores momentos fueron cuando me colgaste el teléfono y, después, cuando dijiste que te irías. Me dijiste que no estaba siendo razonable...»

Su marido, ahora muy preocupado, contesta: «No sé cómo arreglar eso. ¿Qué puedo hacer?», pregunta volviéndose hacia mí. «Para arreglarlo, Kyoko necesita sentir que está aquí, a su lado», respondo. «Debe hacerle saber que le importa su dolor.» Él abre los ojos de par en par con incredulidad. Ella prosigue: «Si estoy triste, asustada o enfadada contigo, te encierras en ti mismo. No me consuelas. Ahora tampoco hacemos el amor, ni me abrazas. Cuando más te necesito, más lejos llevas tu desaprobación. Te das la vuelta y me descartas. No soy la mujer que quieres».

Se hace duro oír a Kyoko expresar su sensación de rechazo y de abandono. No es de extrañar que a veces pierda el equilibrio y se queje o sume en la depresión. Sin embargo, ahora es clara y precisa: «Me mata que prescindas de mí, que te aferres a tus reglas. Nunca había estado tan sola». En este momento, lo mira directamente. «Charlie, cuando te necesito, no estás ahí, no estás conmigo, y yo me muero de miedo. ¿Lo entiendes?»

Él le toma las manos y se las aprieta. Asiente una y otra vez: «Sí, sí, sí». En voz muy baja, le dice: «Es muy triste oír esto. Estoy desolado».

Salta a la vista. Su presencia emocional es tan palpable como la silla en la que está sentado. Kyoko ha convertido la expresión de sus más profundas emociones en una clara señal de angustia a su ser querido. Ha destilado el dolor más desgarrador, el primigenio miedo a la pérdida que se dispara cuando el ser amado no está, y él lo ha escuchado.

Ambos han conectado con su realidad emocional y se la han mostrado al otro.

PUESTA EN PRÁCTICA

Charlie ha llevado a cabo una serie de acciones de gran importancia para conectar con sus sentimientos más profundos y expresarlos. Trata de recordarlos o búscalos en las páginas anteriores y encuentra ejemplos de los siguientes:

- Charlie empieza a examinar el momento presente y lo difícil que le resulta conectar con sus sentimientos. ¿Qué le impide decir cómo se siente?

- Charlie identifica algunas «manillas» en sus conversaciones anteriores y saca a la luz imágenes, frases o sentimientos. Cuando los analiza con detenimiento, ve que en realidad son alusiones al miedo, la vergüenza o a la tristeza por la pérdida.
- Charlie identifica los terribles «y si…», sus peores temores si acepta los sentimientos de su pareja. Hacer una lista de las peores consecuencias posibles pone al descubierto sus miedos más arraigados: la impotencia y la soledad. Es un momento clave de la Conversación 4.
- Charlie le revela sus miedos a su esposa y reflexiona sobre cómo se siente al compartir con ella tales sentimientos.

Ahora considera las confesiones de Kyoko e intenta responder a las siguientes preguntas:

- ¿Cuál fue el peor momento para Kyoko?
- ¿A qué terrible conclusión llega?
- Nombra cuatro cosas que hace Charlie cuando ella está triste y asustada, que aumentan su ansiedad de separación. Kyoko las describe con un solo verbo.
- ¿Cuáles son las dos emociones más arraigadas en Kyoko?

Ahora retrocede a un momento crítico de tu actual relación, averigua cuáles son tus «manillas» y escríbelas. Pídele a tu pareja que haga lo mismo. A continuación, sentaos juntos. ¿Cuál de los dos tiende más a retirarse? Éste empezará la conversación. La elección se debe a que al miembro de la pareja que protesta de forma activa —por lo general, más en sintonía con sus rencores y miedos— le cuesta recurrir al otro si no media alguna señal de compromiso por parte del más reservado. Si tú eres el miembro pasivo, sigue los pasos de Charlie e intenta sintonizar con tus miedos más arraigados, coméntalos y di cómo te sientes al revelarlos.

El que escucha dirá a su vez cómo se ha sentido ante las revelaciones del otro. ¿Te ha parecido fácil o difícil descifrar el mensaje? Si te ha costado, ¿qué aspecto ha sido el más difícil de escuchar? ¿Qué has sentido mientras lo hacías? Examinad juntos vuestros sentimientos.

Ahora, el miembro de la pareja que escuchaba puede repetir el proceso.

Esta sesión resultará especialmente beneficiosa para las parejas con problemas, pero es valiosa también para las relaciones seguras. Todos sufrimos ansiedad de separación, incluso cuando no sentimos amenazado el vínculo.

Por encima de todo, tened en cuenta que se trata de una conversación delicada: ambos estáis exponiendo vuestros aspectos más vulnerables. Cada cual debe respetar el riesgo que corre el otro. Recordad: estáis dando este paso porque sois especiales para el otro y tratáis de crear un vínculo muy especial entre los dos.

Lo que más necesito de ti

Expresar nuestros miedos más arraigados nos lleva, como es lógico, a reconocer las necesidades de apego primigenias. El miedo y el anhelo son dos caras de una misma moneda.

La segunda parte de la Conversación 4 implica expresar las necesidades de apego que sólo tu pareja puede satisfacer en este preciso instante.

Esta sesión puede ser plácida y sencilla o estar empañada por la duda. Una cosa es reconocer y aceptar la propia realidad emocional y otra muy distinta revelársela a la pareja. Se trata de un gran salto para aquellos que poseen poca experiencia en relaciones seguras. ¿Por qué darlo? Porque anhelamos conexión con el otro y aferrarse a los mecanismos de defensa y al aislamiento constituye un modo de vivir triste y carente de sentido. La escritora Anaïs Nin expresó la idea en una bella frase: «Y cierto día, el riesgo de permanecer acurrucada en el capullo fue más doloroso que el de florecer».

Rosemary, una clienta, lo dice de otro modo. En Canadá, jugamos al *hockey*. ¡A veces incluso comparamos la vida con un partido! Rosemary, gran aficionada a este deporte, se vuelve hacia su pareja, Andre, y le dice: «Llevo la máscara puesta y tengo que quitármela para que entiendas lo que necesito y pedirte lo que quiero. Una parte de mí dice que, si me descubro, estaré pidiendo a gritos que me golpees, como en aquel partido de *hockey* del mes pasado. Si me pongo la máscara no es porque no te quiera o porque seas un mal compañero. Siempre juego en la posición de defensa. Pedir lo que quiero es una posición nueva para mí. Me da miedo. Pero si me sincero, me quedo vacía tras la máscara. Tampoco puedo ganar así».

Volvamos con Charlie y Kyoko y veamos cómo avanzan hasta llegar a la parte crucial de la Conversación 4. Le sugiero a Charlie: «¿Qué necesita de Kyoko en este momento para sentirse, como usted dice, a salvo? ¿Qué desea, Charlie?

¿Puede decirle a Kyoko exactamente lo que necesita de ella?» Él se lo piensa un momento, se vuelve hacia ella y empieza diciendo: «Necesito saber que cuando no soy un marido perfecto y me desconcierto, cuando no sé qué hacer, sigues queriendo estar conmigo. Quizá me quieres incluso cuando estás disgustada. Incluso cuando me siento abrumado y cometo errores, cuando hiero tus sentimientos. Necesito saber que no me dejarás. Cuando estás deprimida o muy enfadada tengo la sensación de que ya te has ido. Sí, en serio, tal como lo digo». Entonces, como si reparara de súbito en el riesgo que está corriendo, mira hacia otra parte y se frota las rodillas con ademán nervioso. Dice en voz baja: «Me cuesta mucho pedir esto. Nunca le había pedido a nadie algo así».

La emoción que trasluce la expresión de Charlie conmueve a Kyoko, que le responde con suavidad pero con firmeza: «Charlie, estoy a tu lado. Es lo único que quiero, estar contigo. No necesito un marido perfecto. Si podemos hablar como ahora, volveremos a estar unidos. Es lo que siempre he querido». Él parece aliviado y algo perplejo. Deja escapar una risita y dice: «Bueno, eso está muy bien Muy razonable, ya lo creo». Ella se ríe con él.

Cuando le toca a ella expresar sus necesidades, empieza diciendo que sabe que su deseo de seguridad y tranquilidad es «legítimo, incluso natural». Eso le ayuda a pensar lo que necesita de Charlie. Pero entonces cambia de tercio y, mirando al techo, habla en tercera persona: «Quiero que él…» La interrumpo y le pido que escuche sus más profundos sentimientos, que vuelva la silla hacia su marido, lo mire y le hable directamente a él.

Kyoko se vuelve hacia Charlie y toma aire: «Quiero que aceptes que soy más emocional que tú y que mi forma de ser es aceptable, no un defecto. No tiene nada de malo que no me consuelen los razonamientos y los "deberías". Quiero que estés conmigo, que te acerques a mí y me demuestres que te importo cuando me fallan las fuerzas. Quiero que me toques y me abraces y me digas que te importo. Sólo quiero que estés a mi lado. Es todo lo que necesito».

Charlie parece perplejo. Dice: «¿Quieres decir que sólo quieres que me acerque más a ti?» Kioko le pregunta: «¿Cómo te sientes cuando te digo estas cosas?» Él niega con la cabeza: «Es como si me hubiera esforzado mucho para que no nos desviáramos del camino y no hubiera visto el atajo que teníamos aquí mismo». Sonríe con dulzura. «Me siento bien. Así está mejor. Puedo conseguirlo. Lo conseguiré si estoy contigo.»

Tanto Charlie como Kyoko han sintonizado con sus necesidades primigenias y pueden enviar señales coherentes al otro para que las satisfaga. Han conseguido lo que hacen las parejas unidas por un vínculo seguro. Al conocer sus propias emociones y confiar en ellas sin dejarse vencer por los miedos, se han hecho más fuertes, como individuos y como pareja. Cuando lo consiguen, las parejas arreglan las diferencias más fácilmente y crean un vínculo amoroso y enriquecedor.

Charlie y Kyoko no sólo han ganado en accesibilidad, capacidad de reacción afectiva y compromiso, también se han desarrollado como personas. Kyoko parece más asertiva y Charlie más flexible. Ahora que saben cómo invitar al otro a una conversación ARC, pueden ayudarse mutuamente a crecer en el plano personal.

Echemos un vistazo a los momentos clave de la conversación «Abrázame fuerte» de otras dos parejas con historias personales más problemáticas y un vínculo más frágil que el de Chrarlie y Kyoko. Con todo, también serán capaces de realizar una llamada idéntica a la anterior desde el fondo de su corazón.

Diane y David llevan treinta y cinco años tratando de sacar adelante su relación por entre la niebla del miedo, el desamparo y la depresión en que los envolvieron sendas historias de abuso y violación por parte de aquellos a quienes más necesitaban. Al principio de las sesiones, Diane le dijo a David: «Tengo que irme. No puedes tomarla conmigo cada vez que te asustas. Lo de esconderme en un cuarto durante días ya no funciona. No puedo vivir detrás de esta pared».

Ahora, en la charla «Abrázame fuerte», le dice: «Te quiero. Quiero que estemos unidos, pero no me puedes presionar tanto. Necesito sentirme a salvo. Quiero que me des más espacio para moverme, que me escuches cuando te digo que me abrumas. Tus intentos por hacer que me mueva al mismo compás que tú no funcionan. Después de todos estos años, necesito que me creas cuando te digo que no te dejaré marchar, que no nos separaremos. Cuando nos movemos al unísono, es maravilloso. Quiero que me ayudes a sentirme a salvo contigo y, sólo después, me pidas que me acerque a ti. Así podré responder a tu llamada y estaremos juntos».

Cuando le toca a David hablar de sus necesidades, en lugar de canalizar su ansiedad de separación mediante comentarios hostiles sobre Diane, habla de su miedo a la pérdida y de la otra cara de ese terror, su necesidad de conexión. Envía un mensaje coherente en el que su esposa está incluida, una llamada que refleja con claridad sus más profundas emociones y necesidades. Es una «conversación segura», que, mediante argumentos racionales, no se transforma en ira reactiva ni en una huida. Por fin puede acercarse a su mujer.

«No sé cómo decir esto», empieza diciendo. «Es como estar en el ejército y tener que saltar de un avión, sólo que sin paracaídas. Paso miedo, Diane. He aprendido a estar en guardia en todo momento. Supongo que me cuesta no entrar a la carga. Pero ahora sé que mi forma de abordarte te hace sufrir y te aleja de mí.» Se queda callado unos instantes, después continúa. «Una parte de mí teme siempre que en realidad no me ames. Si te presiono constantemente, es para estar seguro de que te importo. Necesito que me lo confirmes. Necesito saber que puedo inspirar amor, pese a todos mis problemas, a mi temperamento. Pero me cuesta mucho pedirlo. Ahora mismo voy en caída libre. Necesito esa seguridad y me resulta muy difícil expresarla. ¿Puedes quererme, a pesar de todos mis problemas?»

La expresión de Diane refleja que es sensible a su dolor y a su miedo. Se inclina hacia él y dice despacio pero con firmeza: «Te quiero, David. Te amo desde que tenía dieciséis años. No sabría dejar de hacerlo. Cuando me hablas así, me entran ganas de abrazarte y no soltarte nunca».

Grandes sonrisas iluminan sus rostros.

Phillipe y Tabitha son muy distintos de David y Diane. Ambos tuvieron malas experiencias en su primer matrimonio y están muy implicados en sus brillantes y lucrativas carreras. La crisis de su relación, que se remonta a cinco años atrás, se debe a que, cada vez que planean irse a vivir juntos, Phillipe cambia de idea. Ambos son muy intelectuales, personas competentes que ante la tensión tienden a aislarse. Phillipe se echa su elegante sombrero fedora sobre los ojos y se refugia en la religión y en sus relaciones platónicas con otras mujeres, mientras que Tabitha compra vestidos y obras de arte compulsivamente o se sumerge en frenéticos proyectos de trabajo. Ambos están algo sorprendidos de su aparente incapacidad para separarse, pero por fin Tabitha le ha dado un ultimátum a Phillipe: o te vienes a vivir conmigo o la relación ha terminado.

La siguiente afirmación resume la posición inicial de Phillipe: «No creo que necesite a nadie. Decidí hace tiempo que eso de la pareja era una tontería. Tengo muchos amigos y estoy mejor solo. Nunca se me han dado bien todas estas chorradas del romance y los arrumacos». Ahora le dice a Tabitha: «Comprendo que cuando nos sentimos realmente unidos, cuando el compromiso entra en escena, una parte de mí se aterroriza y cierra de un portazo. Decidí hace mucho tiempo no volver a jugármelo todo a una carta. No volver a darle a nadie el poder de hacerme daño, de machacarme otra vez. Me cuesta mucho admitir que necesito tu cariño, ponerme en tus manos. Incluso ahora, al decir esto, noto como un océano de dolor que me espera a solo un paso. Necesito saber que no te darás media vuelta y me dejarás tirado. Me siento como cuando de pequeño mi madre enfermaba y me decían que me fuera. En cierto modo, ese niño sigue ahí, diciéndome que escape en cuanto empiezo a necesitarte. Quiero dejar que te acerques. ¿Me ayudarás a confiar en ti? ¿Me prometerás que no te darás media vuelta y te irás, pase lo que pase?»

Tabitha se siente capaz, y lo hará conforme la pareja vaya alcanzando una conexión más profunda. Cuando le llega el turno de expresarse, dice: «En parte sé que te alejas por miedo. Pero tengo que saber que soy importante para ti, que lucharás para vencerlo. No puedo soportar la inseguridad, sufro demasiado. Quiero que inviertas en nosotros, en nuestra relación. Te quiero, y creo que puedes confiar en mí, pero necesito estabilidad, un espacio en el que contar contigo. Me cuesta mucho decir esto, me asusta no ser lo bastante buena, lo bastante perfecta para pedirte algo así. Empiezo a pensar que quizá tenga yo la culpa, que estás asustado y tal vez pido demasiado. Creo que por eso nunca me había atrevido a cruzar esta línea. ¿Realmente lo merezco? ¿Tengo derecho? Bueno, lo tenga o no, quiero que te comprometas a dejarme entrar, a reconocer que te importo. No puedo arriesgarme más si no me ofreces un mínimo de seguridad. Me asusta demasiado, duele demasiado. Si te arriesgas a abrirte a mí, no te fallaré».

Phillipe, conmovido al oírla, contesta con voz suave: «Sí, creo que quieres estar conmigo y mereces que corra el riesgo. He estado atrapado en mi propio miedo, demasiado asustado para dejarte entrar. Pero no puedo perderte. Por eso estoy invirtiendo, por mucho miedo que me dé, aquí y ahora».

En cuanto Phillipe es capaz de darle a Tabitha la seguridad que necesita desde el amor y el compromiso, la relación se asienta sobre una base segura.

La neurociencia de la armonía

La experiencia me ha demostrado que, cada vez que una pareja se comunica mediante una conversación del tipo «abrázame fuerte», se crea un momento de profunda conexión emocional. Los físicos hablan de «resonancia», una vibración de empatía entre dos elementos que les permite sincronizar sus señales y producir una nueva armonía. La misma vibración que oigo cuando una sonata de Bach alcanza el clímax y se unen cien tonos musicales. Cada célula de mi cuerpo responde, la música y yo somos una. Cuando presencio instantes semejantes entre madre e hijo, entre una pareja, entre dos personas que experimentan un momento de profunda comunicación, reacciono siempre igual: me invade la euforia.

La sensación de comunión no sólo se expresa a través de los sentimientos, sino también de las células. Investigaciones recientes demuestran que cuando los miembros de una pareja reaccionan con empatía, ciertas células nerviosas, llamadas neuronas espejo y localizadas en el córtex prefrontal del cerebro, vibran en sintonía. Por lo visto, dichas neuronas nos permiten llegar a sentir lo que otra persona está experimentando. El nivel de comprensión difiere mucho del que se alcanza cuando compartimos experiencias mediante el intelecto. Al ver actuar a otra persona, esas células cerebrales se ponen en marcha como si nosotros mismos estuviéramos ejecutando la acción. Las neuronas espejo son parte de nuestra herencia genética de conexión, nos ayudan a amar y ser amados.

Los neurocientíficos descubrieron las neuronas espejo por azar, en 1992, cuando un investigador estudiaba el cerebro de un mono mientras se comía un helado. Observó que en el cerebro del mono se iluminaban las mismas zonas que habrían reaccionado si hubiera sido el primate quien comiera el helado. Las neuronas espejo nos permiten interpretar intenciones y emociones, traer al otro a nuestro interior.

Los neurocientíficos, inspirándose en la física, hablan de estados reverberativos de resonancia empática. Suena muy abstracto, pero en el plano del amor significa que el mero acto de mirarse el uno al otro posee un poder tangible. Nos ayuda a estar emocionalmente presentes y a responder a signos no verbales. Así, se llega a un nivel de compromiso y empatía imposible de alcanzar cuando el otro no está presente. Las neuronas espejo nos permiten captar las emociones de otras personas y experimentarlas en nuestro cuerpo. Es la demostración científica de una idea procedente del campo del apego, según la cual el verdadero encuentro se produce cuando «sentimos el sentimiento del otro».

Al principio de las sesiones, Charlie y Kyoko no mostraban empatía. Apenas se miraban y parecían hablar lenguas distintas. Sin embargo, durante la conversación «abrázame fuerte», cuando Charlie dejaba caer las comisuras de los labios y entornaba los párpados, los ojos de Kyoko se entornaban también. Cuando él reía, ella sonreía. Su melodía emocional se convirtió en un dúo. Al parecer, ese tipo de sensibilidad reside en el núcleo de la emoción empática, donde, literalmente, sentimos con y para el otro y, en consecuencia, actuamos de forma más amorosa.

Sin duda, ése es el tipo de conexión mental, física y emocional que experimentan los amantes felices cuando hacen el amor, o que sienten madre e hijo cuando se miran, se tocan y se arrullan. Actúan en sincronía emocional, sin pensamiento consciente ni lenguaje verbal. Respiran paz y alegría.

No obstante, las neuronas espejo no lo explican todo. Un número significativo de investigaciones recientes aporta nuevos datos sobre la base neuroquímica del apego. Dichos trabajos demuestran que en momentos de plena conexión emocional, la oxitocina inunda nuestro cerebro. La oxitocina, también llamada la hormona del amor y exclusiva de los mamíferos, se asocia con estados de paz suprema. Al parecer, provoca un torrente de placer, bienestar y tranquilidad.

Los investigadores descubrieron el poder de la oxitocina cuando compararon los hábitos de apareamiento de dos especies distintas de coyotes. En una, los machos y las hembras son monógamos, crían juntos a sus hijos y establecen vínculos para toda la vida; en la otra, los machos y las hembras se limitan a un solo encuentro y dejan que su descendencia se valga por sí misma. Resultó que los roedores fieles producen oxitocina; sus promiscuos primos, no. Sin embargo, cuando los científicos administraron al grupo monógamo una sustancia química que contrarrestaba la oxitocina, los animales copulaban pero no se vinculaban con su pareja. En cambio, cuando proporcionaron a esos mismos roedores una dosis extra de oxitocina, fortalecían sus vínculos, se aparearan o no.

Los seres humanos segregan oxitocina cuando están cerca de una figura de apego o en contacto físico con ella, sobre todo en momentos de intensa emoción, durante el orgasmo o al dar el pecho. Kerstin Uvnas-Moberg, una endocrinóloga sueca, descubrió que el mero hecho de pensar en un ser querido puede disparar los niveles de esa hormona. La oxitocina reduce también la presencia de hormonas del estrés, como el cortisol.

Estudios preliminares indican que cuando se administra oxitocina a los seres humanos aumenta la tendencia a confiar y a comunicarse con los demás. Estos hallazgos contribuyen a explicar por qué, tal como he presenciado en mi consulta, cuando las parejas distanciadas aprenden a abrazarse, empiezan a acercarse con frecuencia e intentan crear, cada vez más a menudo, esos momentos satisfactorios y transformadores. Creo que las conversaciones ARC desencadenan la producción de la mismísima poción neuroquímica del amor, perfeccionada por millones de años de evolución. Por lo que parece, la oxitocina es la forma que tiene la naturaleza de fomentar el apego.

PUESTA EN PRÁCTICA

Vuelve a leer la descripción de cómo Charlie y Kyoko empiezan a crear un vínculo seguro.

Piensa a solas en una relación segura que hayas experimentado en el pasado con un amante, progenitor o amigo íntimo. Imagina que esa persona está delante de ti en este momento. ¿Cuál le dirías que es tu mayor necesidad en relación al apego? ¿Cómo crees que te respondería?

A continuación piensa en una figura del pasado a la que no te unía un vínculo seguro. ¿Qué hubieras necesitado de esa persona? Intenta expresarlo con dos frases sencillas. ¿Qué te habría respondido?

Ahora, considera la relación con tu pareja actual. Decide qué necesitarías, por encima de todo, para sentirte seguro/a y amado/a. Escríbelo. A partir de aquí empieza la auténtica conversación con tu pareja.

A continuación tienes una lista de frases que las parejas suelen pronunciar en esta sesión. Si te ayuda, elige la que mejor se adapte a tu situación y enséñasela a tu pareja.

Necesito sentir que:

- Soy especial para ti y realmente valoras nuestra relación. Necesito que me asegures que ocupo un lugar primordial, que para ti no hay nada más importante que yo.
- Me deseas, como pareja y como amante, y que hacerme feliz es importante para ti.
- Me amas y me aceptas, con mis defectos e imperfecciones. Por mucho que quiera, no puedo ser perfecto/a.
- Me necesitas y quieres tenerme cerca.
- Estoy a salvo porque te importan mis sentimientos, mi sufrimiento y mis necesidades.
- Puedo contar con que seguirás ahí y no me dejarás cuando más te necesite.
- Me escucharás y me respetarás. Por favor, no me menosprecies o me devuelvas lo peor de mí. Dame la oportunidad de aprender a estar contigo.
- Puedo contar con que me escucharás y dejarás todo lo demás a un lado.
- Puedo pedirte que me abraces y que comprendas cuánto me cuesta solicitar algo así.

Si se te hace cuesta arriba, da un primer paso hablando de lo difícil que te resulta formular explícitamente tus necesidades. Pregúntale a tu pareja si se le ocurre alguna manera de ayudarte. Este diálogo refleja el drama emocional más importante de nuestra vida, de modo que a veces es necesario esforzarse un poco.

Si eres el que escucha y no estás seguro de cómo responder o te pone nervioso hacerlo, díselo a tu pareja. El secreto radica en estar presente, más que en dar una respuesta determinada. Una forma positiva de empezar es confirmar que has captado el mensaje de tu pareja, que agradeces lo que te está contando y que te propones ser sensible a sus necesidades. A continuación, puedes plantearte cómo empezar a responder a ellas.

Comentad juntos cuál de las otras dos historias —la de David y Diane o la de Phillipe y Tabitha— resuena más en vosotros.

Cuando hayáis finalizado la conversación «abrázame fuerte», escribid las frases más importantes que haya pronunciado cada uno. Si la pareja es heterosexual, es probable que el miembro femenino tenga más facilidad para hacer el ejercicio. Muchos estudios demuestran que las mujeres retienen mejor y de forma más vívida que los hombres los acontecimientos emocionales. Por lo visto, se debe a una diferencia fisiológica del cerebro, no al nivel de implicación en la relación. Si es necesario, las mujeres pueden ayudar un poco a los hombres.

Las frases clave os ayudarán a ver con mayor claridad vuestros dramas internos y externos, al tiempo que os servirán de guía en futuras conversaciones.

La conversación «abrázame fuerte» contribuye muy positivamente a la creación de vínculo. Proporciona un antídoto para momentos de desencuentro y ciclos negativos, a la vez que ayuda a afrontar la vida como un equipo. Pero, por encima de todo, cada vez que compartáis un instante de resonancia emocional, vuestra unión se fortalecerá. El poder de estas conversaciones para transformar la relación ha quedado demostrado. Por lo demás, encuentros así ejercen un gran impacto en muchos otros aspectos de la pareja, como veréis en los capítulos siguientes.

Conversación 5
Perdonar las ofensas

«El perdón nos parece a todos una idea maravillosa,
hasta que tenemos algo que perdonar.»
C.S. Lewis

Conrad y su esposa, Helen, están inmersos en la conversación «abrázame fuerte» y la emoción vibra en el ambiente. «Deja que te abrace», le ruega Conrad. «Dime lo que necesitas.» Helen se vuelve hacia él y sonríe, a punto de responder a la demanda. De repente, su sonrisa se esfuma y mira al suelo. En tono distante, dice: «Yo estaba ahí, sentada en las escaleras, y te dije: «El médico cree que es eso. Cáncer de pecho. Llevo esperándolo toda la vida, sabiendo que iba a pasar. Mi madre murió de cáncer de pecho. Mi abuela también. Y ahora me ha tocado a mí».

Adopta un tono distinto, como perplejo. «Tú apenas me rozaste». Se toca el hombro, como si aún notara el contacto. «Y dijiste: "Anímate. ¿Por qué te asustas antes de tiempo si aún no lo sabes seguro? Tranquilízate, ya pensaremos qué hacer más adelante". Subiste a tu despacho y cerraste la puerta. Tardaste mucho rato en bajar. Me dejaste sola, agonizando en las escaleras.»

En ese momento su voz vuelve a cambiar y me informa, con una alegría forzada, de que ella y Conrad han hecho muchos progresos en la terapia y que ya no tienen las terribles peleas que los llevaron a mi consulta. En realidad, las cosas van tan bien que no hay mucho más que hablar. Conrad parece desconcertado por lo que acaba de pasar. La conversación de las escaleras se remonta a más de tres años, y las sospechas del doctor resultaron infundadas: Helen no tenía cáncer de pecho. Por miedo a crear problemas, se apresura a confirmar el comentario de su esposa de que la terapia funciona de maravilla y que no hay nada más que analizar.

Pequeños incidentes, graves secuelas

He presenciado estas desconexiones súbitas en más ocasiones. Una pareja está haciendo grandes progresos, fluyen los sentimientos de ternura y, de repente…, ¡patapam! Uno de los dos saca a colación un incidente, a veces nimio en apariencia y, de un momento a otro, la consulta parece quedarse sin oxígeno. Todas las dulces esperanzas se trocan en gélida desesperación.

¿Cómo es posible que un episodio banal tenga un poder tan arrollador? Muy sencillo, porque no es banal en absoluto. Al menos para uno de los miembros de la pareja, se trata de un incidente de extrema gravedad.

En largas décadas de investigación y terapia, he descubierto que algunos sucesos provocan un dolor intenso, mayor que cuando nos rozan un punto flaco o «hieren nuestros sentimientos». Causan una herida tan profunda que nuestro mundo se hace pedazos. Son los traumas de relación. Según el diccionario, un trauma es una herida que nos hunde en el miedo y la impotencia, y destruye cualquier presunción de que somos capaces de prevenir y controlar los hechos.

Según Judith Herman, profesora de psiquiatría en la Harvard Medical School, la gravedad de una herida traumática aumenta cuando supone «una violación de los lazos humanos». De hecho, no hay mayor trauma que el hecho de que aquellos con quienes contamos que nos apoyarán y protegerán nos hieran.

Helen y Conrad se han encontrado cara a cara con un trauma de relación. Aunque el episodio de la escalera, que sucedió hace tres años, sigue tan presente que destruye toda posibilidad de que Helen se acerque a su esposo. En realidad, desde aquel episodio ella ha estado irritable y recelosa, ahora rememorando el incidente, ahora en un estado de letargo y aislamiento. Estar en guardia constantemente, tener *flashes* recurrentes y la evitación constituyen los indicadores clínicos de estrés postraumático. Cuando Helen trató de expresar sus sensaciones, Conrad le quitó importancia, lo que aumentó el malestar de su esposa. Por eso ahora, cuando su marido le pide que se arriesgue a abrirse a él, ella evoca de inmediato aquel momento en que se sintió tan vulnerable. La alarma se dispara y Helen decide no volver a exponerse. Yo lo llamo el momento «nunca más». No es de extrañar que la conversación «abrázame fuerte» llegase a un punto muerto.

La falta de apoyo emocional por parte del ser amado en un momento de amenaza puede contaminar toda la relación, observan los investigadores Jeff Simpson, de la Universidad de Minnesota, y Steven Rholes, de la Universidad A&M de

Texas. Puede eclipsar cientos de acontecimientos positivos y borrar de un plumazo la sensación de seguridad en una relación. Si tales incidentes tienen tanta importancia es porque implican una respuesta negativa a las preguntas eternas en relación al apego: «¿Estarás ahí cuando más te necesite? ¿Te afecta mi sufrimiento?»

Cuando necesitamos con urgencia el apoyo del ser amado no caben ni el relativismo ni la ambigüedad. Se pasa la prueba o no se pasa. Instantes así hacen pedazos todo lo que habíamos dado por sentado sobre el amor y la confianza depositada en el otro. Al mismo tiempo, desencadenan una serie de problemas en la relación o acaban de deteriorar un vínculo frágil de por sí. Mientras la pareja no afronte y resuelva sus temas pendientes, no habrá lugar ni para la apertura absoluta ni para el compromiso emocional.

Cuando mis colegas y yo empezamos a repasar las cintas de las conversaciones «abrázame fuerte», pensábamos que las únicas ofensas capaces de destrozar una relación eran las traiciones. Sólo que la palabra «traición» no acababa de encajar con lo que describían los afectados al tratar de esclarecer su dolor. «Hemos pasado momentos muy difíciles en la relación», le dice Francine a Joseph, quien ha tenido una aventura con una compañera de trabajo. «Puedo aceptar que, cuando nacieron los mellizos, te sintieras abandonado y sexualmente frustrado, y que entonces conocieras a esa mujer. Incluso puedo comprender que la relación surgiese sin que ninguno de los dos lo planease. Lo que me duele no es la aventura en sí, sino tu actitud cuando me lo contaste todo. Pienso en ello una y otra vez. Me viste destrozada, por los suelos, y cuando peor estaba, ¿qué haces tú? Culparme a mí de tu aventura. Me recitas una lista de todos mis defectos y empiezas a imaginar cómo te habría ido la vida sin mí. Fue como si yo ni siquiera estuviese allí. No me tuviste en cuenta para nada. Es eso lo que no puedo superar. Si me hubieras querido alguna vez, nunca me habrías hecho algo así.»

En otras palabras, la angustia de Francine se debe a algo más que la infidelidad o la deslealtad. Tras estudiarlo con detenimiento, he acabado por concluir que, aunque la persona herida suele lamentar la traición, lo que más le duele es el abandono. Sus quejas acostumbran a ser distintas versiones de «¿Cómo pudiste dejarme solo en un momento de vida o muerte?» Por lo general, las personas experimentan traumas de relación en momentos de intenso estrés emocional, cuando mayores son las necesidades de apego: el nacimiento de un hijo, un aborto, la muerte del padre o la madre, la súbita pérdida de empleo o la diagnosis y el tratamiento de una enfermedad grave.

Al autor del daño no lo mueve la mala intención o una insensibilidad consciente. En realidad, suele tener la mejor de las intenciones. En la mayoría de casos, no sabe sintonizar con las necesidades de apego de su pareja ni ofrecer el consuelo de su presencia emocional. Otros están ocupados en afrontar su propia angustia. Como Sam, abatido, le dice a su mujer: «Cuando vi toda aquella sangre, me asusté. Ni siquiera pensé que íbamos a perder al bebé. Creí que te estabas muriendo, que iba a perderte, así que decidí actuar. Te dejé sola en el asiento de atrás del taxi y me senté junto al conductor para indicarle cómo llegar al hospital. No comprendí lo que necesitabas de mí».

Muchas personas deciden ignorar este tipo de heridas o tratan de enterrarlas, lo que es un grave error. Los desencuentros cotidianos se superan fácilmente y los «puntos flacos» pueden desaparecer (si los «diálogos malditos» no los agravan), pero los traumas sin resolver nunca sanan por sí solos. La impotencia y el miedo que generan son casi indelebles; despiertan nuestro instinto de supervivencia. Y en términos de supervivencia, es más inteligente recelar para descubrir después que el peligro no existía que confiar y encontrarse con que los miedos eran fundados. Así, la desconfianza frenará la voluntad de arriesgarse a un compromiso emocional mayor. Además, los traumas evolucionan a peor. Cuanto más exige Helen una disculpa de Conrad por haberla dejado tirada en las escaleras, más racionaliza él su reacción para quitarle importancia, postura que no hace sino confirmar la sensación de soledad de ella y alimentar su ira.

Algunas veces, las personas consiguen compartimentar sus traumas, pero semejante actitud enfría la relación y distancia a la pareja. Además, el dique sólo funciona durante un tiempo. Los sentimientos heridos irrumpirán cuando las necesidades de apego salten a un primer plano. Larry, un alto ejecutivo, llevaba años desatendiendo a su esposa, Susan. Cuando se retiró, empezó a «hacerle la corte». La relación de ambos mejoró, pero durante la conversación «abrázame fuerte», al pedirle Larry consuelo a su esposa, ella estalla. Le dice que después de lo que pasó «en la cocina de la calle Morris» se juró que nunca más le dejaría acercarse lo bastante como para volver a hacerle daño.

Larry no acierta a recordar a qué incidente se refiere Susan, pero sabe que se mudaron de la calle Morris ¡hace diecisiete años! Ella, sin embargo, no ha olvidado lo que sucedió una cálida tarde de verano. Estaba algo deprimida, debilitada por un accidente de coche y abrumada por el cuidado de sus tres hijos pequeños. Larry llegó a casa y se la encontró llorando en el suelo de la cocina. Aunque era una mujer muy reservada, le pidió que la abrazara. Él le respondió que se tranquilizara y fue a hacer unas llamadas. Susan le dice a Harry: «Aquella tarde, allí tendida, me quedé sin lágrimas. Pude pensar con frialdad. Me dije que jamás volvería a cometer el error de esperar que me cuidaras. Buscaría apoyo en mis hermanas. En todos estos años, ni siquiera te has dado cuenta. ¿Y ahora, de repente, me dices que me necesitas y que te abra el corazón?»

El único modo de superar las heridas de apego es afrontarlas y tratar de sanarlas junto al ser amado. Cuanto antes mejor. Una vez, mi hijo de ocho años sufrió un ataque de apendicitis aguda mientras mi marido y yo dábamos una fiesta estival a orillas de un lago. Me fui corriendo al hospital más cercano dejándole instrucciones a John de que diera por finalizada la fiesta y acudiera al centro cuanto antes. El pequeño hospital de la zona no tenía medios para operar y tuvimos que hacer un largo y angustioso viaje a la ciudad. Cuando llegamos, la cosa tenía mala pinta. Un cirujano se apresuró a examinar a mi hijo y declaró que había que operarlo «de inmediato». Volví a llamar a mi marido, ¡que seguía en el lago! Dos horas después, mientras miraba cómo llevaban a mi hijo a cuidados intensivos en una silla de ruedas, llegó mi marido, caminando tranquilamente por el pasillo. Lo hubiera matado. Él se horrorizó al saber que yo había pasado tanto miedo y me había sentido tan sola. Soportó mi ira y mi angustia, explicó por qué había llegado tarde y me tranquilizó. Aun así, yo quería estar muy segura de que entendía mi dolor. Durante las semanas siguientes, hablamos varias veces del episodio antes de que mi herida cicatrizara.

Para Conrad y Helen, el proceso de curación empieza en mi consulta, cuando él confiesa que, tras dejar a su esposa en las escaleras, se pasó una hora llorando. Pensaba que si dejaba traslucir su propio miedo, su sensación de impotencia, no le haría ningún bien. Hasta este momento, él ha ocultado la vergüenza que sentía tratando de convencer a su esposa, en vano, de que su dolor no tenía razón de ser.

El primer objetivo en estos casos es el perdón. Igual que el amor, hace muy poco que el perdón se ha convertido en tema de estudio para las ciencias sociales. Hasta ahora, la mayoría de pensadores consideraba el perdón una decisión moral. Dejar atrás el resentimiento y absolver al otro de su mala conducta es lo correcto, lo que se debe hacer. No obstante, tal decisión no reestablece, por sí sola, la confianza en la persona que nos ha hecho daño y en la relación. La pareja necesita compartir un tipo especial de conversación que no sólo aliente el perdón sino también la voluntad de volver a confiar en el otro. La meta primordial será restaurar la confianza.

Hace unos cinco años, empecé a distinguir los pasos que conforman el ritual del perdón y la reconciliación. Junto con mis alumnos y colegas, estudié las grabaciones de distintas sesiones y advertí que, mientras algunas parejas llegaban al punto de «nunca más» y no pasaban de ahí, otras eran capaces de seguir trabajando. Descubrimos que las parejas tenían que superar las sesiones 1 a 3 para forjar una relación segura antes de sumergirse en la conversación «perdonar las ofensas».

Un proyecto de investigación reciente ha definido aún más el enfoque sobre los traumas de relación. Hemos aprendido que no siempre saltan a la vista y que lo importante no son los hechos en sí sino la sensación de vulnerabilidad que provocan. Para algunas personas, un coqueteo en según qué momento puede ser más doloroso que una aventura. También hemos descubierto que las parejas pueden padecer múltiples traumas, y que a mayor número más difícil resulta recuperar la seguridad en el otro. La lección que extraer de todo lo dicho hasta aquí es que debemos tomarnos muy en serio el dolor del otro, insistir y seguir preguntando hasta que quede claro el sentido de un incidente, aunque el episodio nos parezca trivial o la reacción exagerada.

Aunque Mary y Ralph han identificado sus «diálogos malditos», conocen sus «puntos flacos» y son capaces de revivir los «momentos críticos», Mary parece reacia a empezar la conversación «abrázame fuerte». En cambio, insiste una y otra vez en sacar a colación unas fotos picantes tomadas en una fiesta de la oficina de su esposo que estaban guardadas en el cajón de un escritorio que ella ordena de vez en cuando. En ellas, aparecían Ralph y algunas secretarias posando en ropa interior. Su marido se disculpa, reconoce que la fiesta se desmadró un poco y que las fotos son inapropiadas, pero es categórico al afirmar que la cosa no fue a más. En el fondo, no entiende por qué ella está tan afectada. Intenta sintonizar con el relato de Mary y por fin repara en que ella no deja de repetir: «precisamente entonces», «después de aquello». «¿Por qué el momento es tan importante?», le pregunta. Mary se echa a llorar. «¿Cómo puedes decir eso? ¿No te acuerdas? Fue después de aquellas terribles disputas, cuando me dijiste que yo tenía demasiadas inhibiciones. Me pediste que me comprara ropa interior de seda y que leyera libros de sexo. Me crié en un hogar muy estricto. Te dije que me daba vergüenza. Pero seguiste insistiendo. Me dijiste que, si no lo hacía, nunca acabaríamos de funcionar como pareja. Así que lo hice, por nosotros. Hice todo lo que me pedías, pero me daba muchísima vergüenza, me sentía fatal. Y tú no te diste ni cuenta. Jamás dijiste que te sentías complacido, ni una sola vez. En cambio, parecías encantado posando en aquellas fotos, y las chicas lo estaban pasando bien. No eran tan tímidas como yo. Había hecho un esfuerzo tremendo por ser como ellas, pero a ti te daba igual. Y para colmo, aun sabiendo que ordenaría tu escritorio, ni siquiera se te ocurrió pensar cómo me sentiría si las encontraba. ¡Para ti, yo era invisible!» Ralph repara ahora en el dolor de su esposa. Se acerca para tomarle la mano y consolarla.

Tanto Mary como Ralph demostraron gran valor y determinación a la hora de desentrañar el incidente hasta que su trascendencia se hizo palpable. En ocasiones, sólo explorando un episodio con la pareja llegamos a comprender qué lo hace tan doloroso. También sucede que cuesta mucho revelar la verdadera causa del sufrimiento precisamente a la persona que te lo ha provocado. No obstante, el dolor adquiere otro sentido cuando lo relacionamos con la ansiedad de separación y la necesidad de apego.

Seis pasos hacia el perdón

¿Qué pasos hay que seguir en la conversación «perdonar las ofensas»?

1. La persona dañada debe expresar el dolor de la forma más franca y sencilla posible, algo que no siempre es fácil. Impli-

ca resistirse a enjuiciar al otro y centrarse en describir el dolor, la situación específica que lo provocó y cómo mina la sensación de seguridad en la pareja. Cuando alguien tiene dificultades para distinguir la esencia de la ofensa, lo ayudamos a identificar sus sentimientos formulando las siguientes preguntas:

En un momento de extrema necesidad, ¿me sentí privado/a de consuelo? ¿Me sentí abandonado/a o solo/a? ¿Me sentí ignorado/a por mi pareja cuando necesitaba con desesperación que me confirmara que tanto yo como mis sentimientos le importaban? ¿Consideré de repente a mi pareja una amenaza en lugar del recinto íntimo de seguridad que yo anhelaba? Todas estas preguntas ahondan en la naturaleza traumática de las heridas de apego.

Filtrar el caos emocional hasta dar con la esencia del dolor puede ser muy duro, tan difícil como le resultará al «culpable» quedarse allí presenciando la angustia del otro. Haber explorado los «diálogos malditos» y los puntos flacos de cada cual ayuda, en principio, a sintonizar con lo que expresa nuestra pareja, aunque sus palabras nos provoquen angustia. Cuando ambos seáis capaces de comprender las heridas, miedos y necesidades de apego que están en juego, os será más fácil desentrañar la herida.

Tras varios meses de reproches, Vera por fin le dice a Ted: «Me da igual que a menudo te resistieras a acompañarme a la quimioterapia. Sé que este tema te hace revivir el momento en que, con doce años, tuviste que ver cómo tu madre, la única persona que de verdad se preocupaba por ti, moría de cáncer. Lo que me quita el aliento es recordar un día que llegué a casa llorando a lágrima viva. Te dije que no podía soportarlo más y tú te quedaste callado. No hiciste nada. Entonces llegó mi hermana, ¿te acuerdas? Al verme tan disgustada se echó a llorar también y tú corriste a consolarla. La abrazaste, le susurraste...» Vera rompe en sollozos entrecortados. Después continúa: «Podías hacerlo, pero no conmigo. Tu consuelo, tu contacto, no eran para mí. Aquella noche me dije a mí misma que prefería morir sola a volver a buscar tu apoyo. Pero el dolor sigue ahí, y me lo trago yo sola». Ted no puede dejar de mirar a su esposa, al comprender de repente su dolor y su rabia. Es un mensaje terrible, pero al menos tiene sentido. Vera ha ubicado la herida y él la ha visto. Ahora pueden empezar a sanarla.

2. El autor de la herida está presente en el plano emocional y reconoce el sufrimiento del otro, así como su propio papel en él. La persona que ha sufrido el daño no podrá superar el dolor en tanto no vea que el otro asume su responsabilidad. Requerirá su atención una y otra vez, recurriendo a protestas y exigencias. Esta reacción cobra sentido cuando tenemos en cuenta cómo funciona el apego. Si no te das cuenta de que me has herido, ¿cómo voy a depender de ti o a sentirme a salvo contigo?

Tal vez, en anteriores discusiones, el autor del daño se instalara en la vergüenza y el sentimiento de culpa. Es importante recordar que, también en el amor, los errores son inevitables. Todos pasamos a veces por alto las llamadas de nuestros seres queridos, tenemos despistes o nos ensimismamos en nuestro propio dolor y no atinamos a recoger al ser amado cuando cae. No existe el alma gemela ni el amante perfecto. Todos avanzamos a tientas y damos algún que otro traspié en el baile del amor.

Quizás uno de los componentes de la pareja nunca haya sintonizado con los mensajes de apego del otro y sólo ahora empiece a comprender el alcance del daño que hizo. Es importante recordar que, aunque el incidente sucediera en el pasado, el autor del daño puede modificar los efectos del mismo en el futuro. Ayudar a la persona herida a comprender la reacción del que la hirió contribuye a restaurar la fiabilidad de la relación. Y estar emocionalmente presente favorece que la víctima afronte su dolor de manera distinta.

Ted dice: «Ahora lo entiendo. Las últimas veces que hablamos de esto, me atreví a decirte que saber que tenías cáncer me dejaba paralizado, como un ciervo cegado por los faros de un coche. Me hace revivir la enfermedad de mi madre. Pero tienes razón. Aquel día te di de lado y le ofrecí a tu hermana el apoyo que tú tanto necesitabas…» Vera asiente entre lágrimas y él adopta un tono de voz más dulce: «Te dolió muchísimo». Ella vuelve a asentir. «Aún más que mi pasividad. No te consolé, y sigo sin hacerlo, aun viendo lo mal que lo pasas. ¿Cómo es posible que no sea capaz? Supongo que se debe a la sensación que das. Pareces tan fuerte, más fuerte que yo, eso seguro. Sé que es una tontería, pero creo que me pareció más fácil consolar a tu hermana en aquel momento porque cada vez que te miraba sólo podía ver mi propio miedo y mi impotencia. Porque eres muy importante para mí.» Vera lo considera un momento y trata de esbozar una sonrisa.

3. Las personas empiezan a renunciar al juramento «nunca más». Me gusta pensar que es como si revisaran el guión. Vera decide arriesgarse y le expresa a Ted la intensidad de su

soledad, tristeza y desesperación. Le dice: «Aquel día, pensé que todo aquello te superaba. No estaba segura de que te importase de verdad mi recuperación. De repente, la lucha contra el cáncer no tenía sentido. Pensé en rendirme». Mientras habla, mira a Ted a los ojos. Él también está sufriendo, y le dice: «No quiero que te sientas así, y no puedo soportar que pensaras en rendirte. Rendirte porque yo no podía consolarte. Es horrible».

4. El autor de la herida se hace responsable del dolor causado y manifiesta remordimientos. La expresión de arrepentimiento no puede adoptar la forma de una disculpa impersonal ni hacerse a la defensiva. Decir: «Mira, lo siento, ¿vale?» en tono frío no significa contrición, sólo indiferencia hacia el dolor del otro. Si queremos que se nos crea, tenemos que escuchar y comprometernos con el sufrimiento de nuestra pareja como se expresa en el paso 3. Tenemos que demostrarle que su dolor nos afecta. Cuando Ted se vuelve hacia Vera y le habla, la tristeza y el remordimiento se traslucen tanto en su rostro como en su tono de voz. Le dice: «Te he fallado, ¿verdad? No estaba ahí cuando me necesitabas. Lo siento mucho, Vera. Estaba abrumado y te dejé enfrentarte sola a tu enemigo. Me cuesta mucho admitirlo. No quiero pensar que soy de ésos, la clase de marido que deja en la estacada a su mujer. Pero lo hice. Tienes todo el derecho a enfadarte. Nunca había pensado que mi apoyo fuera tan importante para ti, pero sé que has sufrido mucho. No estaba seguro de qué hacer, así que titubeé y no hice nada. Intentaré hacerlo mejor. Si tú me dejas».

La disculpa de Ted conmueve a Vera. ¿Por qué es tan efectiva? Primero, su talante deja traslucir cómo se siente y cuánto le importa el dolor de su esposa. Segundo, legitima, explícitamente, el dolor y la rabia de ella. Tercero, se hace responsable del acto que la hirió. Cuarto, se avergüenza. Le dice a su esposa que también se ha defraudado a sí mismo. Quinto, le asegura que a partir de ahora estará junto a ella.

Claro que nos hallamos ante una disculpa estelar. A mí me costó tres intentos decirle a mi hija, una vez que herí profundamente sus sentimientos, la mitad de lo que Ted incluye en la suya. Ésta no sólo es un acto de contrición, sino también una invitación al reencuentro.

5. Ahora puede tener lugar una conversación «abrázame fuerte», centrada en la herida de apego. La persona herida identifica lo que hoy por hoy necesita para superar el trauma. A continuación pide explícitamente que se dé respuesta a esa necesidad, es decir, que su pareja reaccione de manera distinta a como lo hizo en el episodio original. Así se erige una nueva sensación de conexión emocional que actuará como antídoto contra el terrible aislamiento que la ofensa ha provocado. «Entonces, necesitaba tu consuelo y tu apoyo. Necesitaba tu contacto. Y los sigo necesitando», le dice Vera a Ted. «Las sensaciones de miedo e impotencia no me han abandonado. Cuando pienso que el cáncer puede reaparecer, incluso cuando siento que nos distanciamos, necesito que me tranquilices.» Ted responde: «Quiero que sientas que puedes contar conmigo y que no te fallaré. Haré lo que sea necesario. No se me da muy bien adivinar qué sienten los demás, pero estoy aprendiendo. No quiero que estés sola, ni asustada». Ésta es una conversación curativa, una conversación ARC.

6. La pareja construye ahora un nuevo relato que incluye el episodio doloroso, qué sucedió, cómo minó la confianza de la pareja y cómo desencadenó los «diálogos malditos». Y lo que aún es más importante: este nuevo relato describe también cómo las dos personas afrontaron el trauma juntas y empezaron a superarlo. Es como tejer otra vez los hilos para fabricar un nuevo tapiz. Ahora pueden decidir en equipo cómo ayudarse mutuamente, aprender del otro, cicatrizar la herida y evitar daños futuros. Para acabar de cerrar la herida tal vez haya que instaurar rituales que tranquilicen a la persona herida. Por ejemplo, si la ofensa es una aventura, la pareja puede acordar que todo contacto con el antiguo amante se le dirá de inmediato al otro, o que el autor del daño llamará durante el día para decir por dónde anda. En cierto momento de esta conversación, Ted le dice a su esposa: «Lo absurdo de todo esto es que me fue más fácil consolar a tu hermana precisamente porque no me importa tanto como tú. No me preocupa meter la pata con ella. Entiendo que, después de algo así, no volvieras a recurrir a mí, como cuando temiste que el cáncer hubiera reaparecido. Ahora me doy cuenta de hasta qué punto nos hemos ido distanciando. Soy consciente de que hay que ser muy valiente para revivir todo aquello aquí, conmigo. Sé que lo intentaste otras veces y yo no te ayudé, ¿verdad? Me enviabas señales de angustia y yo sólo pensaba que estabas haciendo un drama. Me siento bien hablando de esto contigo en vez de sumirme en el dolor». Vera, a su vez, le dice a Ted: «Me gusta la idea de sacar una bandera que diga: "Necesito que me abraces fuerte, Ted". Me hace sentir que te esfuerzas por sintonizar con mis emociones y por asegurarte de que no vuelva a pasar nada parecido».

Ted y Vera han recorrido todos los pasos con suavidad, pero a otras parejas les cuesta mucho más. Si los «diálogos malditos» son crónicos y la confianza y la seguridad han alcanzado niveles mínimos, la conversación «perdonar las ofensas» se debe repetir varias veces, igual que cuando la pareja ha experimentado múltiples episodios traumáticos. Sin embargo, incluso en esos casos, suele haber una herida que destaca por encima del resto y, una vez que está sanada, las otras se debilitan, como un castillo de naipes que se derrumba.

Por otra parte, ciertos episodios, como las aventuras amorosas, complican el proceso del perdón, porque el daño incide en diversos aspectos. No obstante, también en esos casos suele haber un momento particularmente significativo. ¿Recordáis a Francina y a Joseph? Fue la manera que tuvo él de revelarle su infidelidad lo que la hizo pedazos. La aventura, no obstante, había sido breve. Las aventuras de larga duración entrañan mucha más dificultad. El engaño intencionado a largo plazo destruye la imagen que tenemos de nuestra pareja como alguien accesible y digno de confianza. De repente nos sentimos incapaces de definir nuestra propia realidad; ya no sabemos lo que es «verdad». Tal como les decimos a nuestros hijos: «Es mejor no fiarse de los desconocidos. Nunca se sabe lo que van a hacer».

Las ofensas se pueden perdonar, pero nunca se borran del todo. En el mejor de los casos, quedarán integradas en los relatos de apego de la pareja como prueba de que es posible renovar el vínculo y recuperar la unión.

* * *

1. El primer paso para sanar una herida de apego es recono-
cerla y expresarla. Piensa en un momento del pasado en que
alguien importante para ti, pero no tu pareja, te hizo daño. El
trauma puede ser uno de los descritos en este capítulo u otro
menos significativo. ¿Cuál fue el principal desencadenante
del dolor? ¿Un comentario, un acto en particular, la falta de
respuesta por parte del otro? En el episodio que acabamos
de describir, Vera dice que, para ella, lo más doloroso fue descubrir que en momentos de angustia Ted podía consolar a los
demás pero no a ella. Pensando en tu propia experiencia, ¿a
qué inquietante conclusión llegaste sobre aquella persona
importante? Por ejemplo, ¿pensaste que le traías sin cuidado
y que podría abandonarte? ¿Qué gesto suyo hubieras necesitado después de que te hiciera daño? Si te cuesta expresarlo
con palabras, intenta imaginar cuál habría sido, para ti, la reacción ideal. ¿Qué maniobras de protección llevaste a cabo?
Por ejemplo, ¿cambiaste de tema o saliste de la habitación?
¿O te pusiste agresivo/a y exigiste una explicación?

Pregúntate a ti mismo/a: ¿sentí que se me privaba de apoyo? ¿Qué se negaban mi miedo o mi dolor? ¿Me sentí aban-
donada/o? ¿Me sentí devaluado/a? ¿Consideré de repente a
esa persona una amenaza, como si se estuviera aprovechando
de mí o me hubiera traicionado?

Una vez que hayas desentrañado cómo te sentiste al experimentar aquel dolor en un momento del pasado, intenta
comentarlo con tu pareja. Marcy le cuenta a su compañera,
Amy, cómo reaccionó su madre al saber que su hija había
roto su compromiso porque se había dado cuenta de que era

lesbiana. «Lo recuerdo perfectamente», dice Marcy. «Mi madre y yo estábamos en la cocina. Se lo dije casi en susurros, de lo asustada que estaba. Ella se volvió hacia mí con una mirada glacial y me dijo: "Voy a fingir que nunca has dicho eso. No quiero saberlo. Allá tú, como quieras vivir tu estúpida vida". Me sentí como si me hubieran dado un puñetazo en el estómago. Creo que experimenté las dos D, pero por encima de todo me sentí rebajada. Me marché. En aquel momento tomé una decisión sobre mi relación con ella: nunca volvería a contarle nada personal. Ella no quería saber quién era yo, así que levanté un dique y puse a buen recaudo mis sentimientos. Supongo que deseaba de todo corazón que me aceptara y me consolara porque, por aquel entonces, me sentía muy perdida. Pero renuncié. En realidad, durante mucho tiempo no dejé que nadie se acercara lo bastante como para hacerme daño.

2. Reflexiona sobre lo mucho o poco que te cuesta disculparte, aun de cosas sin importancia. Otórgate una puntuación del 1 al 10 en esta capacidad. El 10 significa que demuestras buena predisposición a reconocer que tienes defectos y cometes errores. ¿Recuerdas si alguna vez has expresado tu arrepentimiento con alguna de las frases siguientes?

- La disculpa para salir del paso: «Sí, bueno, lo siento. ¿Qué hay para cenar?»
- La disculpa de la mínima responsabilidad: «Bueno, quizá lo hice, pero es que…»
- La disculpa a la fuerza: «Supongo que tendré que decir…»
- La disculpa instrumental: «Nada volverá a funcionar hasta que lo haga, así que…»

Se trata de disculpas estereotipadas que pueden funcionar para conflictos insignificantes, pero que con el tipo de ofensas del que hablamos, no hacen sino incrementar el dolor.

3. ¿Recuerdas si alguna vez has herido a una persona que amabas? Tal vez sintió que no podía contar con tu apoyo o con tu consuelo, o incluso la desdeñaste. O quizá le pareciste peligroso/a por un momento y pensó que la rechazabas.

¿Te imaginas a ti mismo/a asumiendo tu error con sinceridad ante esa persona? ¿Qué le dirías? ¿Qué te sería más difícil reconocer? Las personas, cuando reconocen que han fallado a un ser querido, suelen expresarse en los siguientes términos:

- «Te dejé colgado/a. Te fallé».
- «No reparé en tu dolor ni en cuánto me necesitabas. Me sentía perdido/a, asustado/a, enfadado/a, preocupado/a. Estaba aturdido/a».
- «No supe qué hacer. Me bloqueo, como un/a tonto/a, preocupado/a por si no hago lo correcto».

Piensa en los cinco elementos que aparecen en la disculpa de Ted a Vera. Le dice que le duele haberle hecho daño; legitima su dolor; se hace cargo de los actos que la han herido; expresa vergüenza por su comportamiento; le asegura que la ayudará a recuperarse del dolor. ¿Cuál de los actos de Ted te costaría más poner en práctica?

¿Cómo crees que se sentiría la persona herida si te hicieras responsable del daño causado? ¿Le ayudaría ese gesto?

4. Ahora piensa en algún disgusto en concreto que te hayas llevado en tu relación actual. Puedes hacerlo por tu cuenta o junto con tu pareja, que te escuchará e intentará comprender.

Si te cuesta demasiado hablar de ello, empieza con algo de poca importancia. Después, si lo deseas, puedes repetir el ejercicio con otro daño más significativo. Intenta que sea lo más concreto posible. Las heridas importantes y poco definidas son difíciles de afrontar. Quizás hayas atravesado un período difícil, durante el que te has sentido herido/a a menudo. ¿Puedes averiguar en qué momento cristalizó el dolor? ¿Qué te hizo tanto daño? ¿Qué sentimiento predominaba en ti? ¿A qué conclusión llegaste sobre la relación y que estrategias adoptaste para protegerte?

«Sucedió cuando acababa de empezar un montón de cursos nuevos y me sentía muy insegura», le dice Mary a Jim. «Una noche, después de cenar, hice de tripas corazón y te pregunté qué pensabas de todos mis esfuerzos y de lo que había conseguido hasta el momento. Deseaba con toda mi alma que reconocieses lo lejos que había llegado y me dijeras que creías en mí. Pero no parecías escucharme y me sentí menospreciada. No te demostré lo triste que estaba. Lo mucho que necesitaba que me animaras. Así que decidí crear mi propio sueño, yo sola. Ahora procuro mantener aparte esa parcela de mi vida, separada de ti.»

5. Intenta decirle a tu pareja cómo te hubiera gustado que reaccionase cuando tuvo lugar el incidente y cómo te sentiste ante su reacción. También puedes decirle qué sensación tienes ahora al correr el riesgo de expresar lo que habrías necesitado. Al hacerlo, no culpabilices a tu pareja por haberte herido, porque con eso sólo conseguirías sabotear la conversación. Cuando te toque escuchar, procura reaccionar con tacto a sus aspectos vulnerables y coméntale cómo te sientes al respecto.

Normalmente, cuando alguien a quien amamos expresa que nos necesita, respondemos con cariño.

6. Si fuiste tú el autor de la herida, ayuda a tu pareja a comprender qué te movió a actuar así. Tal vez tengas que explorar tus emociones y «descubrir» el origen de tu reacción. Piensa que, al hacerlo, estás contribuyendo a que tus reacciones sean más predecibles para tu pareja. Intenta que se sienta lo bastante segura como para revelar sus aspectos más vulnerables; así comprenderás el verdadero alcance que el daño tuvo para ella en términos de apego.

7. Si fuiste tú quien hirió al otro, ¿eres capaz de comprender ahora cómo se sintió, hacerte responsable del daño infligido y —el *quid* de la cuestión— disculparte? Cuesta mucho hacerlo. Requiere valor admitir que nos hemos decepcionado a nosotros mismos y humildad para aceptar que hemos actuado con insensibilidad o indiferencia. A veces no somos capaces de disculparnos hasta que nos dejamos conmover por el dolor y los miedos de la persona amada. Si somos capaces de hacerlo con sinceridad, estamos ofreciéndole un inmenso regalo a nuestro ser querido.

8. Si fuiste tú quien sufrió el daño, ¿eres capaz de aceptar la disculpa? De ser así, habéis iniciado una nueva trayectoria, con margen para que resurja la confianza y volváis a crecer juntos. Siempre que recuerdes aquella herida, buscarás el apoyo de tu pareja sabiendo que te va a responder con sensibilidad. Ella, a su vez, podrá ofrecerte el amor que se hizo pedazos a causa de aquel episodio.

9. Para terminar, resume esta conversación junto con tu pareja narrando, con brevedad, el episodio doloroso, las consecuencias que tuvo para vuestra relación y cómo juntos lo habéis superado y os habéis propuesto que no vuelva a suceder.

Si no eres capaz de poner en práctica estos ejercicios, trata de decirle a tu pareja lo rara y difícil que te parece la conversación del perdón. Otra manera de empezar es ponerse de acuerdo sobre una herida que nunca acabó de cicatrizar y escribir, en unas cuantas frases, cómo sería vuestra conversación si fuerais siguiendo los pasos descritos con anterioridad. A continuación, hablad de ello.

Comprender el alcance de las heridas infligidas al sentimiento de apego y saber que, de ser necesario, es posible perdonarlas y pedir perdón por ellas te proporciona una inmensa capacidad de crear un vínculo sólido y duradero. No existen las relaciones a prueba de dolor, pero si aprendemos a perdonar y a ser perdonados, bailaremos con más ligereza, sin miedo a que se nos escape un pisotón de vez en cuando.

Conversación 6
Crear un vínculo a través del sexo
y el contacto

«Perdemos el tiempo buscando al amante perfecto
en lugar de crear un amor perfecto.»
Tom Robbins

Durante la luna de miel, la pasión impregna la relación. El deseo asoma a cada palabra, cada mirada, cada caricia. Es el sistema que se ha ingeniado la naturaleza para emparejarnos. Sin embargo, superados los ardores iniciales, ¿qué lugar ocupa el sexo en una relación? Además de precipitarnos a ella, ¿puede ayudarnos a permanecer juntos? La respuesta es un contundente sí. En realidad, una buena relación sexual contribuye a construir el vínculo afectivo. La pasión del enamoramiento inicial es sólo un entrante. El plato fuerte será el sexo en una relación amorosa a largo plazo.

Sin embargo, no solemos considerar el sexo en estos términos. Nuestra cultura, al igual que muchos gurús de la relaciones, nos ha enseñado a considerar la pasión una sensación pasajera más que una energía duradera. Se nos dice que el deseo sexual, por muy ardoroso que sea al principio, acaba por decaer, igual que una relación amorosa, por prometedora que parezca, desembocará sin remedio en una prosaica amistad.

Aún peor, hemos aprendido a considerar el sexo un fin en sí mismo. El objetivo es saciar el deseo, si es posible con un gran orgasmo de por medio. Enfatizamos la mecánica del sexo, las posturas, las técnicas y los juguetes que pueden aumentar el éxtasis físico. Creemos que el sexo consiste en la búsqueda del placer inmediato.

En realidad, un vínculo seguro y una sexualidad satisfactoria van de la mano; se apoyan y se amplían mutuamente. La conexión emocional proporciona un sexo fantástico, y el buen sexo forja un vínculo afectivo más profundo. Cuando los miembros de la pareja son accesibles, reaccionan afectivamente y están comprometidos en el plano emocional, el sexo se convierte en un juego íntimo, una aventura segura. Las parejas seguras se sienten libres de rendirse a la sensación en los brazos del otro, confían en su pareja, exploran y colman sus necesidades sexuales a la vez que comparten sus alegrías, anhelos y aspectos vulnerables más profundos. En esos casos, la expresión «hacer el amor» cobra un sentido pleno.

¿Hasta qué punto es importante un sexo satisfactorio a la hora de consolidar una relación amorosa? El buen sexo, por lo visto, es importante pero no primordial para una relación feliz. Los educadores sexuales Barry y Emily McCarthy, de la Universidad Americana de Washington, llevaron a cabo una investigación al respecto. Los cónyuges satisfechos, concluyeron, atribuyen sólo de un 15 a un 20 por ciento de su felicidad a una buena vida sexual, mientras que las parejas infelices achacan de un 50 a un 70 por ciento de su malestar a los problemas sexuales.

¿Por qué las personas insatisfechas en su matrimonio dan tanta importancia al sexo? Porque suele ser lo primero que se resiente cuando falla la relación. Sin embargo, el verdadero problema no radica en el sexo. Hay que pensar en los problemas sexuales como una versión, en términos de relación, del «canario de la mina». En realidad, cuando empiezan las dificultades en la cama, el vínculo de la pareja ya está resentido: han perdido la confianza en el otro, lo que, a su vez, contribuye a una falta de deseo y, en consecuencia, a un sexo menos satisfactorio; cada vez hacen menos el amor y se sienten más heridos, con lo que se debilita aún más la conexión emocional… y así hasta el infinito. En resumidas cuentas: si el vínculo no es seguro, el sexo no funciona y si el sexo no funciona, no hay vínculo.

Es fácil de entender. Como dice Harry Harlow en su libro *Aprender a amar*, los primates se distinguen de otros animales por practicar un acto sexual cara a cara durante el cual «exponen abiertamente las superficies más vulnerables de su cuerpo en posturas comprometidas». Dicho de otro modo: no estamos programados para excitarnos y estar en guardia al mismo tiempo.

La seguridad de la conexión emocional define la relación tanto en la cama como fuera de ella. Según lo cómodos y seguros que nos sintamos con nuestra necesidad del otro, perseguiremos uno u otro objetivo en la cama. Yo distingo tres tipos de sexo: El sexo precinto, el sexo consuelo y el sexo sincrónico.

El sexo precinto

El sexo precinto tiene el objetivo de reducir la tensión sexual, conseguir el orgasmo y sentirse bien con respecto a las propias habilidades sexuales. Lo practican aquellos que no han aprendido a confiar en el otro y no desean abrir el corazón, o quienes carecen de seguridad con su pareja. Se centra en la sensación y en los resultados. El vínculo queda en un segundo plano. Este tipo de sexo impersonal es tóxico para una relación amorosa. El otro se siente utilizado, reducido a la condición de objeto en vez de valorado como persona.

Kyle, el amante de Marie, está delante cuando ella me dice: «Para él soy una muñeca hinchable. Nuestras relaciones son tan vacías… Me hacen sentir terriblemente sola». «Supongo que tienes razón», reconoce Kyle, «pero antes funcionaban mejor. Desde que empezamos a discutir, he dejado de creer en la relación. Ya no siento nada, y el sexo se vuelve mecánico. Trato de considerarte "una mujer entre tantas", así me siento más seguro. Al menos, el sexo se me da bien. La intimidad me cuesta más. Si te veo como "Marie" y pienso en nuestros problemas, empiezo a preocuparme. Así que prefiero considerarte en el plano sexual. Me hace sentir mejor, al menos unos instantes». Kyle se aísla emocionalmente porque no sabe afrontar la intimidad, pero otras personas, sobre todo si han sido traicionadas en el pasado, mantienen la distancia afectiva por costumbre o por elección. Según la investigación llevada a cabo por el psicólogo Jeff Simpson, de la Universidad de Minnesota, dichas personas prefieren aquellas relaciones sexuales cuyos objetivos son el placer y el orgasmo. Son más proclives a tener relaciones cortas, a menudo de sólo una noche, y rechazan cualquier acto que pueda inducir al compromiso, como las caricias mutuas y los besos. La estrella del porno Ron Jeremy, que podría considerarse el paradigma del buen amante, defiende el intercambio de parejas para evitar el tedio sexual, pero con la condición de que no haya «ninguna caricia en absoluto» de por medio. Con esta actitud, se cierra la puerta al auténtico erotismo: la conexión emocional. Sin embargo, el verdadero mito de la pericia sexual es, qué duda cabe, James Bond. En cuatro décadas, ha compartido cama con toda una caterva de mujeres, siempre enemigas en potencia y poco de fiar. Sólo una vez se enamora, es decir, se implica emocional y sexualmente de manera simultánea. (Bond se casa con esa mujer, que, de forma muy conveniente, muere asesinada el mismo día de la boda.)

Los hombres tienden más al sexo precinto que las mujeres. Tal vez se deba a la tetosterona, responsable del deseo sexual, o quizá se trate de un mero condicionamiento cultural. A los hombres se les enseña, desde una edad muy temprana, que un exceso de emoción es de llorones. Como no saben dónde está el límite, a menudo las evitan del todo. Claro que también se podría explicar por una tendencia natural. Alguien dijo una vez: «los hombres son como los microondas y las mujeres, fogones lentos». Un hombre puede pasar de la excitación al orgasmo en pocos segundos y sin apenas comunicación. Las mujeres tardan más en excitarse, y les cuesta más centrarse sólo en la sensación. Necesitan que el plano físico y el emocional estén coordinados. Para gozar del sexo, requieren comunicación y contacto.

Entre hombres y mujeres por igual, la falta de compromiso sentimental cierra la puerta a la dimensión más rica de la sexualidad. La gente joven que pone distancia emocional en sus relaciones, opina Omri Gillath, psicólogo de la Universidad de Kansas, tal vez tenga más parejas, pero no disfruta tanto del sexo como aquellos que aceptan la cercanía de los demás. El sexo a corto plazo promete muchas emociones, pero la pasión es pasajera. La experiencia se limita a una única dimensión, y requiere la novedad constante en forma de técnicas distintas y nuevas parejas. El juego tiene un nombre: sensaciones; cuantas más, mejor.

Sexo consuelo

El sexo consuelo sería aquel al que recurrimos cuando buscamos la confirmación de que somos válidos y deseables; el acto sexual es sólo una excusa. Se practica con el objeto de aliviar la ansiedad de separación. El grado de compromiso es mayor que en el sexo precinto, pero la emoción que gobierna el encuentro sexual es la ansiedad. La investigación de Gillath demuestra que cuanto más dependemos de los demás, más preferimos las caricias y el afecto al acto en sí. Mandy me dice: «El sexo con Frank no está mal pero, para ser sincera, lo que busco en realidad es que me abrace y me achuche. Y tranquilidad. Como si el sexo fuera una prueba y, si él me desea, estoy a salvo. Bueno, tampoco me gustaría que nunca se excitara. Me lo tomaría como algo personal». Cuando el sexo se practica como ansiolítico no puede ser realmente erótico.

El sexo consuelo puede contribuir a estabilizar la relación durante un tiempo, pero también puede fomentar la aparición de puntos flacos y dinámicas negativas. Cuando algo falla en el deseo mutuo, al instante aparecen el dolor y la desconfianza. Si este tipo de sexo es la norma en una relación, las personas pueden quedar enganchadas a un esfuerzo obsesivo por complacer al otro o volverse tan exigentes que acaben por apagar el deseo sexual. Cuando la función de la intimidad física es taponar la ansiedad de separación, la pareja peligra. En ese sentido, Cory le dice a su mujer, Amanda: «Bueno, ¿y qué tiene de malo hacer el amor a menudo? Seguro que mucha gente tiene relaciones mañana y noche. Y muchas mujeres tienen dos o tres orgasmos cada vez». Amanda me mira y ambas percibimos cansancio y consternación en la expresión de la otra. Cory se da cuenta y aparta la vista. Parece triste y derrotado. «Ya, bueno, en realidad no estamos hablando de sexo, ¿verdad?», dice. «Sólo hay un momento en que estoy seguro de que me quieres, seguro de verdad... Cuando te tengo entre mis brazos o hacemos el amor y noto que te excitas y me respondes con el cuerpo. Entonces sé que me amas y me deseas. Si lo pienso bien, soy consciente de que te presiono demasiado. Cuanto más insisto, menos te apetece. La verdad es que me obsesiona la idea de perderte. Desde que el año pasado nos separamos, estoy aterrorizado, y hacer el amor me tranquiliza.» Amanda acerca la silla y lo rodea con los brazos. Cory se deja envolver en su abrazo unos instantes y después dice, en tono maravillado: «¡Eh, me estás abrazando! ¿No he perdido puntos, diciéndote esto?» Amanda lo besa en la mejilla. Cuando Cory comprende que puede establecer contacto íntimo y hallar consuelo en un abrazo, su relación con Amanda cambia a mejor, al igual que su vida sexual.

El sexo consuelo es frecuente entre parejas instaladas en los «diálogos malditos», cuando un contacto regular seguro y reconfortante —un vínculo sólido de apego— brilla por su ausencia. «En la cama, nos sentíamos realmente unidos», se lamenta Alec, cuya relación de diez años con Nan se está haciendo pedazos. «Pero ahora nunca quiere hacer el amor. Siempre me siento rechazado. A veces me pongo furioso, y me duele mucho pensar las pocas ganas que tiene de hacer el amor conmigo. Dice que la presiono demasiado y se ha ido a dormir al cuarto de invitados. En realidad, el sexo es lo de menos, porque ya ni siquiera nos tocamos.»

Cuando una pareja me dice que ya no son capaces de intercambiar muestras cotidianas de afecto, me inquieto. Cuando me dicen que ya no hacen el amor, me preocupo. Pero cuando me dicen que ya no se tocan, sé que tienen problemas graves.

Los dos metros cuadrados de piel que llevamos a cuestas en la edad adulta son el órgano de sensibilidad más grande que poseemos. Las caricias y los gestos de ternura, así como las emociones que provocan, constituyen la ruta por excelencia a las relaciones amorosas. La necesidad de contacto físico responde a dos impulsos fundamentales: el sexo y el deseo de ser sostenidos y reconocidos por un otro especial. Como la difunta antropóloga Ashley Montagu observó en su libro *El contacto humano*, la sensación de piel contra piel es el lenguaje del sexo y también del apego. Las caricias excitan, pero también tranquilizan y consuelan.

Desde que llegamos al mundo hasta el final de nuestros días, el contacto es vital para nuestra supervivencia, afirma Tiffany Field, psicóloga del desarrollo en la Universidad de

Massachusetts. Ella sostiene que los estadounidenses se cuentan entre las personas menos táctiles del mundo y que padecen un «ansia de caricias». Al parecer, la falta de abrazos y contacto en la niñez impide el normal crecimiento del cerebro y obstaculiza el desarrollo de la inteligencia emocional, es decir, la facultad de organizar las emociones.

Los hombres, por lo visto, tienen más tendencia a padecer esta ansia de contacto. Field señala que, desde el nacimiento, se coge a los niños en brazos por períodos de tiempo más breves que a las niñas. De adultos, los hombres parecen reaccionar menos al contacto afectuoso que las mujeres pero, a juzgar por los que yo he tratado, lo necesitan tanto como ellas. Los hombres no piden que se les abrace, tal vez por condicionamiento cultural (los hombres de verdad no dan abrazos) o por falta de capacidad (no saben cómo pedirlo). Pienso en ello cada vez que mis clientas se quejan de que los hombres están obsesionados con el sexo. Yo también lo estaría, les digo, si la cama fuera el único lugar, aparte del campo de fútbol, donde me tocaran o me abrazaran.

«Sólo quiero que Marjorie se acerque a mí y me toque», protesta Terry. «Necesito saber que me quiere cerca. Quiero sentirme amado, deseado, y no me refiero sólo al deseo sexual. Es más que eso.» «No, claro, tú sólo quieres dale que te pego y un buen orgasmo», objeta Marjorie. «A lo mejor es lo único que sé pedir», replica él.

No podemos encauzar todas nuestras necesidades de contacto físico y emocional en el dormitorio. Cuando lo intentamos, la vida sexual se desintegra por nuestras exigencias.

La mejor receta para disfrutar de un buen sexo es crear una relación estable entre dos personas que han aprendido a conectar mediante conversaciones ARC y un contacto afectuoso. Incluso los terapeutas coinciden en que la base de una relación sexual sana es «gozar sin presiones». Por este motivo, a menudo les sugiero a las parejas que se abstengan de hacer el amor durante algunas semanas. Como el coito está prohibido, nadie se pone nervioso ni se siente decepcionado y en cambio se pueden concentrar en explorar las sensaciones que ofrece el sentido del tacto. Acostumbrarse a pedir caricias y ternura al otro enriquece el vínculo de pareja; además, conocer el cuerpo del compañero más íntimamente, qué lo excita y qué lo complace se convierte en una parte muy importante de una conexión «sólo por ti, sólo contigo» en pareja.

Sexo sincrónico

El sexo sincrónico se produce cuando la capacidad de reacción y la apertura emocionales, la conexión amorosa y la exploración erótica coinciden en un mismo contacto. En teoría, las relaciones sexuales deberían ser siempre así, un sexo que colma, satisface y conecta a la pareja. Cuando a dos personas las une un vínculo seguro, la intimidad física conserva toda la pasión y la creatividad del principio, y a la vez incluye elementos nuevos. Unas veces la pareja es todo ternura e inocencia; otras, locura y pasión. Pueden hacer del orgasmo un objetivo o deslizarse despacio en dirección a ese lugar situado, como dice el poeta Leonard Cohen, «a mil besos de profundidad».

He usado ya la palabra «sincrónico» en la Conversación 4 para describir la armonía emocional de una pareja. Amplío aquí su sentido para incluir también la armonía física. Por su parte, el psiquiatra Dan Stern, de la Cornell Medical School, habla de sincronía cuando observa que dos personas unidas por un vínculo seguro están en sintonía, perciben el estado interior del otro y reaccionan a los distintos grados de excitación de su pareja igual que una madre con su recién nacido. El niño abre los ojos y grita encantado; la madre le hace un mimo y le responde en tono agudo también. La persona amada vuelve la cabeza y suspira; la pareja sonríe y le acaricia el costado al ritmo del suspiro. La sincronía proporciona «una sensación implícita de compenetración profunda» y constituye la esencia de la conexión: emocional, física y sexual. Sin sincronía física no existe seguridad afectiva, y a la inversa.

La capacidad de reacción emocional fuera del dormitorio también cuenta. Las parejas bien compenetradas se atreven a expresar sus deseos e inseguridades en el terreno sexual sin miedo a ser rechazados. Todos tememos «no dar la talla» en la cama. «Mírame», dice Carrie. «Tengo pecas por todas partes. ¿Dónde se ha visto una modelo con pecas por todo el cuerpo? Las odio. Y cuando pienso en ellas, me entran ganas de apagar la luz.» Su marido, Andy, sonríe: «Pues sería una pena», dice con dulzura. «Me gustan tus pecas. Son parte de ti. Yo quiero estar contigo. No quiero a una modelo. Los lunares me gustan, me excitan. Es como cuando dices que los calvos somos los más atractivos. Lo dices en serio, ¿verdad?» Carrie sonríe y asiente.

Las parejas unidas por un vínculo amoroso seguro se relajan, se dejan llevar y se sumergen en el placer del acto sexual. Hablan con franqueza, sin azorarse ni ofenderse, sobre lo que les excita y lo que no. Las psicólogas Deborah Davis, de la Universidad de Nevada, y Cindy Hazan, de la Universidad de Cornell, han descubierto en sus estudios que estas parejas expresan más abiertamente sus necesidades y preferencias y están más dispuestas a la experimentación sexual con sus amantes. En las películas, las parejas nunca hablan de lo que hacen en la cama. Sin embargo, ponerse a hacer el amor sin sentirse lo bastante seguro como para hablar de ello es como tratar de aterrizar un 747 sin guía o sin ayuda de la torre de control.

Elizabeth me habla encantada de la noche en que su marido, Jeff, de veinticinco años, le contó que su fantasía sexual favorita era ser «iniciado» por una mujer de la vida de clase alta. De repente, Elizabeth adoptó un tono ronco, fingió acento francés y, durante una hora, representó ante un marido fascinado a una mujer de la vida muy sofisticada. «Aquella noche te comportaste como un semental», le dice Elizabeth a Jeff. «No sabía que pudieras actuar así.» Jeff se echa a reír. «Yo tampoco sabía que pudiera comportarme así. Pero tú también cambiaste mucho, ¿eh? ¿Dónde se había metido la tímida de mi esposa?» Elizabeth ríe y dice: «De todas formas, para mí, lo mejor del sexo, hagamos lo que hagamos, es después, cuando me abrazas como si me consideraras la persona más especial del mundo».

Las parejas unidas por un vínculo seguro pueden consolarse mutuamente para superar los problemas que las películas nunca enseñan pero que forman parte de la vida sexual. Frank, que últimamente tiene dificultades con la erección, a lo que se refiere, azorado, con la expresión «cuando Charlie se echa una siesta», está contando un encuentro sexual reciente con su esposa, encuentro que prometía acabar en desastre. «Al principio, Sylvie hizo un comentario sobre mi peso y yo empecé a decaer», dice Frank. «Entonces se dio cuenta de lo que había pasado, me abrazó y me sentí mejor. Pero en un momento crítico, nuestro hijo de dieciocho años llegó a casa antes de lo previsto y Charlie se fue a... bueno, digamos que a echarse un sueñecito. Sylvie me recordó que, según el libro que habíamos leído, la mayoría de hombres pierde la erección un par de veces en una sesión de cuarenta y cinco minutos, pero que si no se dejan llevar por el pánico, la recuperan. Pudimos reírnos de Charlie y seguir unidos. Pero la crema que usamos se acabó justo entonces y Sylvie tuvo que ponerse a buscarla.» Ella no puede contener la risa. «Por fin», prosigue Frank, «cuando todo iba por el buen camino, me puse un poco chulo y tiré la vela. ¡La cortina empezó a echar humo!» Sonríe a su esposa con una mueca y bromea: «Vaya noche, ¿eh, nena?» Tomando el relevo de la historia, Sylvie cuenta que renunciaron a hacer el amor y decidieron preparar chocolate caliente. «Pero entonces», dice entre risas, «Frank dijo algo muy sexy y acabamos haciendo el amor después de todo». Levanta los brazos e inclina la cabeza a un lado con una pose a lo Marilyn Monroe.

Ese tipo de historias me impacta. Demuestran que podemos tener encuentros sexuales espontáneos, apasionados y divertidos, seguir descubriendo aspectos de nuestra pareja después de décadas de relación. Prueban que es posible encontrarse y reencontrase, enamorarse una y otra vez, y que el erotismo, en esencia, consiste en participar, en la capacidad de dejarse llevar y rendirse a la sensación. Para todo ello necesitamos seguridad emocional.

La emoción y el encanto de una relación segura no residen en encontrar la manera de recuperar el enamoramiento inicial, sino en el riesgo que implica seguir abierto, día a día, aquí y ahora, a la experiencia de la conexión física y emocional. Cuando logras semejante confianza, llegas a sentir que hacer el amor con la pareja es siempre una nueva aventura. «La presencia y la práctica emocional llevadas a la perfección», les digo a las parejas, «es mucho mejor sistema para disfrutar de un auténtico erotismo que andar a la caza de nuevas parejas para evitar el aburrimiento». Una investigación reciente llevada a cabo en Estados Unidos por Edgard Laumann, de la Universidad de Chicago, demuestra que las parejas con muchos años de relación y que han creado un vínculo seguro tienen relaciones sexuales con más frecuencia y más satisfactorias que los solteros.

Cuando los expertos sugieren que sólo en las primeras etapas de la relación, cuando la conquista y el enamoramiento aún flotan en el aire, el sexo es excitante, pienso en una pareja mayor que conozco, unida desde hace años, que sabe bailar el tango. Presentes y plenamente comprometidos el uno con el otro, avanzan con un movimiento endiablado, de un erotismo apabullante. La conexión entre ambos es tan absoluta que, aunque la danza es fluida, improvisada en el momento, jamás pierden el paso. Se mueven como una sola persona, con gracia y estilo.

Resolver problemas sexuales

Los problemas sexuales más frecuentes en el mundo occidental son la falta de deseo sexual en las mujeres y la eyaculación precoz o la erección laxa en los hombres. No me sorprende. Casi todas las parejas con dificultades se encuentran instaladas en los «diálogos malditos». Las mujeres, en esos casos, se sienten solas y aisladas. O bien buscan sexo de consuelo o bien lo rechazan de pleno. Los hombres se vuelven tan inseguros que, si no experimentan dificultades sexuales, optan por el sexo precinto. En cambio, cuando una pareja forja un vínculo seguro su vida sexual mejora en casi todos los casos, a veces por sí sola, otras mediante un pequeño esfuerzo. En cualquier caso, al experimentar más placer juntos y crecer los niveles de oxitocina por efecto del orgasmo, la relación mejora a su vez.

Cuando se siente segura en la relación, Ellen se decide a confesarle a Henry que no alcanza el orgasmo con él. Lleva años fingiéndolo. Él no se ofende ni se siente amenazado al enterarse. Al contrario: la apoya y la consuela. También recurre a los libros para tranquilizarla: al parecer, el 70 por ciento de las mujeres no alcanza el orgasmo sólo con el coito. Juntos, planean tres estrategias para un proyecto erótico: «orgasmos para Helen».

Observemos un momento la interdependencia que existe entre la conexión y el vínculo en una relación. La pasión no es constante. El deseo, como es natural, experimenta altibajos; depende de los acontecimientos, las estaciones, la salud y mil causas más. A la mayoría, sin embargo, esas fluctuaciones nos inquietan y, a menos que podamos hablar de ellas con franqueza, llegan a desembocar en problemas de pareja. Muchas personas no necesitan mantener relaciones muy a menudo, pero, en cambio, no pueden soportar la sensación de que su compañero o compañera no los desea. Ese tipo de retos desafía antes o después a casi todas las parejas, incluso a las que disfrutan de una cierta seguridad. Así fue también para Laura y Bill.

Acudieron a mi consulta poco después de que Laura se hubiera recuperado de la depresión que le diagnosticaron cuando perdió el empleo. Su médico, consciente de que una relación de pareja sana es la mejor prevención en estos casos, me los envió para un «chequeo matrimonial». Laura expone sus inquietudes. «Nos queremos mucho», dice. «Pero, bueno, es que antes Bill siempre estaba a punto. Me acariciaba todo el tiempo y a mí me gustaba. Y si no tenía ganas de hacer el amor, le decía que no y él lo aceptaba. Aún nos abrazamos, nos mimamos y nos sentimos unidos, pero desde hace unos años, ya no toma la iniciativa. Cuando lo hacemos todo va de maravilla, pero si yo no empiezo él no hace nada. Me hace sufrir mucho. Llevamos veinte años juntos. ¿Será que me he hecho mayor y ya no me desea como antes? Últimamente me voy a la cama más tarde, cuando él ya se ha dormido, para evitar el problema. Pero nos estamos distanciando.» Bill contesta: «Es sólo que ya no tengo tanta energía como antes. El trabajo me deja agotado. Pero me gusta hacer el amor y tú eres una mujer muy sexy. No veo cuál es el problema. Bueno, salvo lo mal que te sientes, claro». En ocasiones como ésta, la conversación ARC es de suma importancia. La cuestión es: ¿podrá Laura aceptar su dolor y recurrir a Bill? ¿Y podrá él prestar oídos a su queja y reaccionar? «Tal como usted dice», continúa Laura, «cuando discutimos, nos quedamos atascados en una especie de círculo, algo como "yo presiono y Bill se pone de mal humor", pero lo hablamos y todo se soluciona. Creo que nuestro matrimonio funciona, sólo que nos cuesta hablar de sexo. Lo hemos intentado, y la cosa mejora un tiempo, pero siempre volvemos a las mismas». Como ya han descubierto qué espirales negativas dificultan la relación y han aprendido a ser más sensibles a las necesidades del otro, propongo que iniciemos la conversación sobre su vida sexual.

Les pregunto qué expectativas sexuales tiene cada uno. Bill dice que le gustaría hacer el amor cada dos semanas, más o menos. Laura comenta que ella preferiría hacerlo cada diez días. Los tres nos echamos a reír. El problema, de repente, ha quedado en nada. No obstante, vamos a profundizar un poco más. Bill dice que, para él, la única contrariedad es ver a Laura tan irritada y distante. «Por la noche, le pido que venga a abrazarme, pero pocas veces lo hace y yo echo de menos esos momentos», dice. «Ahora que lo pienso, los echo mucho de menos.» Laura se echa a llorar. «Es que, si te abrazo, empiezo a hacerme ilusiones de que haremos el amor, y después me siento decepcionada. Ni siquiera me atrevo a hablarte de ello. Tú me preguntas si me siento frustrada sexualmente y cuando te contesto "en realidad no" la conversación ha terminado.» Advierto que Laura sufre la angustia de anticipación y que opta por la evitación para protegerse. Los tres estamos de acuerdo en que esa incapacidad para hablar de los cambios experimentados en su vida sexual se interpone entre ambos y les está haciendo daño.

Les pido que exploren su dolor. Laura hace un esfuerzo y acaba descubriendo lo que más le duele. «En parte, es el miedo a que no me veas ya como una mujer. Sólo soy tu esposa. Con más arrugas y algo más llenita. ¿Y si no te parezco sexy, y si ya no me deseas? Me abrazas como a una amiga y no me prestas tanta atención como antes. Tu deseo me hacía sentir tan bien, tan cerca de ti.» Billy la escucha con atención y, para ayudarla, le pregunta: «¿Por eso estás de mal humor? ¿Te sientes rechazada y temes que ya no te encuentre atractiva?» Laura suspira y, llorando, asiente con un movimiento de la cabeza. «Sí. Además, cuando hacemos el amor, no estoy relajada. Es verdad que me siento deseada. Al menos en ese momento. Sé que trabajas mucho y que estás muy cansado, pero tengo la sensación de que te da igual si lo hacemos o no. Para ti no es importante. A veces creo que si yo no empezase, nuestra vida sexual se esfumaría. Y tú no harías nada por recuperarla. Cuando lo pienso, siento rabia, así que me digo: "Muy bien, pues yo no pienso empezar. Que se vaya al infierno." Pero el dolor sigue aquí.» Se lleva la mano al corazón. Bill se acerca y se la toma. Le pregunto:

«¿Eso es todo, Laura? El dolor suele aparecer cuando estamos tristes, enfadados y asustados. Tiene la sensación de que a Bill no le importa demasiado hacer el amor con usted. ¿Eso es todo o hay más?» Ella asiente y continúa: «Si no me acerco a ti para pedirte que hagamos el amor, me atenaza el sufrimiento. Y si lo hago…» Le falla la voz y aprieta los labios. «Me cuesta muchísimo pedírtelo. No debería ser tan difícil, porque nuestro matrimonio funciona y yo soy una persona bastante segura, pero en realidad me horroriza tener que llegar a eso. Es como saltar desde un precipicio. Nunca antes había tenido que hacerlo. Y cuando me sonríes con dulzura diciendo que estás cansado y te das media vuelta para dormir, me quiero morir. Finjo que no me afecta, pero lo paso fatal cada vez que te lo tengo que pedir.» Bill murmura: «No lo sabía».

«¿Qué le dicen todos esos sentimientos sobre lo que necesita de Bill?», le pregunto a Laura. Ella le dice: «Supongo que necesito saber que para ti es importante nuestra vida sexual. Que sigues implicado. Que aún me deseas. Quisiera contar con un tiempo para nosotros dos, saber que pones por delante nuestra intimidad, aunque sólo sea de vez en cuando. Necesito que me demuestres, como antes, que sigues siendo mi hombre». La respuesta de Bill no se hace esperar. Le dice que está tan agotado que, casi todo el tiempo, tiene la sensación de andar sonámbulo, pero que la ama y que durante el día a menudo la recuerda con deseo. «No me había dado cuenta de que te costaba tanto tomar la iniciativa. Lo siento mucho», dice. «Me da miedo empezar y después no mantener la erección de puro cansancio, por eso rehúso a menos que esté seguro de ser capaz.» Ambos se echan a reír al recordar que les ha sucedido unas cuantas veces y han terminado abrazados, con escaso contacto erótico pero un gran sentimiento de unión.

Aquella conversación bastó para que Bill y Laura pudieran volver a llevar su vida sexual a una zona segura de juego y contacto. Al mismo tiempo, actuó de estímulo. Sugerí que idearan un escenario sensual al que recurrir cuando el acto no estuviera garantizado. Bill colaboró con su esposa en ese sentido y empezó a proponer que hicieran el amor más a menudo. También tuvo más cuidado de expresar lo mucho que agradecía el riesgo que corría ella cuando tomaba la iniciativa. Además le dijo, explícitamente, que necesitaba saber que ella lo amaba y que jamás evitaría la cercanía o el contacto sexual con él. Le reiteró que la quería y la deseaba.

Bill y Laura empezaron también a prestar más atención a sus momentos de intimidad sexual. Hay que limpiar y redecorar las habitaciones de vez en cuando, y eso incluye el dormitorio. Leyeron juntos algunos libros eróticos y hablaron, por primera vez en muchos años, de lo que podían hacer para excitar al otro y gozar de un sexo más satisfactorio. Me dijeron que su vida sexual había mejorado, al igual que su relación.

Como les dije en la última sesión, las técnicas sexuales sólo garantizan algún que otro escalofrío, no el auténtico estremecimiento. Poseían el mejor manual de todos: la capacidad de crear vínculo, de sintonizar con el otro y actuar en sincronía sexual.

PUESTA EN PRÁCTICA

Por tu cuenta

¿Has leído un comentario o una afirmación en este capítulo que te haya hecho pensar en tu propia vida sexual? ¿Qué has sentido al respecto? Escríbelo. ¿Qué te dice este sentimiento —bien una sensación física, bien una emoción evidente, como la rabia— sobre tu propia vida sexual?

Cuando estás en la cama con tu pareja, ¿sueles sentirte seguro/a en el terreno emocional y unido/a a él o ella? ¿Qué te ayuda a sentirte así? Cuando no es así, ¿cómo podría ayudarte tu pareja?

¿A qué estilo sexual tiendes: precinto, consuelo o sincrónico? En cualquier relación se manifiestan los tres en una u otra ocasión, pero si tiendes al sexo precinto o al sexo consuelo, debes reflexionar sobre la precariedad de la relación.

Piensa qué expectativas tienes en una relación sexual y di las cuatro más importantes. Reflexiona con cuidado la respuesta. A veces no son las primeras que nos vienen a la cabeza. Muchos clientes me dicen que su expectativa principal es ser abrazados y acariciados con ternura después del acto sexual, pero que nunca han expresado ese deseo a sus amantes.

¿Crees que tu pareja te toca y te abraza lo suficiente? Una sola caricia puede expresar conexión, consuelo y deseo. ¿A veces te gustaría que te tocaran y te abrazaran más? ¿Cuándo?

Si escribieras una Breve Guía para el amante de_____ _____ y pusieras tu nombre en el espacio en blanco, ¿qué diría? Las instrucciones básicas pueden incluir las respuestas a las siguientes preguntas: ¿qué te ayuda a abrirte más, tanto en el sentido físico como en el emocional, a la hora de hacer el amor? ¿Qué te excita más antes y durante el acto sexual? ¿Cuánto tiempo esperas que dure el juego previo y el coito en sí? ¿Cuál es tu postura favorita? ¿Prefieres ir al grano o demorarte? ¿Cuál es la mejor manera de estimularte para que alcances el más profundo nivel de compromiso al hacer el amor? ¿Se lo puedes pedir a tu pareja?

Para ti, ¿qué es lo más satisfactorio del sexo? (Puede que no sea el orgasmo, ni siquiera el coito.) ¿En qué momentos te sientes inseguro/a o incómodo/a durante el acto sexual? ¿En qué momentos te sientes más unido/a a tu pareja?

Si puedes comentarle a tu pareja las repuestas a estas preguntas, perfecto. Si no, quizá puedas empezar por decirle lo mucho que te cuesta hablar de estos temas.

Con tu pareja

¿Os podéis poner de acuerdo sobre qué porcentaje de encuentros deberían ser realmente fantásticos? Recordad que, según las encuestas, de un 15 a un 20 por ciento de los encuentros sexuales son considerados un fracaso al menos por uno de los participantes. ¿Qué creéis que deberíais hacer como pareja cuando el sexo no funciona en el plano físico? ¿Qué hacéis cuando el sexo no funciona en el plano emocional? ¿Cómo te podría ayudar tu pareja en estos casos? Inventad juntos una escena tal como la veríais en la gran pantalla.

Jugad al juego de la perfección. Empieza así:

Si yo fuera perfecto/a en la cama, podría/haría _____ _____, y entonces tú te sentirías más _____.

Si os sentís seguros, reveladle al otro al menos cuatro de vuestras respuestas. A continuación decidle una cosa en la que, para vosotros, sea perfecto/a en la cama y fuera de ella.

Tratad de recordar, cada cual por su cuenta, uno de vuestros encuentros sexuales más satisfactorios. Relatádselo a la pareja con el máximo detalle. Decíos el uno al otro lo que habéis aprendido de esas historias.

Piensa en qué situaciones se manifiesta el sexo en la relación. Puede ser por diversión, para estar más unidos, liberar tensiones, para escapar del estrés o la tristeza, para vivir un romance y olvidar al resto del mundo, como aventura erótica, para experimentar la unión, para arder de pasión. ¿Te sientes seguro/a con tu amante en todos estos contextos? ¿Qué riesgo te gustaría correr en la cama? ¿Puedes hablarle a tu compañero/a de ese riesgo y explicarle qué reacción te ayudaría si las cosas fueran mal, o si fueran bien?

* * *

Siempre habíamos creído que el sexo salvaje y las relaciones estables eran conceptos contradictorios. Ahora sabemos, en cambio, que la seguridad en la relación es un excelente afrodisíaco capaz de propiciar encuentros inesperados. También sabemos que la capacidad de reacción emocional y el compromiso en la unión sexual fortalecen el vínculo afectivo. La próxima y última conversación ahonda todavía más en cómo insuflar al amor una vibrante emoción.

Conversación 7
Mantener vivo el amor

«Si alguien se aburre en su matrimonio
es que no le presta atención.»
El marido de una compañera

«¿Os dais cuenta de los increíbles cambios que ha experimentado vuestra relación?», pregunto a una de mis parejas más encantadoras al final de una sesión muy positiva. Inez, pelirroja, llamativa y apasionada, contesta: «Sí, pero ¿cómo podemos retener este sentimiento? Mi hermana, la muy bruja, me dice: "Crees que Fernando y tú habéis reencontrado el amor, pero el matrimonio se basa en la rutina. Tiene una fecha de caducidad, como la leche. Dentro de seis meses volveréis a estar igual. El amor no se puede retener. Es así y punto." Me aterroriza oír eso. ¿No volveremos a estar dentro de nada peleándonos y sintiéndonos solos?»

La sesión acaba aquí, pero al redactar mis notas dos voces empiezan a discutir en mi cabeza. Una cita al filósofo griego Heráclito: «Todo fluye, nada permanece». Claro, eso se puede aplicar al amor, me digo. Si no, fíjate en la cantidad de recaídas que sufren las parejas tras una terapia. Quizá la hermana de Inez esté siendo realista. La otra voz, sin embargo, cita a un poeta chino del siglo XXI, Su Tung-p'o: «Año tras año, recuerdo aquella noche de luna que pasamos juntos, a solas entre las colinas de pinos retorcidos». Quizá los momentos de verdadero apego tengan el poder de mantener unida a la pareja a lo largo del tiempo. En realidad, nuestras investigaciones han demostrado que las parejas tienden a conservar la satisfacción y la felicidad alcanzadas en las sesiones de TCE, por muy estresantes que sean sus vidas.

En ese momento, doy con la respuesta a la pregunta de Inez y en la sesión siguiente le digo: «Todo se mueve, todo cambia, pero en las relaciones amorosas no hay lugar para decir "es así y punto". Por fin hemos aprendido a crear y a sostener el amor. El futuro de vuestra relación depende de Fernando y de ti. Si no la cuidáis de manera consciente, es probable que desandéis el camino. Sin embargo, el amor es un lenguaje y, como tal, cuanto más lo hablas, mejor fluye y con más facilidad. Si no lo practicas, en cambio, empiezas a perderlo».

Las conversaciones ARC son el lenguaje del amor. Afianzan el recinto íntimo de seguridad que constituye la relación y nutren la capacidad de ser flexible, de explorar, de mantener vivo el vínculo y hacerlo crecer. La Conversación 7 es una guía para proyectar el amor hacia el futuro. Los pasos que seguir incluyen:

- Recapitular y reflexionar sobre los aspectos críticos de la relación, aquellos que provocan inseguridad y precipitan a la pareja a los «diálogos malditos». En el camino, encontraréis desvíos y atajos que os conducirán a una conexión segura.

- Celebrar los momentos positivos, grandes y pequeños. Para ello hay que empezar por considerar qué momentos del día a día fomentan la apertura, la capacidad de reacción emocional, la seguridad de ser para el otro un estímulo positivo. En segundo lugar, se debe identificar qué momentos clave de la historia reciente de la relación intensificaron el amor.

- Planear rituales para los momentos cotidianos de separación y reunión que pongan de relieve el reconocimiento de vuestro vínculo, así como el apoyo mutuo y la conexión. Estos rituales sirven para cuidar de la relación en un mundo caótico y lleno de distracciones.

- Colaborar en la identificación de los conflictos de apego que se manifiesten en desencuentros y discusiones recurrentes, y planear juntos cómo quitar hierro a esas cuestiones para crear, de forma deliberada, seguridad emocional y confianza. Al hacerlo, podréis resolver los problemas sin que interfiera la ansiedad de separación. Yo la llamo la estrategia de «la seguridad primero». En un contexto de tranquilidad emocional, cualquiera de los dos puede plantear un problema con calma, sin actitudes agresivas, y el otro se puede comprometer en la discusión, aunque no esté de acuerdo con el punto de vista expresado.

- Crear una historia de la relación basada en los reencuentros. Este tipo de relato describirá cómo ambos habéis construido y seguís construyendo el vínculo amoroso. Ayuda a tener en cuenta qué mecanismos instalan la distancia y el conflicto en la relación e incluye las estrategias que habéis aprendido para salvar los obstáculos, reencontraros y perdonar las ofensas. Es la historia de cómo os enamoráis una y otra vez.

- Inventar una historia de amor futura. El relato resume cómo querríais que fuera vuestro vínculo dentro de cinco o diez años y cómo os podría ayudar el otro a hacer esa imagen realidad.

La Conversación 7 se basa en la idea de que el amor es un proceso continuo de búsqueda y pérdida de conexión emocional, así como de reconquista. El vínculo amoroso es algo vivo. Si no le prestamos atención, tiende a disiparse. En un mundo que se mueve cada vez más rápido y nos exige hacer malabarismos con infinidad de ocupaciones, estar presente aquí y ahora es todo un reto, tanto como tener en cuenta la necesidad de vínculo de ambos. Esta conversación final exige que experimentes el amor de forma consciente.

Veamos cómo funciona en la práctica.

Desvíos de las zonas críticas

Inez y Fernando no tienen dificultades para identificar los pequeños momentos de crisis. Llevan años bailando la «polca de la protesta», pauta alimentada por los excesos con el alcohol de Fernando y las exageradas amenazas de Inez, salpicadas de flirteos con carácter vengativo. En esta conversación, Inez se arriesga a decirle a Fernando: «Cuando te quedas callado y te apartas de mí, me pongo histérica. Quisiera poder decirte: "Oye, Fernando, por favor, ¿podrías prestarme atención?" ¿Te parecería bien que te dijera algo así? Me ayudaría mucho. No creo que la ansiedad me sacara de mis casillas, si contara con ese recurso». Fernando, a su vez, le dice a Inez que le gustaría que se limitara a decirle que está enfadada con él y le aclarara qué la ha molestado exactamente, en vez de darle ultimátums. Ambos coinciden en que ese tipo de atajos les ayudaría a mantener el equilibrio emocional y a no instalarse en dinámicas destructivas.

Otra pareja, Christine y Darren, han estado al borde del divorcio por una infidelidad de él. «Creo que las cosas están mejorando», le dice ella, «pero quiero que sepas que, en este momento, a la más mínima insinuación de que no tenemos relaciones con la frecuencia suficiente me entran ganas de echar a correr. Por un instante, me asalta la idea de que siempre querrás más de lo que yo puedo darte. Ya no pierdo la cabeza como antes pero todavía me invaden las náuseas en esos momentos.» Darren le contesta: «Lo entiendo. La otra noche, cuando te dije algo parecido, sólo pretendía insinuarte, por torpe que fuera la indirecta, que te deseo. ¿Qué puedo hacer para ayudarte?» Christine, visiblemente aliviada, murmura: «Quizá decirme sin rodeos que nuestras relaciones son estupendas y que te encanta estar conmigo». Él sonríe y contesta: «Eso puedo hacerlo».

Celebrar los momentos de encuentro

Casi nunca le decimos a nuestra pareja con qué gestos y palabras espontáneos han logrado conmovernos y hasta qué punto este tipo de expresiones crea sensación de pertenencia. Fernando, algo azorado, confiesa que cuando Inez, después de todo lo que habían pasado, se lo presentó a una compañera de trabajo diciendo: «Y éste es mi marido, mi gran amor», se derritió por dentro. Le hizo sentir que era «alguien muy especial» para ella. Lo recuerda cada día.

Nadie olvida los momentos en que el amor se pone de manifiesto. Esos instantes ARC nos acompañan para siempre, y es importante comentarlos. Kay le dice a Don: «Para mí, aquella noche que me dijiste cuánto significaba para ti que te tomara la mano fue fundamental para superar nuestras diferencias. Eso después de cuarenta y cinco años casados. Tú siempre me la tiendes, y supongo que yo a veces respondo y a veces no. Cuando me revelaste lo mucho que te importaba mi reacción, que para ti significaba que estábamos juntos, que podíamos hacer cualquier cosa, me sentí conmovida. De repente, te vi como a alguien necesitado de afecto, de mi afecto, y no como un tipo dominante que quiere hacer las cosas a su modo».

En una sesión con otra pareja, al comentar el efecto devastador que la depresión ha ejercido sobre Lawrence, éste le dice a Nancy, su esposa: «Nunca lo habría conseguido sin ti. Por mucho que me encerrara en mí mismo, tú siempre estabas a mi lado. Aquel día que acudí a una entrevista de trabajo y le dieron el empleo a otro, volví a casa sintiéndome el mayor fracasado del mundo. ¿Recuerdas lo que hiciste?» Nancy niega con la cabeza. «Me besaste y dijiste: "Tú eres mi chico. Pase lo que pase. Lo superaremos. Te quiero, caballero". Nunca lo olvidaré. Aún hoy me sirve de ayuda cuando las cosas van mal y dudo de mí mismo».

A veces las parejas, incluso en pleno «diálogo maldito», tienen gestos de empatía que me dejan sin aliento. Los animo a aferrarse a esos momentos como a una luz en la oscuridad de su relación. Maxine, que siempre está molesta con Rick por sus «silencios», de repente, en voz muy baja, le dice: «Creo que te entiendo. Pareces muy tranquilo pero estás asustado. Sigues siendo aquel niño solitario de la foto que tenemos encima de la chimenea. El chico más solitario del mundo. Nunca has pertenecido a ninguna parte. Y ahora que estás conmigo, la mujer más charlatana del mundo, te sientes abrumado, así que te encierras en ti mismo e intentas tranquilizarte. Es muy triste. Ahí dentro, sigues estando muy solo». Rick recuerda aquel instante como el día que, por primera vez, alguien lo vio como era y supo que su esposa, por mucho que se enfadara con él, lo amaba.

Mantener vivo el amor consiste, en gran medida, en reconocer esos momentos trascendentes y colocarlos en un lugar donde ambos podamos verlos, como hacemos con las fotografías de los buenos momentos. Nos recuerdan lo preciosa que es nuestra relación, cuán especial el sentimiento que nos une. Nos ayudan a reparar en lo fácil que es transformar el mundo del otro con la fuerza del cariño.

Planear rituales para los momentos de separación y de reencuentro

Los rituales constituyen una parte fundamental de la sensación de pertenencia. Son ceremonias recurrentes y deliberadas que identifican un momento especial. Los ritos nos vinculan, emocional y físicamente, a la vez que nos ayudan a tomar conciencia, de forma positiva, del momento presente.

La religión recurre a los rituales desde siempre. Recuerdo un célebre estudio que llevó a cabo el psicólogo Alfred Tomatis con un grupo de monjes con depresión clínica. Tras muchos exámenes, los investigadores concluyeron que la depresión se debía a que habían abandonado la ceremonia diaria de reunirse a entonar cantos gregorianos. Habían perdido la sensación de comunidad y el consuelo de cantar en armonía. Crear entre todos una música hermosa constituía una manera de celebrar su vínculo y compartir su dicha.

Para todos los primates, la separación y el reencuentro son momentos críticos en términos de apego. Cuando nuestros hijos son pequeños, lo tenemos presente por intuición. Los besamos para despedirnos de ellos y los abrazamos y les damos la bienvenida cuando vuelven a nosotros. ¿Por qué no tomarse la molestia de dar importancia a la relación amorosa mediante gestos parecidos? Los pequeños rituales que entrañan el mensaje «tú me importas» llevados a cabo de manera regular tienen gran influencia en la solidez y la sensación de seguridad de una relación.

A veces, a las personas les cuesta mucho identificar sus ritos de separación y reencuentro. Joel se queda en blanco cuando le pido que identifique qué ceremonias comparte con su esposa, Emma. Me dice: «Demonios, sé que el perro se pone a corretear a mi alrededor y me da la bienvenida cuando llego a casa, y yo siempre me siento un momento y le doy unas palmaditas. Pero no soy consciente de hacer lo mismo con Emma. ¿Qué gestos deliberados y regulares hace ella y cuáles yo para que todo vaya viento en popa en el día a día? No estoy seguro». Mientras se rasca la cabeza, Emma suelta una risita y lo ayuda un poco: «Tonto, no sólo saludas al perro. Salvo la temporada que pasamos separados, siempre entras en la cocina y dices, en voz muy baja: "¿Cómo está mi cielo?" Después me das también unas palmadas, normalmente en la espalda. Me encanta. Cuento con ello». Joel parece aliviado y le dice: «Ah, vaya. Bueno, de ahora en adelante, quizá deberían ser unas palmadas y un beso. A ti, no al perro».

Si no das importancia a algo, tiende a desaparecer. Las parejas con problemas a veces se quejan con amargura de la pérdida de estos pequeños rituales. Cathy le dice a Nick: «Ya no me abrazas antes de irte por la mañana. En realidad, ni siquiera me dices adiós. Parecemos compañeros de piso. Vivimos en mundos totalmente separados y a ti no te afecta para nada».

Tras unas cuantas conversaciones ARC, Cathy y Nick deciden reinstaurar el ritual y adornarlo con algunas preguntas sobre qué va a hacer el otro durante el día. A veces extendemos tales rituales a la vida familiar. Recuerdo que, cuando tuvimos hijos, convertimos la cena del domingo en una celebración en familia. Cierto día, muchos años después, mi hijo se quejó: «Estoy ocupado. Además, ¿por qué tenemos que seguir haciendo estas cenas dominicales?» Mi hija pequeña le respondió con desdén: «Porque es domingo, somos una familia y eso es especial, bobo».

Siempre procuro ayudar a las parejas a instaurar sus propios rituales para celebrar el vínculo. Sobre todo damos importancia a los instantes de separación y reencuentro y a los momentos clave de pertenencia. Se trata de ocasiones conscientemente enfatizadas que fomentan la unión. A continuación, incluyo algunos de los más populares:

- Abrazarse, tocarse y besarse de manera regular y consciente al despertar, ir a la cama, salir de casa y volver.

- Escribir cartas y dejar notas para el otro, sobre todo cuando uno de los dos está fuera o cuando una pareja se reconcilia tras una discusión o después de un tiempo distanciada.

- Participar juntos en ritos de tipo espiritual u otros, como encuentros formales para comidas familiares, plantar las primeras flores de primavera en el jardín, rezar o acudir a misa juntos.

- Llamar durante el día para saludar e interesarse por la otra persona.

- Crear un espacio propio, es decir, un tiempo sólo para comunicarse y compartir asuntos personales, no para resolver problemas o comentar asuntos pragmáticos. Pete y Mara tienen un rito diario que empieza cuando uno le pregunta al otro: «¿Y cómo estás en este preciso instante?» o «¿Qué tal nos va juntos?» Al hacerlo así, evitan que la conversación vaya por otros derroteros. Sarah y Ned han instaurado una hora semanal sólo para ellos. El viernes por la noche, después de cenar, se quedan tomando café al menos treinta minutos. Lo llaman su «tiempo para estar juntos».

- Compartir por sistema un momento especial, por ejemplo, desayunar en la cama con los niños el domingo por la mañana o cambiar los horarios para desayunar juntos cada día.

- Salir de noche de forma regular, aunque sólo sea una vez al mes.

- Una vez al año, asistir a clase juntos, aprender algo nuevo o emprender un proyecto en equipo.
- Celebrar de un modo muy personal aniversarios, cumpleaños y fechas especiales. Cuando me siento tentada a quitar importancia a este tipo de ceremonias, siempre recuerdo que constituyen un símbolo palpable de que tengo presentes a mis seres queridos. El apego consiste precisamente en eso.
- Reconocer de manera consciente los esfuerzos y triunfos cotidianos del otro y valorarlos explícitamente. Como decíamos antes, comentarios del tipo «ha sido difícil para ti, pero no te has rendido», «has trabajado duro en este proyecto, nadie se habría esforzado más» o «sé cómo te esfuerzas por ser un buen compañero/a» son casi siempre más eficaces que un consejo. A menudo premiamos a nuestros hijos con ese tipo de reconocimiento, pero olvidamos hacer lo mismo con la pareja.
- Aprovechar las oportunidades para expresar en público lo mucho que valoras a tu pareja y la relación. Puede hacerse mediante una ceremonia, como renovar los votos, o con un simple gesto de agradecimiento delante de los amigos por haber preparado una cena maravillosa o haberte ayudado a alcanzar un objetivo.

Algunas personas, cuyo estilo de vida hace casi imposible la comunicación íntima, necesitan rituales formales y deliberados como los descritos para hacer un alto en el camino y no dejarse llevar por la inercia. Sean y Amy, que se estaban esforzando mucho para acercarse tras una temporada distanciados, estaban tan pendientes de su profesión, de los innumerables compromisos y de las actividades de los niños que apenas pasaban más de diez minutos diarios en la misma habitación, fines de semana incluidos.

El exceso de trabajo crónico y obsesivo y el síndrome del trabajador quemado se encuentran tan integrados en nuestra cultura que ya no les prestamos atención. Juliet Schor, profesora de sociología del Boston College, comenta en su libro *La excesiva jornada laboral en Estados Unidos* que Norteamérica (así como Canadá) se lleva la palma en cuanto a número de adictos al trabajo, y supera al resto de países tanto en días de trabajo como en cantidad de horas trabajadas al día.

Los chinos tienen tres semanas de vacaciones obligatorias. La mayoría de europeos hace seis. Sean, no obstante, era el típico estadounidense. Trabajaba todos los fines de semana, estaba accesible para cualquier crisis fiscal o financiera de su empresa y se llevaba la BlackBerry y el ordenador portátil a las vacaciones quincenales que cada año hacía con su familia. Cecile Andrews, líder del movimiento Simplicidad Voluntaria, dice en su informe que las parejas estadounidenses dedican sólo doce minutos diarios de media a charlar. Sean y Amy calculaban que, en su caso, sería más apropiado hablar de cinco o seis minutos, y que su charla solía girar en torno a horarios y tareas. Hacer el amor era impensable. Estaban siempre demasiado cansados.

Decidieron dar prioridad a su relación. En el argot financiero de Sean, se ocuparían de su «principal inversión», lo que significaba reducir las actividades de los niños, salir solos una vez al mes, encontrar tiempo los domingos por la mañana para hacer el amor y levantarse a la misma hora tres días a la semana para desayunar juntos. Amy trabaja en casa, así que Sean la llama durante el día sólo para saludar, a veces dirigiéndose a ella por nombres sensuales. Si ella está con alguien y le preguntan quién la ha llamado, les dice: «Es el reparador de relaciones». Esta pareja ha reconquistado su tiempo y ha encontrado maneras deliberadas de alimentar su relación para que crezca y se fortalezca.

La seguridad primero

Para que el amor no desfallezca es de suma importancia aislar las dificultades de apego de modo que no interfieran en la resolución de problemas prácticos. Al llevar a cabo nuestra primera investigación sobre la TCE en la década de 1980, descubrimos que las parejas que aprendían a acercarse en un marco de seguridad en seguida desarrollaban estrategias para resolver los problemas cotidianos que habían invadido la relación. De repente, podían cooperar, eran abiertos y flexibles. Comprendimos que sucedía así porque en los problemas del día a día había mucho más en juego y, al fortalecer el vínculo, dejaban de ser el escenario donde se representaban la ansiedad de separación y las necesidades no cubiertas.

Jim y Mary pueden por fin hablar de la afición al buceo de él sin instalarse en un «diálogo maldito». No obstante, hasta hace poco, la sola mención de una inmersión en mar abierto desencadenaba la rabia y la ansiedad de Mary por la «actitud prepotente de Jim» y los «riesgos absurdos» que corría. Ahora, cuando abordan las dificultades logísticas que plantea una de esas salidas de buceo, él empieza por preguntarle a Mary si necesita ayuda para sentirse segura durante la conversación. ¿Algún sentimiento del que necesite hablar?

Mary agradece la pregunta y dice que está asustada. Ya no se siente ignorada cuando Jim se va a bucear, aunque los viajes de su marido aún le provocan cierta ansiedad. Comenta que unos de los compañeros que planea acompañarle es famoso por su imprudencia. Él le asegura que seguirá las normas de seguridad como acordaron y propone cancelar el viaje si sus colegas de inmersión inspiran desconfianza en su esposa. Mary, al sentirse escuchada y legitimada, está abierta a entender lo especial que es este viaje para su marido. A continuación, en apenas diez minutos, resuelven juntos los problemas prácticos que plantea la partida de Jim.

Yo animo a las parejas a que, como parte de sus planes para el futuro, aborden un problema actual, tal vez el deseo de que él se implique más en la relación, y empiecen por mantener una conversación ARC en la que comentarán las necesidades de apego y las ansiedades de separación que suscita el tema. A continuación, pueden definir el problema en términos pragmáticos y considerar soluciones en equipo. Janet siempre se quejaba de que su marido, Morris, no la ayudara a poner límites a su hijo; él quitaba importancia a sus inquietudes y se distanciaba. Ahora, ella empieza por expresar su sensación de vulnerabilidad. «He perdido la confianza en mí misma como madre», dice. «Me cuesta mucho ponerle límites al niño. La mitad del tiempo me siento una bruja y la otra mitad una cretina. Todo esto me supera. Es el cuento de nunca acabar, poner reglas, enfrentarme a sus evasivas, hablar con el colegio, acompañarlo a todas las actividades. Me enfado, pero, sobre todo, porque necesito tu ayuda. No puedo hacerlo todo sola. Sé que te evades porque estás frustrado, pero al hacerlo me dejas sola y agobiada. Por favor, ¿podríamos encontrar la manera de colaborar en esto?»

Morris, seguro de que su mujer lo valora y cuenta con él, la escucha y reacciona a su malestar. Reconocen que ambos están abrumados por las exigencias de la paternidad y que necesitan el apoyo del otro. Achacan los problemas del chico a un grupo de amigos aficionado a las juergas nocturnas, y deciden ponerle límites entre los dos. Planean estrategias específicas para apoyarse mutuamente cuando hablen con su hijo.

Negociar la manera de poner límites es posible, pero si la rabia y la desesperación de una y las impenetrables evasivas de otro se inmiscuyen, el diálogo nunca desembocará en soluciones factibles. Por una parte, para afrontar los problemas con madurez hay que ser flexible y centrarse en lo esencial. Por otra, la estabilidad afectiva fomenta un enfoque conjunto y creativo a la hora de buscar soluciones. Innumerables estudios relacionan la seguridad emocional y el vínculo estable con la habilidad de expresar las necesidades, empatizar con el otro, tolerar la ambigüedad y pensar de manera clara y coherente. Entonces, no estará de más aclarar las cuestiones de apego que se agazapan tras los problemas pragmáticos antes de ponerse a buscar soluciones viables. A veces, basta desentrañar qué música emocional está sonando en una discusión para que el problema se haga más manejable.

Cuando Halley presiona a Don para que se comprometa a hacer el tratamiento de fertilidad, él se cierra en banda. Han enfocado el problema de mil formas: luchas de poder, un deseo desigual de tener hijos, el egoísmo de Don, la necesidad de Halley, su falta de compenetración como pareja. ¡Desde luego, estamos ante un problema descomunal! Mediante una conversación ARC, el conflicto adquiere otra perspectiva y se reduce. Don expresa que la obsesión de Halley por tener un hijo le hace sentirse innecesario. «A veces me siento como un banco de esperma», dice. «Tengo que saber que te importo por mí mismo.»

En cuanto empiezan a hablar en otros términos y Don comprende que el deseo de su esposa de tener un hijo forma parte de su amor por él, el problema queda reducido a una cuestión de calendario. Don dice que esperarán un año para consolidar la relación, que estaría dispuesto a pasar por todos los procedimientos médicos para concebir un hijo. Halley acepta.

Crear una historia de la relación basada en los reencuentros

Cuando las parejas se instalan en los «diálogos malditos», no suelen hacer un relato coherente de lo que les pasa, sólo expresan sensaciones confusas en torno a la pregunta: ¿qué nos está pasando? Cuentan historias incompletas y parciales. Afirman que todo va bien en la relación y de repente empiezan a culpabilizar al otro. Dicen necesitar cariño pero rechazan todo intento de acercamiento de su pareja. La volubilidad emocional destruye la consistencia de sus argumentos y les impide hablar con lógica. Por el contrario, cuando los miembros de la pareja sintonizan y se sienten comprendidos, disfrutan del equilibrio fisiológico y emocional necesario para ordenar la información en sus mentes y describir sus emociones y su relación de forma coherente.

A través de las historias, damos sentido a nuestras vidas y creamos modelos que nos inspiren en el futuro. Construimos relatos y los relatos nos construyen a nosotros. Cuando las personas se sienten seguras en pareja, son capaces de urdir una historia congruente de su relación, que utilizarán para salvar los desencuentros y hacer el vínculo más fuerte. El relato no sólo da sentido al pasado, proporciona una pauta para el futuro.

Vuestra historia de la relación basada en los reencuentros debería recoger cómo fuisteis presa de la inseguridad y cómo encontrasteis maneras de burlar la trampa.

Nicole y Bert tenían versiones de su relación tan diametralmente opuestas cuando acudieron a pedirme ayuda, que ninguno de los dos daba crédito alguno al relato del otro. Cada cual vivía un matrimonio distinto y ninguna de las dos historias tenía mucho sentido. Algunos meses después, unidos por un vínculo mucho más seguro, pudieron construir un relato lógico y coherente de cómo habían afrontado los problemas para salvaguardar su matrimonio. Lo llamaron «De cómo Nicole y Bert salvaron las distancias y forjaron el amor definitivo».

«Bueno, nos enamoramos a primera vista», empieza diciendo Bert, «y aunque íbamos con pies de plomo porque ninguno guardaba buen recuerdo de sus relaciones anteriores, ni siquiera con nuestros padres, nos las apañamos bien. Nos queríamos. Pero cuando llegaron las tres niñas, las cosas se enfriaron entre nosotros. El territorio de Nicole era el hogar; el mío, el trabajo y el deporte. Después, cuando ella tuvo problemas de salud y dejamos de hacer el amor, perdimos todo el contacto con el otro. Supongo que, en parte, fue mi culpa… No la apoyé lo bastante y me refugié en el trabajo y los amigos».

«No sólo fue culpa tuya», interrumpe Nicole. «Yo estaba muy agobiada y empecé a meterme contigo por todo. Entonces nos instalamos en esa dinámica de la polca: "Nicole ataca, Bert hace mutis por el foro" hasta que acabamos viendo sólo lo horrible que era el otro. Por fin, nos dimos cuenta de que la relación estaba en peligro y nos esforzamos mucho en expresar nuestro dolor y nuestras necesidades. Comprendimos que ambos nos sentíamos solos y desesperados.»

Bert retoma la historia: «Creo que lo que más nos ayudó fue comprender que no éramos tan distintos, después de todo. Sólo expresábamos el malestar de formas opuestas. Yo tenía que entender que, cuando me distanciaba, Nicole se sentía vulnerable y asustada. Cuando se atrevió a decírmelo, tuve sentimientos hacia ella que jamás había experimentado».

Nicole le sonríe a su marido y añade: «Para mí, el momento clave fue cuando dijiste que estabas harto de oírme todos los defectos que te encontraba y que pensabas que debías aceptar que yo ya no te quería. Me horroricé. Por fin, encontramos la manera de expresar nuestros puntos flacos, de acercarnos. Cuando recordamos lo sucedido la noche que nació la pequeña, me ayudaste a superar el resentimiento. Admitiste que no le plantaste cara a aquel médico como debías. Fue importante para mí. Pude volver a confiar en ti».

Bert se vuelve a mirarme y se echa a reír. «Supongo que parecemos muy autocomplacientes, pero es que me siento como si hubiera llevado a cabo una proeza. He recuperado a mi esposa. Hemos encontrado la manera de volver a estar unidos, y me gusta hablar de cómo lo logramos. Me hace sentir 'seguro».

A Bert y a Nicole no les hizo falta mucha ayuda para hilvanar el relato. A veces, sin embargo, las parejas necesitan ayuda para articular los distintos elementos de la historia. Si es vuestro caso, sugiero que trabajéis juntos a partir de las siguientes propuestas:

- Tres adjetivos o imágenes que describan vuestra relación cuando las dinámicas negativas se habían instalado en ella. Por ejemplo: *agotada, un callejón sin salida, un campo de minas.*

- Dos verbos que describan el papel de cada cual en la dinámica y cómo pudisteis cambiar la pauta. Por ejemplo: *Yo te presionaba, tú me ignorabas. Pero aprendimos a hablar de lo asustados que estábamos y a acercarnos mutuamente.*

- Un momento clave en el que visteis al otro bajo una nueva luz, sentisteis algo distinto y fuisteis capaces de acercaros. Por ejemplo: *Recuerdo que salí un sábado por la tarde y, al volver, te encontré llorando. La expresión de tu rostro me conmovió. Al comprender el alcance de tu tristeza, me acerqué y te dije que quería volver a tenerte cerca. Tuvimos que ayudarnos mutuamente a conseguirlo.*

- Tres adjetivos, emociones o imágenes que describan vuestra relación en este momento. Por ejemplo: *divertida, satisfactoria, deliciosa, una bendición, ir de la mano.*

- Algo que hagáis para mantener vivo el vínculo con el otro. Por ejemplo: *Abrazarnos antes de ir a dormir, besarnos al despertar.*

Marion y Steve, que han conseguido convertir su tormentosa relación en un refugio íntimo de seguridad y confianza, lo cuentan de la siguiente manera: «Nuestra relación era fría, tensa, solitaria», dice Marion. «Steve presionaba, llamaba a la puerta; yo me escondía. Ambos pensábamos que el otro tenía un problema. Pero el día que empezamos a hablar de divorcio, nos dimos cuenta de que a ambos nos aterraba perder al otro. Y decidimos hablar de nuestros sentimientos, correr el riesgo de confiar en el otro.»

Steve interviene: «Recordar cómo todo empezó a mejorar es muy gratificante. Para mí, el momento clave fue cuando Marion se echó a llorar y me dijo que nunca se había considerado lo bastante guapa, inteligente o sexy para mí, y que lamentaba mucho que me sintiera tan solo. Que quería abrirse y estar conmigo, pero tenía miedo. Jamás me había sentido tan cerca de ella. Nunca había comprendido cómo se sentía en realidad. Que no buscaba herirme con su actitud distante. Y tampoco me había planteado lo mucho que la afectaban mis críticas, lo insignificante que se sentía».

Pregunto: «¿Y qué me dice de usted, Marion? ¿Recuerda en qué momento sintió algo distinto y empezó a contemplar a Steve bajo una nueva perspectiva?» «Ya lo creo», contesta. «Una noche le dije que ya no podía seguir soportando su presión. De repente, se quedó muy triste. Me dijo: "Bueno, prefiero verte enfadada que indiferente. Al menos, si estás furiosa, sé que te importo". Y lo entendí. Ahora, cuando empiezo a dudar de todo, pienso en aquel momento. Qué raro, ¿verdad?»Inclina la cabeza a un lado y sonríe como si hubiera descubierto un secreto maravilloso: la clave para cambiar su universo.

Steve y Marion no tienen dificultades en dar con un símbolo que represente su relación actual. Para ambos, la imagen que mejor transmite su sensación en estos momentos es el abrazo que se dan cuando se reencuentran por la tarde. Marion dice que se siente más segura de sí misma desde que la relación ha dado un vuelco. Ahora, cuando piensa en Steve, la invade una «felicidad tranquila». Él elige sus palabras con cuidado.

«Cuando ella corre el riesgo de acercarse a mí, me derrito», dice. «Y me siento genial. Hemos alcanzado un nuevo nivel de confianza. ¿Sirven "derretirse", "genial" y "confianza"?» Le contesto que, tal como yo lo veo, la relación promete. Le sugiero que le pida su opinión a Marion, y ella responde con una gran sonrisa.

En ocasiones, les advierto, pasarán por alto las señales del otro, no responderán a sus llamadas o volverán a instalarse en pautas negativas. Ellos arguyen que han aprendido a poner límites a la espiral de sentimientos negativos que alimenta los «diálogos malditos». En esas ocasiones, Steve le dice a Marion: «Estamos sacando las cosas de quicio y nos vamos a hacer daño».

Marion me dice: «Para mí, la única manera es tomar aire y saltar al vacío. Le digo a Steve: "Esto es horrible. Tenemos que tranquilizarnos"». Coinciden también en que ahora se toman más tiempo para escuchar y consolar al otro cuando se siente herido.

Les pido que me cuenten algo de lo que hacen para fomentar las dinámicas positivas y estar unidos. Me dicen que se escriben notas cariñosas y las pegan en la almohada, en el maletín o en el cuadro de mandos del coche. ¡Genial! Yo se las dejo a mis hijos a veces. ¿Cómo es posible que nunca haya hecho lo mismo con mi marido? También me cuentan que, después de hacer el amor, procuran decirle al otro cuánto les ha complacido algo que ha hecho. Con tanta pelea, ambos habían perdido la confianza en su atractivo y en sus habilidades sexuales; al hacer eso, no sólo se ofrecen apoyo mutuo, sino que también recuperan la seguridad en sí mismos.

Crear una historia de amor futura

Les pido a mis clientes que imaginen su historia de amor en el futuro. Hablamos de sus sueños para los próximos cinco o diez años. Cuanto más nos apoya nuestra pareja, más seguros, asertivos y arriesgados nos volvemos. Tenemos más fe en nosotros mismos y los sueños se renuevan, se expanden. Para crear esta historia, las personas se representan la relación dentro de un tiempo. Después piden apoyo a su pareja para hacer sus sueños realidad.

«Personalmente, me gustaría tener mi propia empresa», le dice Steve a Marion, «aunque fuera pequeña. Pero no puedo hacerlo sin tu ayuda. Quiero que te sientas incluida, no ignorada. Tus ideas me resultan muy útiles». Cuando le toca el turno a Marion, comenta que está pensando en terminar la carrera por fin, y agradece a su marido que se haya ofrecido a cuidar de los niños durante las clases nocturnas. Menciona que, dentro de cinco años, quizás hayan tenido otro hijo. Steve mira al cielo y finge caerse de la silla ante la idea. No obstante y aunque le asusta un poco, accede a comentar la posibilidad. Ella trata de aceptar su miedo y dice estar dispuesta a escuchar sus reservas.

A continuación hablamos de cómo imaginan su relación futura. Ambos desean conservar la intimidad recién conquistada y se comprometen a seguir poniendo en práctica los sistemas que han aprendido para salvaguardarla. Marion le dice a su marido que le gustaría mejorar su vida sexual y que tal vez podrían leer juntos algunos libros. A él le parece bien. Steve quiere que pasen más tiempo juntos y con los niños, y menos tiempo con el resto de familiares. A ella le cuesta aceptarlo, pero se aviene a escuchar las razones de él y pone algunas condiciones. No quiere renunciar a las vacaciones de Navidad con su familia, y él lo respeta. Marion me mira y comenta: «No está mal, ¿eh? Hace unos meses, no nos poníamos de acuerdo ni para ir a comprar, y no digamos para hacer planes de futuro». Una conexión emocional segura lo cambia todo.

Para terminar, les pregunto qué les gustaría poder contar de la relación a sus nietos cuando envejezcan. «Me gustaría poder decirles que fui un buen marido y que me esforcé al máximo por hacer feliz a mi esposa. Que ella era la luz de mi vida. Como ahora.» Marion se queda sin palabras. Con lágrimas en los ojos, murmura: «Lo mismo digo».

Hacer que los cambios positivos perduren en el tiempo: cómo crear nuevos modelos

Cuando Marion y Steve se van, me pongo a pensar que, en los comienzos de la TCE, nunca preguntábamos a las parejas qué pensaban hacer para que los cambios experimentados en la relación perdurasen en el tiempo. Creía que si comprendían el amor, aceptaban las propias necesidades de apego y aprendían a mantener conversaciones ARC, vivirían momentos tan deliciosos que tenderían a repetirlos de manera natural. Para qué hacer planes de futuro. Pronto descubrí que estaba muy equivocada. Cuando experimentas la conexión emocional a unos niveles nunca antes conocidos, es útil meditar los nuevos sentimientos, sensaciones y reacciones para integrarlos en un relato que refleje los cambios. Narrar la historia de la relación basada en los reencuentros proporciona un modelo coherente al que recurrir cuando el vínculo evoluciona de forma natural. Las parejas dicen también que tener presentes los cambios positivos les ayuda a considerar su relación un recinto de seguridad construido entre los dos y que pueden reconstruir una y otra vez.

Además, un modelo basado en pautas constructivas sirve de guía para afrontar los pequeños desencuentros cotidianos, sobre todo cuando se manifiestan los puntos flacos; ayuda a reducir las consecuencias del dolor, a despejar las dudas y a seguir unidos. Cuando voy en avión en plena tormenta, me tranquiliza pensar que ya he pasado por eso otras veces y siempre hemos aterrizado sin problemas.

Una historia de la relación basada en los reencuentros sería algo parecido. En cierto momento, Marion comenta: «A veces, todo el cuerpo me grita que huya, que esta relación es idéntica a la que tuve con mi padre o con mi primer esposo. Pero entonces recuerdo las veces en que he corrido el riesgo de acercarme a Steve y los resultados. Eso me ayuda a reconsiderarlo, a volver a arriesgarme en vez de apartarme de él. En ocasiones, una voz me dice que ya vendrá él si quiere, que no tendría que pedírselo, pero me acuerdo de cuando dijo que, si yo no le ayudo y confío en él, no sabe qué hacer. Es como si una parte de mí gritase: «¡Cuidado, aguas infestadas de tiburones!» Pero la otra parte evoca imágenes positivas y me recuerda que sólo es un estanque, que estoy a salvo con Steve».

Los modelos constructivos no sólo cambian nuestra forma de ver al otro y de reaccionar en pareja, sino también la pauta de relación que hemos desarrollado a partir de miles de episodios con nuestros padres y antiguos amantes. Modifican nuestra idea de lo que es una relación íntima, de lo que es posible en ella. Incluso nos transforman como personas. Ayudan a vencer los prejuicios y desconfianzas nacidos en el pasado y de los que ni siquiera somos conscientes hasta que se manifiestan de repente, cuando sentimos amenazado el vínculo con la persona amada.

Steve me dice: «A veces, cuando no puedo acercarme a ella, me dejo llevar por ideas negativas y acabo pensando que todas las relaciones son una mierda. Que no puedes confiar ni depender de nadie, y que sólo un tonto lo haría. Que para sobrevivir uno tiene que pensar en sí mismo y controlar la situación. En esos momentos, me hierve la sangre y considero a Marion el enemigo. Sin embargo, desde que Marion y yo estamos más unidos, cuando aparecen esas ideas hay otra parte de mí que permanece tranquila y se aferra a la historia de nuestra relación, a nuestros reencuentros. Yo hablaría más de una película que de una historia. Me aferro a esas imágenes y noto cómo la rabia se esfuma. Me ayudan a confiar más en mi esposa y también en las otras personas».

John Bowlby creía que, a partir de miles de interacciones con nuestros seres queridos, sacamos conclusiones y construimos modelos mentales de lo que significa amar y ser amado. Dichos modelos determinan nuestras expectativas y reacciones en el presente. Si son claros, coherentes y positivos, todo va bien, pero si proporcionan pautas negativas, confusas y caóticas, la cosa cambia. Puesto que siempre tendemos a quedarnos con lo que ya conocemos, corremos el peligro de quedar atrapados en las pautas del pasado y contemplar sólo el lado negativo de la realidad, pasando por alto las infinitas posibilidades de relación constructiva que nos ofrecen las personas que amamos. Los modelos destructivos nos dicen que depender de otro es peligroso, que sólo un tonto se acercaría lo bastante como para que le hagan daño, que no valemos nada y no merecemos amor. Los modelos positivos nos dicen que se puede confiar en los demás, que somos dignos de amor y tenemos derecho a que nos cuiden. Cuando aprendemos a fomentar el contacto seguro y amoroso en pareja y a hacer de cada experiencia positiva un modelo al que recurrir en diversas situaciones, entramos en un nuevo mundo. Podremos dejar atrás las viejas heridas y los análisis negativos de la realidad, fruto de malas experiencias del pasado, para que no gobiernen nuestras respuestas a los seres amados.

Según algunas investigaciones, como la de la psicóloga Mary Main, de la Universidad de California, llevadas a cabo con adultos que demostraban confianza interna y seguridad frente a los demás, el factor clave para desarrollar esas cualidades no sería una relación feliz con los padres u otras figuras de apego, sino la capacidad de conectar con sus emociones, de describir con lucidez sus relaciones pasadas, de reflexionar sobre sus buenas y malas experiencias y de darles un sentido. Cuando animo a las parejas a que se esfuercen en integrar las pautas recién adquiridas en una descripción de lo que significa amar y ser amado, estoy buscando que transformen para bien las marcas inconscientes que, para ellos, definen la relación con otra persona. Esa nueva perspectiva les ayuda a estar presentes aquí y ahora con su pareja en vez de bregar con los ecos de relaciones pasadas.

En el argot profesional, diría: «Ya sé que tu amígdala, la parte emocional de tu cerebro, está escuchando los nuevos mensajes y reaccionando a ellos de una forma distinta a la habitual, pero, por favor, ¿podrías coger también toda la nueva información y ordenarla, tabularla y almacenarla en tu córtex prefrontal, la parte del cerebro encargada de los razonamientos lógicos, para tenerla como referencia en el futuro? Las últimas investigaciones en el campo de la neurociencia, sin embargo, nos dicen que no bastaría con esa metáfora. Dan Siegel, uno de los grandes defensores de incorporar los nuevos descubrimientos neurocientíficos a la teoría de las relaciones, afirma en su libro *Ser padres conscientes* que los modelos mentales se instalan en el cerebro a partir de rutas neurológicas. Las neuronas se envían mensajes entre sí, y cuando esos mensajes se repiten una y otra vez, como nos explica el psicólogo canadiense Donald Hebb, las neuronas acaban por reconocer la ruta y se conectan. Es así como las nuevas experiencias, cuando se reflexiona sobre ellas y son asimiladas, van transformando el cerebro.

En consecuencia, conforme avanzan las sesiones, Marion y Steve están confeccionando rutas cerebrales a partir de las nuevas pautas de relación, rutas que refuerzan una forma positiva de considerarse y comprometerse. Igualmente, yo creo que todas las descripciones incluidas en esta conversación contribuirán a crear una red neuronal de fe y esperanza que ayudará a las parejas a conservar el sentimiento de unión en el futuro.

En último término, toda los trabajos de revisión, de planear rituales y crear historias basadas en el reencuentro constituyen, simplemente, formas de animar a las personas a que no dejen de prestar atención a su relación de pareja, porque dicha atención es el oxígeno que mantiene vivo el vínculo. El psicólogo Robert Karen, en su libro *Becoming Attached*, nos recuerda que para disfrutar de un amor eterno, de esos que nos hacen crecer emocional e intelectualmente, no hace falta ser rico, inteligente o divertido. Basta con «estar ahí», en todos los sentidos. Si lo hacemos, el amor no sólo perdurará en el tiempo, sino que nunca dejará de florecer.

PUESTA EN PRÁCTICA

- ¿Existe algún tipo de peligro potencial en tu relación actual, reminiscencias de puntos flacos o preocupaciones que empiezan a manifestarse? ¿Puedes situar la última vez que fuiste consciente de ellos? El cuerpo te envía el mensaje de que algo no anda bien y te invade una emoción súbita. ¿Puedes nombrar la emoción? ¿Cómo te puede ayudar tu pareja a superar las inquietudes? ¿Qué te tranquilizaría, te devolvería la seguridad y pondría fin al círculo vicioso? ¿Lo puedes comentar con tu pareja?

- ¿Podrías identificar pequeños momentos positivos de tu relación, por insignificantes que parezcan? Sólo con que te lleguen al corazón y te hagan sonreír, ya cuentan. ¿Le has hablado a tu pareja de esos momentos? Coméntaselos.

- ¿Puedes distinguir en qué momentos clave tu relación pasó a otro nivel o tu pareja corrió el riesgo de ser más franca y sensible? ¿Cómo sucedió? ¿Qué hicisteis tú o tu pareja para que fuera posible? A veces recordamos el primer beso, la reconciliación tras una gran pelea o cierto día que la persona amada se acercó a nosotros y nos proporcionó justo lo que necesitábamos.

- ¿Tenéis rituales, de separación o de reencuentro, que os hagan sentir unidos? Intenta hacer una lista de todos ellos con tu pareja. ¿Podríais crear un nuevo ritual diario que os recuerde vuestro vínculo y os ayude a estar más abiertos, a reaccionar emocionalmente y a reforzar el compromiso?

- Piensa en una discusión sobre aspectos prácticos que siempre os acabe haciendo sentir frustrados. Intenta describir las necesidades de apego y las angustias de separación que, a un nivel más profundo, la discusión desencadena en ti. ¿Cómo se las podrías expresar a tu pareja? ¿Qué podría hacer ella para ayudarte a superarlas? Si te ayudase, ¿cómo crees que afectaría su actitud a la discusión?

- Intenta esbozar, junto con tu pareja, el inicio de una historia de la relación basada en el reencuentro. Incluid cómo en cierta ocasión os instalasteis en un «diálogo maldito» y conseguisteis abandonarlo creando un diálogo ARC y renovando el sentimiento de conexión. ¿Qué aprendisteis de aquella experiencia? Si os ha costado mucho escribir la historia, comentadlo y utilizad los elementos mencionados anteriormente en esta conversación —por ejemplo, citando tres adjetivos que describan vuestra relación— para que os sea más fácil. Hablar de los ejemplos propuestos en esta conversación también os ayudará.

- Imaginad juntos una «historia de amor futura», una descripción de la relación que querríais tener dentro de cinco o diez años. Piensa algo que tú, como individuo, podrías hacer para que el sueño sea más asequible y coméntalo con tu pareja. ¿Cómo te puede ayudar él o ella a hacer tus sueños realidad?

- ¿Se te ocurre qué detalle podrías tener a diario con tu pareja para hacerle sentir que estás ahí, a su lado? Pregúntale a tu pareja cómo influiría tu gesto en la relación.

Acabas de emprender un viaje por la nueva ciencia del amor. Esta ciencia nos dice que la conexión amorosa es aún más importante de lo que puedan llegar a decir las canciones más cursis. No obstante, el amor no es una fuerza mística y misteriosa que nos arrebata la voluntad, como tanto tiempo hemos creído, sino nuestro mismísimo programa de supervivencia, dotado de una lógica perfecta que por fin podemos entender. Precisamente por eso, una relación realmente satisfactoria y capaz de renovarse a sí misma no es un sueño en absoluto, sino un objetivo al alcance de todos nosotros. Pensar así cambia mucho las cosas.

TERCERA PARTE

El poder de
«abrázame fuerte»

La superación de los traumas: el poder del amor

«Hablar con mi esposa es mi único alivio de todo lo que pasa aquí… Como salir a respirar después de llevar mucho rato sumergido.»

Joel Buchanan, soldado americano en Irak,
Washington Post Magazine, 12 de febrero de 2006

Siempre que un grupo de amigos comparte historias, surgen relatos de monstruos, dragones y fantasmas. Tienen muchos nombres distintos, como la bruja del norte, el dragón de cuatro cabezas o el ángel de la muerte. Esas bestias no son sino el reflejo de una sensación muy humana: que la vida es peligrosa e impredecible. Cuando aparecen, siempre contamos con un último recurso: el apoyo de los demás. Aunque todo parezca perdido, la conexión afectiva renueva las fuerzas y alivia. En su canción «Goodnight Saigon», Billy Joel da voz a un soldado de Vietnam. El estribillo repite: «Y todos caeremos juntos», y la canción termina como una reafirmación más que como un réquiem. Los soldados, unidos por vínculos de camaradería y amor, afrontan demonios que, de haber estado a solas, los hubieran atemorizado.

Mi infancia, pagana en el *pub* pero católica en la escuela, fue bastante segura. Aun así, soñaba con el purgatorio y con diablos de ojos rojos, muy parecidos a la hermana Teresa, la directora del colegio, que me mandaba llamar a menudo para pedirme cuentas por robarle la regla a Tiffany Amos y atizarle con ella cuando nadie miraba. Rezaba a todos los santos, mi equipo personal de salvadores. Vestían de azul y blanco, y todos y cada uno se parecían a mi abuela inglesa. ¡Mi legión de abuelas nunca dejó de acudir en mi rescate!

Todos sabemos cuánto necesitamos a los demás para afrontar los retos del destino, cuando la vida se vuelve peligrosa e impredecible. Finalizada la batalla, magullados o heridos, cuando la máscara de autosuficiencia que nos gusta llevar ha caído, la necesidad de aquellos que nos importan pasa a un primer plano. La calidad de nuestras relaciones próximas es primordial tanto para afrontar un trauma como para superarlo. Y como todo es un pez que se muerde la cola, el trauma afecta a su vez a las relaciones con las personas que amamos.

La palabra *trauma* procede de un término latino que significa «herir». Las viejas teorías psicológicas afirmaban que sólo algunas personas sufrían verdaderos traumas a lo largo de su vida. Ahora, sin embargo, empezamos a comprender que el estrés traumático es casi tan común como la depresión. Más de un 12 por ciento de las mujeres estadounidenses encuestadas para una investigación reciente afirmaron haber sufrido estrés postraumático significativo a lo largo de su vida.

El trauma es cualquier desgracia que modifica nuestra percepción del mundo y nos deja impotentes y abrumados en términos emocionales. En la Conversación 5, «Perdonar las ofensas», ya hemos hablado de los traumas que se pueden infligir en una relación, aunque sea inconscientemente. Ahora vamos a hablar de daños aún más graves causados por personas y sucesos externos a la relación. A lo largo de los años, mis colegas y yo hemos tratado a víctimas de abusos infantiles, de secuestros y de asaltos, a padres que han sufrido la pérdida de un hijo, a hombres y mujeres enfrentados a enfermedades terribles o a tremendos accidentes. También hemos visto a policías horrorizados por la muerte de un compañero, bomberos devastados por no haber podido salvar a todas las víctimas, soldados obsesionados por los ecos de la batalla.

Cuando la pareja reacciona con amor ante las situaciones difíciles, se cuenta con una base segura ante el caos. Pero si uno está solo en el terreno emocional, puede caer en picado. Tener a alguien capaz de proporcionar apoyo y consuelo hace el trauma más llevadero. Chris Fraley y otros colegas de la Universidad de Illinois lo demostraron en un estudio realizado con los supervivientes del 11 de septiembre que se encontraban en el World Trade Center o en sus inmediaciones. Dieciocho meses después, se comprobó que a las personas consideradas más independientes les venían imágenes recurrentes del suceso con más frecuencia y sufrían trastornos más graves, como hiperirritabilidad y depresión, que aquellas que disfrutaban de un vínculo seguro. Y no sólo eso. Según sus familiares y amigos, los supervivientes que aceptaban sus necesidades de apego parecían aún más adaptados después del ataque que con anterioridad al suceso. Por lo visto, habían sido capaces de sobreponerse e incluso de crecer a partir de la catástrofe.

Si tenemos dificultades para vincularnos a los demás, las secuelas del trauma son mayores y nuestro principal recurso, la relación amorosa, empieza a hundirse por su propio peso. En cambio, si contamos con el apoyo de la persona amada, tenemos más probabilidades de encontrar la fuerza y la capacidad de recuperación necesarias para vencer al monstruo. Además, afrontar juntos las dificultades fortalece el vínculo de pareja.

En busca de los sentimientos

Por mucho que sepamos, aunque sólo sea de manera instintiva, que el amor constituye el mejor remedio para vencer las secuelas de un trauma, no siempre es fácil abrirse al otro y aceptar sus cuidados.

A menudo, para sobrevivir a un peligro debemos dejar los sentimientos a un lado y limitarnos a actuar. Las personas cuyo trabajo diario entraña riesgo lo saben bien. Un bombero de Nueva York me dijo una vez: «Cuando vamos a apagar un fuego, sobre todo un gran incendio, voy acelerado. Mientras estamos salvando a la gente lo hacemos todo a gritos. Lo tenemos muy claro. Ante un fuego, te limitas a actuar. No hay sitio para el miedo o las dudas, y si los tienes los dejas a un lado».

El problema surge después. A veces nos cuesta reconocer que estamos heridos por dentro. Pensamos que el desasosiego nos hace inferiores, menos importantes como seres humanos. Muchos enterramos miedos y dudas en lo más profundo, como si fueran signos de debilidad y creemos que, si los aceptamos, minarán nuestras fuerzas. Algunos piensan que encerrarse en sí mismos, meter al monstruo en una jaula, es la única manera de seguir viviendo. Los soldados cuentan que, entre los supervivientes, existe un código de silencio: enterrar las experiencias vividas no sólo para protegerse a sí mismos, sino también a sus seres queridos. Se les recomienda hacerlo así. Un capellán de la armada me dijo: «A los soldados les recomendamos que no relaten las malas experiencias a sus esposas, pues sólo conseguirán entristecerlas y asustarlas. A las esposas, a su vez, les decimos que no pregunten sobre la batalla a sus maridos, porque sólo serviría para recordarles el horror de aquellos momentos».

Sin embargo, los monstruos no se quedan en la jaula para siempre. Antes o después, acaban saliendo. Semejantes acontecimientos alteran para siempre nuestra percepción del mundo y de nosotros mismos. Los traumas acaban de golpe con cualquier idea de que el mundo es un lugar bueno y predecible. Cuando pasamos por una experiencia terrible, nuestra forma de tratar a las personas que amamos, las señales que les enviemos, serán distintas. El fuego del dragón nos cambia para siempre.

Un pacifista canadiense que ha presenciado una masacre de mujeres y niños en África descubre, al volver a casa, que no puede abrazar a su mujer y a sus hijos. En los rostros de los niños cree reconocer los de aquellos que han muerto. Está demasiado perturbado, se siente demasiado culpable como para hablarle de ello a su esposa. Se encierra, por dentro y por fuera. Su mujer expresa su frustración diciendo que, en realidad, «nunca ha vuelto a casa». No está presente en el plano emocional, no puede «encontrarlo».

A un soldado que acaba de volver de Irak convaleciente de una grave intervención, lo invade una rabia inexplicable cada vez que su mujer sale a comprar. Le dice que no volverá a confiar en ella, que la relación se ha acabado. Ella, al principio, está aturdida; después desesperada. La niebla se disipa cuando él le habla del horror vivido en el campo de batalla, un dolor que ha reproducido en casa. Tendido en una camilla, cubierto de sangre, casi toda ajena, le dieron el último adiós y lo dejaron solo. De repente, ella comprende hasta qué punto lo «hiere» ver marcharse a su esposa. Entiende también por qué se niega a tomar la medicación cuando él confiesa por fin que considera el dolor un castigo por los «errores» que cometió durante la misión.

Tenemos que hacer lo posible por ablandar nuestros sentimientos más cristalizados y compartirlos, aunque para ello las personas que amamos tengan que ver, por un momento, el rostro del dragón. Sólo así podrán apreciar el alcance de nuestro dolor, abrazarnos fuerte y ayudarnos a sanar. El pacifista canadiense y el soldado herido en Irak hicieron lo que tú has aprendido a hacer en este libro. Gracias al apoyo de sus parejas, se concedieron la oportunidad de compartir su mundo emocional. No describieron al detalle el infierno por el que habían pasado, pero aprendieron a expresar el núcleo de su dolor y a abrirse paso hacia sus seres queridos.

Las esposas pudieron ver hasta qué punto las experiencias de sus maridos los habían cambiado, cuál era la naturaleza de sus sufrimientos y cómo ofrecerles conexión emocional y consuelo. Fueron capaces de expresar lo difícil que había sido para ellas la época del llamamiento a filas y lo desesperadas que se habían sentido al encontrarlos tan distantes y furiosos a la vuelta. Cuando trabajamos con este tipo de parejas, los consideramos guerreros a ambos; el uno luchando en un campo extranjero, la otra en el frente del hogar.

Tanto si la persona traumatizada llega a expresar de manera explícita lo sucedido como si no, un trauma siempre es cosa de dos. La pareja no sólo padece tristeza y estrés; también se enfrenta a un duelo por la relación perdida. Marcie, casada con un bombero, me dice: «Después de que cuatro de sus compañeros murieran en un incendio, empecé a tener pesadillas. Siempre empezaban con una llamada de teléfono, o con un policía llamando a la puerta. Yo sabía que Hal había muerto. Me despertaba sudando y me abrazaba a su espalda en la cama. Lloraba en silencio para no despertarle. Sabía que estaba sufriendo mucho por la muerte de sus compañeros. Nos ayudó mucho poder hablar de ello. Me dijo que lo estaba pasando mal, pero que seguía amando su profesión. Entonces reuní el valor para decirle lo duro que resulta a veces estar casada con un bombero».

Carol, que sufrió un accidente automovilístico múltiple hace dos años, cuyas secuelas fueron discapacidad y dolores crónicos, pierde los nervios cuando su pareja, Laura, llora en silencio sin expresar lo que siente. La acusa de ser fría. Por fin, en voz muy baja, Laura admite: «Esta bien, me siento superada. No sé cómo arreglármelas para organizarlo todo, las visitas al médico, citas con abogados, diagnósticos diferentes y, por si fuera poco, cuidar de los niños yo sola. Estoy tan estresada que a veces me sorprendo a mí misma maldiciéndote por haberte hecho daño. ¿Cómo voy a decirte que yo también lo paso mal, si tú sufres tanto? Y que cuando te enfadas, prefiero marcharme para no explotar y herirte aún más. Quizá necesito que reconozcas que esto no sólo te ha pasado a ti. El accidente cambió mi vida para siempre, igual que la tuya. Yo también merezco compasión».

Recurrir al ser amado

¿Cómo nos ayuda la sensación de seguridad en pareja para superar un trauma?

Dan y Mavis han acudido a verme por prescripción facultativa. A los médicos les inquietaba que sus frecuentes discusiones dificultaran la recuperación de Dan de una apoplejía sufrida hace dos años. La enfermedad le ha dejado secuelas graves. Fue incapaz de hablar hasta un año después del ataque, y aunque ahora puede expresarse, pero muy despacio, aun camina con dificultad. A media sesión me doy cuenta de que esta pareja no necesita mi ayuda en absoluto. ¡Se tienen el uno al otro! Son cariñosos y sensibles; Mavis resplandece de orgullo al contarme que Dan ha puesto en marcha un nuevo negocio, dedicado a la fabricación de muebles de lujo. Les pregunto cómo superaron la apoplejía de Dan. «Ah, nos abrazamos y nos pasamos dos meses llorando», dice Mavis. «Todo el mundo quería que hiciéramos planes concretos, pero necesitábamos pasar el duelo juntos. La pérdida era demasiado grande.»

Mavis y Dan se ayudan mutuamente al ofrecer al otro un recinto íntimo de seguridad donde llorar. Al principio, ambos estaban desconsolados, pero juntos han sido capaces de aceptar la pérdida. Dan relata cómo lo tranquiliza Mavis diciéndole que seguirá a su lado. Cree en su fuerza y en su capacidad para encontrar una salida al problema. «Usted es un refugio y un consuelo para Dan, una fuente de confianza y esperanza, y eso le ha ayudado a salir adelante», observo.

Mavis, arrepentida, reconoce que no siempre ha sido amable y cariñosa. A veces, como Dan, se ha sentido frustrada e irritada. «Una vez perdí los nervios y le solté que tendría que esforzarse más en volver a caminar porque yo no me podía hacer cargo de todo. Se pasó un día entero sin mirarme y sin hablarme.» Dan sonríe y añade: «Por la noche, le dije que yo era un, un completo inútil, y que ella era tan encantadora que no le costaría nada encontrar otro marido. Pero me contestó que no podía separarse de mí, por muy inútil que fuera».

Cuando Dan no tiene fuerzas para seguir adelante, Mavis lo hace por él. «Me dijo: "Cántame una estrofa de nuestra canción. Hazlo por mí". Así empecé a hablar otra vez.» Mavis ve lo mejor de su marido y le asegura que sigue siendo muy importante para ella, impedido y todo. Constantemente le hace llegar el mensaje de que puede mejorar e iniciar una nueva vida. Evita que Dan caiga en la desesperanza y la depresión. Le proporciona un motivo para seguir luchando.

Advierto que, aunque Dan habla despacio y arrastra algunas palabras, el relato que me cuentan lo han construido entre los dos. Sabemos que parte del proceso de curación radica en ser capaz de aceptar el cataclismo y convertirlo en una historia coherente, un relato que dé sentido al caos y ayude a recuperar la sensación de control. Cuando uno de los dos se centra en los aspectos negativos de la situación, el otro interviene para consolarlo e invitarlo a mirar todo el cuadro.

Mavis confiesa: «A los pocos meses, cuando todos los recursos médicos parecían agotados, la presión pudo conmigo.

Me obsesioné con la idea de que volvería a pasar. Siempre estaba pendiente de las píldoras de Dan y de evitar cualquier factor de riesgo. Por fin nos sentamos a hablarlo y, después de repasar juntos todo lo que los médicos habían dicho, llegamos a la conclusión de que, probablemente, la presión arterial alta y sus antecedentes habían sido la causa del ataque. Le viene de familia. Entonces nos acordamos de un familiar suyo que había vivido hasta los ochenta y siete años, el tío Austin, y analizamos qué tipo de vida había llevado para inspirarnos. Hicimos cuatro cambios en nuestra rutina y decidimos que habíamos tomado suficientes medidas para prevenir una recaída. Redactamos una lista de todos los pasos que habíamos dado para afrontar el problema, y sus resultados. Después de eso, disminuyó la ansiedad». Mavis y Dan hicieron muchas cosas, pero una les ayudó por encima de todo: enfrentarse juntos al monstruo.

Una relación segura nos ayuda a afrontar el trauma y a superarlo porque…

- Hace más llevadero el dolor y proporciona consuelo. La unión física y sentimental actúa como calmante en el sistema nervioso y contribuye al equilibrio fisiológico y emocional. Para alguien traumatizado, el consuelo de un ser querido es tan necesario y eficaz como cualquier medicamento. A veces nos da miedo actuar con compasión. Tememos que, de darse cuenta, la otra persona se sentirá aún más indefensa. Si pensamos así es porque aún no hemos entendido el poder del amor.

- Nos ayuda a conservar la esperanza. Los vínculos afectivos proporcionan un motivo para seguir luchando.

Dan me dice en voz baja: «Si Mavis me hubiera dejado, me habría rendido». Fue ella quien le regaló el equipo de carpintería ¡sólo un año después del ataque! Gracias a eso, él pudo emprender una nueva profesión y ella se sintió de lo más orgullosa.

- Nos proporciona la seguridad de que la «nueva» persona en que nos hemos convertido sigue siendo valiosa y digna de amor. Necesitamos oír que sufrir una mala experiencia y estar desconsolado no son síntomas de fracaso.

- Nos ayuda a dar un sentido a lo sucedido. Al compartir las desgracias podemos buscarles significado, extraer orden del caos y recuperar la sensación de control.

El vínculo emocional es crucial en el proceso de curación. En realidad, la gran mayoría de expertos coincide en afirmar que el mejor factor de predicción de las posibles secuelas de cualquier tipo de trauma no es la gravedad de lo sucedido, sino la capacidad de buscar y hallar consuelo en los demás.

No obstante, pocas personas se enfrentan al dragón con tanta elegancia como Dan y Mavis. Como hemos visto en capítulos anteriores, no siempre reparamos en las demandas de apego. No advertimos que el otro necesita consuelo y conexión emocional; pasamos directamente a la acción. Ocupados en resolver problemas prácticos y logísticos, dejamos al ser amado a solas con su sufrimiento. O no atinamos a pedir apoyo. La necesidad del otro, el ansia de pertenencia, la sensación de aislamiento cuando no contamos con un recinto de seguridad, la pérdida del equilibrio emocional… el desconcierto emotivo en el que nos sumen las grandes desgracias exacerba todas esas sensaciones. Privados de amor y de conexión, el caos emocional se agudiza.

Las secuelas del trauma

A veces, cuando las secuelas del trauma están demasiado presentes, tanto nuestras emociones como las señales que enviamos a los demás se vuelven confusas. Al mismo tiempo, dichos ecos también pueden asustar y confundir a nuestra pareja. Imágenes recurrentes, sensibilidad excesiva y reacciones exageradas, rabia e irritabilidad, desesperanza y aislamiento grave son síntomas de trauma. Las personas que arrastran sus secuelas a menudo se resisten a revelar a su pareja lo que están pasando. Tienen la sensación de que deberían resolverlo por su cuenta, o de que el otro no lo entendería. La pareja, que se toma esas reacciones como algo personal, se angustia y se pone a la defensiva.

Zena y Will discuten sobre qué fue, exactamente, lo que arruinó su encuentro sexual la noche anterior. Will está ofendido por el «rechazo» de Zena y ella guarda silencio con lágrimas en los ojos. Por fin, Zena le dice a su marido que, tendida en la cama, oyendo los pasos de él en la escalera, se sintió transportada al garaje donde la habían violado. Creyó oír las fuertes pisadas que se acercaban por la espalda y el miedo la embargó. Lo último que le apetecía era hacer el amor. Mientras se lo cuenta, el rostro de Will pasa de una expresión de resentimiento a otra de compasión y cariño. La confesión de Zena es crucial. Impide que él se tome el rechazo como una afrenta personal y se enfade, reacción que habría confirmado la impresión de su esposa de que hay que estar siempre en guardia. Zena le explica que a veces, incluso estando a salvo en casa, el cuerpo le reacciona como ante un peligro. Ahora Will se siente capaz de consolar a Zena, que llora por la sensación de pérdida de seguridad.

Es normal que nuestro sistema nervioso retenga las impresiones un tiempo después de haberse encontrado cara a cara con el dragón. Alerta, el cerebro busca signos de peligro, y dispara todas las alarmas ante el menor indicio de amenaza. No sólo nos asaltan imágenes recurrentes, sino que entramos en un estado de «hipervigilancia». No podemos dormir, nos volvemos impredecibles, nos irritamos con facilidad. Por desgracia, tanto malestar acaba por contagiarse a la pareja, que también se pone nerviosa, tensa. El estrés traumático afecta a toda la relación.

Ted, que ha cumplido tres misiones en Irak, pierde los nervios cuando le cortan el paso en coche y lo desvían hacia la cuneta. Al parecer, en Irak, los márgenes de las calles son terreno peligroso. Ted persigue al culpable durante varios kilómetros a toda velocidad, e incluso le golpea el parachoques trasero. Maldice a su esposa, Doreen, cuando ella le pide que reduzca la velocidad y se tranquilice. Mucho después podrá considerar lo sucedido y disculparse, y juntos comentarán distintas formas de afrontar ese tipo de situaciones. La línea entre el desasosiego y la pérdida de control es muy delgada y no cuesta mucho cruzarla, ni siquiera en los buenos tiempos. Después de un trauma, esta línea se vuelve aún más fina. A Ted le cuesta aceptar el comentario de Doren de que su fuerte temperamento la asusta. Lo hablan y eligen algunas frases con las que Doren pueda avisar a Ted de que «¡en guardia!»

ahora significa recuperar el control y tranquilizarse. Así se sienten más unidos.

Quedarse aislado

Afrontar un trauma a solas —cerrar el paso a cualquier emoción para tener el torbellino emocional bajo control— es desastroso para las víctimas y sus relaciones. Aboca a la pareja de la persona traumatizada a una espiral de pánico e inseguridad que debilita el vínculo. También impide a la víctima experimentar cualquier emoción positiva que pudiera contribuir a su curación, incluida la dicha de sentirse unida a la persona amada. Poner barricadas a las emociones exige un gran esfuerzo, y a menudo las víctimas recurren a las drogas o al alcohol para acallar el tumulto, lo que no hace sino reducir aún más cualquier posibilidad de conexión emocional.

Joel, un oficial de policía con muchos años de servicio a sus espaldas que perdió a su compañero en un brutal tiroteo, lleva tres meses de baja por enfermedad. Se dio cuenta de lo insensible que se había vuelto cuando otro colega lo visitó con motivo del sexto cumpleaños de su hija. Éste le comentó lo afortunado que era por tener una familia que lo quisiera tanto, y que con semejante apoyo le costaría menos superar la muerte de su amigo. Joe le dijo que tenía razón pero no sintió absolutamente nada. Aquella misma noche, le abrió el corazón a su esposa. Le dijo que tenía la sensación de que la muerte de su compañero había sido su culpa. Estaba avergonzado y tenía miedo de sus sentimientos. El amor y la comprensión de su mujer proporcionaron a Joe el más poderoso antídoto contra aquellas ideas negativas.

Joe y Megan consiguieron recuperarse con bastante rapidez, pero ¿qué pasa cuando la persona traumatizada no sale de su bloqueo emocional? Las secuelas del trauma no se disipan. Las reminiscencias continuas van erosionando gradualmente la unión y el vínculo con los seres queridos. No obstante, a las personas traumatizadas les cuesta reconocer que evitando las emociones sólo consiguen lanzarse cuesta abajo por la pendiente de los «diálogos malditos». «Joe», advertí un día al policía, «se está metiendo en una trampa. Cuanto más pierde el control, más se bloquea. La curación se complica. La vida se convierte en un intento de anestesiarse para evitar al dragón. Y cuando no siente nada, su mujer queda excluida. No puede apoyarle. En realidad, está sola. Su relación hace aguas, usted lo advierte y se angustia aún más. Es un pez que se muerde la cola».

La desesperanza suele empujar a las personas traumatizadas a hacer cosas que alejan a sus parejas cuando más las necesitan. Jane y Ed miran por la ventana de mi oficina. Es su cuarta sesión. En la charla telefónica inicial, Jane me dijo que se sentía sola en su matrimonio. Están aquí porque en una de sus últimas peleas, Jane, por lo general el miembro más comprometido de la pareja, dio otra vuelta de tuerca al «diálogo maldito» diciendo que sólo el suicidio pondría fin a su dolor. Un ultimátum desesperado que, por desgracia, la ha distanciado aún más de su marido. Él no suele implicarse en la relación, pero esta vez, intimidado, se ha encerrado en sí mismo.

Jane reconoce que siempre se está quejando y coincide conmigo en que lo hace para protestar por su distanciamiento. Él objeta que vuelve tan tarde a casa para defenderse del «acoso» de su mujer. Esta joven pareja era feliz hasta hace dos años, cuando Jane abrió la puerta a un joven que resultó ser un ladrón despiadado. La apuñaló con tanta brutalidad que estuvo a punto de desangrarse. Ha pasado varios meses en el hospital y ahora padece dolores crónicos. Ed piensa que su esposa ya debería haberlo superado, pero las pesadillas de ella van de mal en peor, tanto que amenaza con quitarse la vida.

Comentamos la dinámica negativa y les digo que las amenazas de Jane, en realidad, son súplicas a su marido para que la ayude a salir del pozo. Las secuelas del trauma asoman a sus peleas, pero Ed no lo admite. Me dice: «Bueno, es cierto que todo ha cambiado desde la agresión, pero no entiendo qué tiene eso que ver con nuestras discusiones constantes. Como hace un momento. Se ha puesto como loca sólo porque he dejado el móvil desconectado un par de horas mientras jugaba al golf. Y ahora amenaza con hacerse daño. No puedo más».

Exhala un gran suspiro y Jane se pone a llorar.

Jane no le ha contado a Ed los detalles del episodio, ni le ha dicho que aún la asaltan imágenes del incidente. Tiene la sensación de que él la culpa por haber dejado entrar a un desconocido. De repente, recuerdo un detalle de su relato inicial, algo sobre un teléfono. «Esperen un momento», digo. «Jane, ¿no me contó que el día de la agresión, cuando estaba tendida en el suelo y empezó a perder la conciencia, vio un teléfono en la alfombra, junto a la mesita de café, pero que el cuerpo no le respondía y no pudo cogerlo?» Ella asiente, y continúo: «Y creo recordar que, aunque estaba casi inconsciente y pensó que iba a morir, siguió intentando coger el teléfono para llamar a Ed. Se dijo que si conseguía llamarlo, él iría a salvarla, ¿no es así?» Jane solloza y murmura: «Pero no pude hablar con él». «Sí, pero el teléfono era su única esperanza. Era su línea de comunicación con la vida. Así que antes, al llamar a Ed y descubrir que tenía el teléfono desconectado, le ha entrado el pánico. Después de todo este tiempo, aún no ha conseguido contactar con él, ¿verdad?» Jane llora a lágrima viva y Ed, que de repente ha comprendido, le acaricia el pelo.

Cada vez que algo le recuerda el día de la agresión, la joven siente la necesidad desesperada de hablar con su marido. Si no lo consigue, su cuerpo reacciona, literalmente, como si estuviera otra vez tendida en el suelo, con la vida pendiente de un hilo. Le dice: «Cuando me he dado cuenta de que tenías el teléfono apagado y estaba sola, me ha entrado el pánico. El corazón me latía muy rápido y no podía respirar». Al declarar que se iba a suicidar, estaba intentando que su pareja comprendiera su desesperanza, hasta qué punto su vida dependía de una llamada. La amenaza, sin embargo, había paralizado aún más a Ed.

En cuanto Ed y Jane son capaces de participar en conversaciones ARC, crean una base segura para afrontar el trauma. Él comprende que quitando importancia al dolor y al miedo de su esposa no la ayuda. Si se siente agobiado, es preferible que lo diga a que se aleje. Conforme la relación mejora, Ed parece menos deprimido y los terrores de Jane disminuyen de forma espectacular. Aún más importante, él ha aprendido que posee algo que nadie más puede ofrecer a su esposa: el consuelo de saber que su dolor es legítimo, la seguridad de que no está sola ante el terror y el apoyo necesario para llevar su vida adelante.

Aunque las víctimas de un trauma necesitan con urgencia el apoyo de sus seres queridos, tienden a rechazar esa ayuda. Cuando sucede, la relación puede tardar décadas en volver a la normalidad, o no recuperarse jamás. En cambio, si la pareja se une para afrontar las secuelas conseguirá, como mínimo, apaciguar al dragón.

Ha pasado mucho tiempo desde la guerra de Vietnam, al menos para aquellas personas que no lucharon ni tuvieron que aguardar el regreso de un ser querido. Para Doug, sucedió ayer mismo. Sigue siendo aquel teniente bravucón de veintitrés años que guió a los Rangers al horror y consiguió traer a todos de vuelta sanos y salvos. Bueno, a casi todos. Doug es un alcohólico en rehabilitación que vive de una pensión de invalidez. Hoy por hoy va por el cuarto matrimonio, que hace aguas; está seguro de que su mujer, Pauline, va a dejarlo. Quizá tenga razón. Pasan casi todo el tiempo instalados en uno de los «diálogos malditos»: la polca de la protesta. Ella lo presiona y él se encierra en sí mismo. Pauline, algo más joven que Doug y casada por primera vez, dice enfadada que «simplemente se están alejando». Le reprocha a Doug: «Te quiero, pero no puedo con tu mal genio. O estás cabreado o no estás. Desapareces emocionalmente. Si intento decirte cuánto te necesito, te pones como loco. No me dejas muchas opciones». Él echa un vistazo a su alrededor y con una sonrisa irónica dice: «¿Lo ve? Sabía que iba a dejarme. Y estaré preparado. Hay que estar listo para afrontar lo peor». Tal vez sea un buen lema para un soldado, pero no para un marido.

Pauline y Doug describen su «polca de la protesta» con más detalle. Los pasos se suceden con rapidez y son mucho más extremos de lo que suelo ver en las sesiones. Las personas traumatizadas viven con más violencia las dinámicas destructivas. Empiezo a entender de dónde nace la «polca» cuando Doug cuenta lo que aprendió en Vietnam. «Es muy fácil», dice. «Nunca demuestres miedo y nunca te equivoques. Si te equivocas, alguien muere. Y será culpa tuya. Estas dos reglas me salvaron la vida. Las llevo grabadas a fuego en el alma.» En la vida cotidiana, estas dos reglas se traducen en gritos e hipersensibilidad a cualquier insinuación de que no es perfecto.

Durante la conversación sobre los puntos flacos, se producirá un momento clave. Doug reconoce esconderse «en un túnel oscuro, a salvo» pero hace algo más: le confiesa a su esposa que teme, por encima de todo, que ella llegue a saber quién es él en realidad. Pauline, a su vez, le dice: «Yo grito y te presiono porque no puedo llegar a ti. Es horrible. Te quiero, con cicatrices y todo». «No me querrías si supieras lo que hice allí», responde él. «Traje a mis chicos de vuelta, pero nadie debería pasar por lo que nosotros pasamos.» Confiesa no haber hablado nunca a nadie de las órdenes que dio durante un terrible tiroteo. El recuerdo lo obsesiona y el sentimiento de culpa lo abruma. «Si lo supieras, te irías. No se puede amar a alguien que hizo eso», dice.

Después de algunas sesiones más, durante la conversación «abrázame fuerte», Doug consigue por fin desvelar a grandes rasgos su «culpa secreta». No le cuenta a Pauline todos los detalles, sólo lo justo para poner a prueba su peor miedo: que nadie pueda amarlo. Ella reacciona con amor y compasión. «Eres un hombre estupendo y cariñoso, hiciste lo que pudiste, lo que había que hacer. Has pagado por ello cada día de tu vida desde entonces. Ahora mismo, te quiero aún más por haberte atrevido a abrirme tu corazón», le dice.

Doug ha tenido que saltarse su propia regla de ser invencible, de no demostrar nunca debilidad. Explica que, en combate, el miedo te paraliza; sólo una actuación impecable garantiza la seguridad. Le dice a su esposa: «Si eres perfecto, si nunca cometes errores, sólo entonces sobrevivirás. Sólo entonces volverás a casa». Ella se echa a llorar y le dice: «Pero nunca eres lo bastante perfecto, así que nunca vuelves a casa. Ni siquiera si estoy yo aquí, con los brazos abiertos, esperándote». Ahora es él quien se echa a llorar.

La auténtica transformación en la relación de Doug y Pauline empieza a producirse cuando ella le dice con dulzura: «Necesito que me dejes entrar, acercarme a ti. Te quiero y te necesito». Doug, de momento, no lo ve como una invitación, sino como una acusación. Se mira la punta de los pies y dice: «Bueno, pues me pides demasiado». Pauline hace un gesto de desesperación, pero en ese momento Doug se calla y la mira. «¿Qué has dicho?», pregunta. «Te he oído decir que no cumplo, que he metido la pata contigo. Si fueras feliz, no tendrías que decirme esas cosas. Pero, has dicho algo más…» Durante los minutos siguientes, Doug entiende, por primera vez, que la voz que oye es la de su propio miedo diciendo: «Es imposible que te quiera. Meterás la pata, se irá». Esa voz ahoga el cariño de las palabras de Pauline y las transforma en críticas. Ella lo rodea con los brazos y él le dice: «Yo también te necesito. Necesito tu apoyo. Quiero estar aquí para ti». Después de cuarenta años, Doug por fin ha vuelto a casa.

El mayor obstáculo

El miedo y la ira crónicos constituyen secuelas problemáticas de muchos traumas. No obstante, la que más afecta a las relaciones suele ser el sentimiento de culpa que arrastran las víctimas. Las personas traumatizadas se sienten marcadas, contaminadas o simplemente «mal». Se culpan de sus desgracias, se sienten indignos de cuidado y atención. ¿Cómo van a pedir una cosa que no merecen? Al inicio de las sesiones, una clienta, Jane, me dice: «Para ser sincera, tanto hablar de la relación me parece una pérdida de tiempo. ¿Quién iba a querer estar conmigo? Desde el asalto, soy un asco». En momentos así, los seres queridos deben quitar hierro al sentimiento tóxico y tranquilizarnos. «Tú eres mi tesoro. Casi te pierdo. Me duele que digas eso. Te hirieron. No tienes por qué avergonzarte. Y ahora sé cómo cuidar de ti así que no tengas miedo.»

Necesitamos que el otro nos ofrezca un recinto íntimo seguro y a la vez legitime nuestro dolor, que nos ayude a superar el sentimiento de culpa e insista en que, si el dolor nos abruma, no es por debilidad. Las relaciones seguras actúan como escudos protectores cuando nos enfrentamos a monstruos y dragones; también contribuyen a la recuperación cuando todo ha pasado.

Al final de la terapia, Doug decide buscar a todos los tipos que estuvieron con él en Vietnam, aun temiendo que lo recuerden como «un tirano de cabeza dura». Dice: «Al final, el verdadero problema es que has visto el lado oscuro, lo que todos tememos, y tu mundo es distinto al del resto. Estás fuera. Solo. Algunas personas te echan un cable de vez en cuando». Se vuelve hacia Pauline: «Pero tú, mi amor, has venido a buscarme. Me has aceptado con todos mis monstruos. Contigo, vuelvo a pertenecer al mundo».

Del dolor se puede extraer fuerza y una mayor sensación de pertenencia… si aprendemos a usar el poder del amor. «Algún día, cuando dominemos el viento, las olas, las mareas y la gravedad, aprenderemos a aprovechar la energía del amor y, por segunda vez en la historia de la humanidad, el hombre descubrirá el fuego», escribió el francés Pierre Teilhard de Chardin, poeta y místico. Ese «fuego» no será el que quema y aterroriza, sino el que nos da luz y calor. Un amor capaz de cambiar no sólo las relaciones de pareja, sino el mundo al completo.

La conexión definitiva:
el amor como frontera final

> «¿Y la vida te dio lo que le pedías?
> Sí.
> ¿Y qué le pedías?
> Llamarme a mí mismo bienamado,
> sentirme amado en la Tierra.»
> *Raymond Carver*

Aprender a sostener los vínculos afectivos es una tarea urgente. La pertenencia amorosa proporciona una red de intimidad fiable que nos ayuda a afrontar la vida y a vivirla bien. Es lo que da sentido a la existencia. En el lecho de muerte, la mayoría valoraremos por encima de todo la calidad del vínculo con las personas que amamos.

Por intuición, hemos comprendido que quienes captan los principios del apego tienen una vida mejor. Aun así, nuestra cultura nos anima a competir más que a acercarnos. Aunque millones de años de evolución nos han programado para buscar incansablemente conexión y sensación de pertenencia, nos empeñamos en creer que la salud mental radica en no necesitar a los demás. En una época como la nuestra, en la que el ansia incansable de riqueza personal y de conseguir el máximo a un coste mínimo amenazan el sentido de comunidad, esta idea es peligrosa.

Estamos construyendo una cultura de la separación que actúa contra nuestra mismísima biología. Sabemos, como sostienen Thomas Lewis y los coautores del libro *Una teoría general del amor*, que si «alimentamos y vestimos a un recién nacido pero lo privamos de contacto emocional, morirá». Sin embargo, nos han enseñado a creer que de adultos somos distintos. ¿Cómo hemos llegado a eso?

En su libro *Odysseus in America*, que aborda los traumas de guerra, el psiquiatra Jonathan Shay nos recuerda que hay dos universales humanos: uno, que nacemos indefensos y dependientes; el otro, que somos mortales y lo sabemos. La única manera sana de afrontar esta vulnerabilidad es acercarnos a otro. Después, seguros y fortalecidos, podemos salir al mundo.

Según la teoría del apego, la necesidad de conexión emocional con los demás es absoluta. Estudios sobre psicología del desarrollo realizados con madres e hijos, trabajos sobre vinculación adulta e investigaciones de neurociencia moderna confirman que sólo cuando disfrutamos de relaciones muy próximas podemos considerarnos de verdad independientes. No somos planetas separados que giran unos alrededor de otros.

Tal dependencia sana constituye la esencia del amor romántico. Los cuerpos de los amantes forman un «dúo neuronal». Uno envía señales que alteran los niveles hormonales, la función cardiovascular, los ritmos corporales e incluso el sistema inmunológico del otro. Cuando hay contacto amoroso, la oxitocina, hormona del amor, inunda el organismo y proporciona la tranquilidad de que todo va bien en el mundo. Nuestros cuerpos están diseñados para este tipo de vínculo.

Incluso la identidad forma una especie de dúo con la de aquellos que están más cerca. Las relaciones amorosas expanden la idea del propio yo y la confianza en uno mismo. Tú no estarías leyendo este libro si yo no hubiera encontrado la manera de conectar con la fe de mi marido en que podía escribirlo, y si mi capacidad de creer en sus palabras de aliento no me hubiera empujado a escribir. Las personas a las que amamos nos llegan realmente al corazón y a la mente y, al hacerlo, nos transforman.

La calidad del amor que recibimos inscribe también las tendencias futuras. Jeff Simpson, de la Universidad de Minnesota, afirma que basta con evaluar la seguridad del vínculo de un niño de dos años con su madre a partir de la «situación extraña» para predecir la competencia social de ese niño en primaria y lo unido que estará a sus amigos en la adolescencia. Una relación segura con la madre y la intensidad de las primeras amistades predicen asimismo la calidad de las relaciones amorosas de un individuo a los veinticinco años. Somos la historia de nuestras relaciones.

¿Cómo funciona el amor?

Para conseguir una conexión emocional duradera, tenemos que ser capaces de sintonizar con nuestros anhelos y necesidades más profundos, y convertirlos en señales claras que ayuden al otro a reaccionar. Debemos aprender a recibir amor y a corresponderlo. Por encima de todo, tenemos que aceptar que el apego está programado en nuestro código genético, en vez de hacer lo posible por ignorarlo. En la mayoría de relaciones, la necesidad de apego y la ansiedad de separación son prioridades que, en la sombra, gobiernan nuestros actos. Es hora de reconocer esas prioridades y adoptar un papel activo en la creación de un vínculo que con tanta urgencia necesitamos.

Para forjar el amor, debemos abrir el corazón y tener capacidad de reacción, tanto emocional como física. Los estudios que han llevado a cabo Bill Mason y Sally Mendoza, de la Universidad de California, con monos tití nos ayudan a entender mejor las implicaciones del amor. Las hembras cuidan de sus crías, pero no les ofrecen contacto emocional. No las tocan ni las acicalan. El cuidador es el macho, que asume un 80 por ciento de las funciones de cría. Éste, recinto de seguridad y de conexión, lleva a su cría consigo. A los pequeños titís no parece importarles que la madre desaparezca de la familia por un tiempo, pero cuando los aíslan del padre, sus niveles de cortisol, la hormona del estrés, se disparan.

En mi consulta, las parejas emocionalmente distanciadas me suelen decir: «Hago de todo para demostrarle que me importa. Corto el césped, traigo a casa un buen sueldo, resuelvo problemas y no me voy de juerga. ¿Por qué, al final, todo eso no cuenta y a mí mujer sólo le preocupa si hablamos o no de nuestras emociones o si soy cariñoso?» Yo les digo: «Porque así estamos hechos. Necesitamos que alguien nos preste verdadera atención, que nos abrace fuerte, que se acerque mucho a nosotros de vez en cuando y tenga gestos que nos conmuevan. Necesitamos sentirnos unidos al otro y usted también lo necesita. ¿Lo ha olvidado?» La sensación de conexión destila dulzura, el abrazo es inmensamente tranquilizador y satisfactorio tanto para el que lo da como para el que lo recibe. A la mayoría nos encanta coger a un bebé en brazos. Te sientes de maravilla, igual que cuando abrazas a la persona amada.

No obstante, ¿acaso la historia termina en el vínculo y el apego? El amor adulto implica también sexualidad y cuidados. El apego es la base, el andamio sobre el cual se erigen los otros elementos. Las interconexiones resultan evidentes. La sexualidad alcanza su máximo apogeo cuando existe un vínculo seguro, y el riesgo, tan importante para el erotismo, no surge de una novedad constante y superficial, sino de la capacidad de abrir el corazón a la persona amada en cada momento.

También los cuidados y el apoyo práctico se manifiestan de forma natural cuando nos sentimos unidos. «Cuando amas», escribió Ernest Hemingway, «deseas hacer cosas por el otro. Deseas sacrificarte por el otro. Deseas servir». Las investigaciones nos dicen que las parejas estables reaccionan mejor a las necesidades mutuas de cuidado.

Rose y Bill, una pareja de universitarios, se peleaban por todo, pero sobre todo por el vínculo afectivo y el apoyo práctico. Incluso al final de la terapia, después de haber hecho progresos considerables, se ponen a discutir porque él no lleva anotado el número del pediatra en su móvil, aunque ella se lo ha pedido. Si el niño se pone enfermo, ella no podrá usar el teléfono de su marido para llamar al médico. Por fin encuentran la manera de dejar atrás la discusión. «Cuando no encuentro el número, me asusto», le dice Rose a Bill. «Necesito que me escuches cuando te pido cosas así.» En esta ocasión, Bill le ofrece apoyo. «Te escucho», le dice. «Es como si me dijeras, "¿eres mi respaldo?" Necesitas apoyarte en mí para esas cosas. Y eres una madre estupenda. He grabado el número en mi móvil y he ordenado la agenda del tuyo para que no vuelva a pasar. ¿Necesitas alguna otra cosa?» En una sesión posterior, Rose le dice a Bill que ya no le molesta cuidar a los niños por las tardes cuando él tiene que estudiar. Ahora que se siente más unida a él, disfruta llevándole café y preguntándole qué tal le van las clases. Cuando forjamos un vínculo estable con el otro, nuestra atención se libera, tanto que podemos prestar una ayuda más eficaz a la persona amada.

En una relación romántica, el apego, la sexualidad y el apoyo forman un todo. Los miembros de la pareja crean un bucle positivo de unión, capacidad de reacción emocional, cuidado y deseo. En su primera sesión conmigo, Charlie declara con ademán solemne que ha contratado a un abogado especializado en divorcios. Ahora, pocos meses después, nos dice a su mujer, Sharon, y a mí: «Estamos mucho más unidos. No creo que nunca lo hayamos estado tanto. Ya no me pongo tan celoso, tan tenso. Confío en ella. Si necesito ayuda cuando me asaltan las dudas, se lo digo, y ella también puede recurrir a mí. Funcionamos mejor en la cama. El sexo es mucho más fácil. Creo que ambos nos sentimos deseados y nos atrevemos a pedir lo que queremos. Cuando me siento tan cerca de ella, me gusta cuidarla. Me gusta aliviarle el dolor de espalda. Fui a comprarle un almohadón de calor, y ella me está ayudando a dejar de fumar. Ha nacido una relación totalmente nueva».

No obstante, conseguir que el amor funcione implica también aceptar que se debe trabajar sobre la marcha. Justo cuando todo va bien ¡uno de los dos cambia! La novelista Ursula Le Guin nos recuerda que el amor «no permanece inmóvil como una piedra. Se debe preparar como el pan, volver a amasarlo, dejarlo reposar de nuevo». La intención de la TCE es, precisamente, mostrar cómo funciona el proceso.

Tras veinte años de investigación, hemos ayudado a muchos tipos distintos de pareja a «preparar» su amor, recién casados y matrimonios de toda la vida, gays y heterosexuales, personas felices e individuos angustiados, gente tradicional y gente poco convencional, académicos y trabajadores, reticentes y entusiastas. Hemos descubierto que la TCE no sólo contribuye a regenerar una relación; también crea relaciones que nos sanan. Las parejas deprimidas y angustiadas pueden obtener enormes beneficios al experimentar el apoyo afectivo de una relación segura.

Si tuviera que resumir lo que he aprendido de todas esas parejas, diría lo siguiente:

- Sentimos la necesidad imperiosa de que los demás respondan a nuestra llamada.
- El hambre emocional es una realidad… Sentirse abandonado o desatendido en el terreno sentimental desencadena dolor físico, emocional y pánico.
- Hay pocas formas de afrontar el dolor cuando la necesidad de pertenencia no está satisfecha.
- El verdadero amor nos premia con equilibrio emocional, tranquilidad y alegría. El enamoramiento sentimental es la recompensa de los bobos.
- No existe la ejecución perfecta en el terreno del sexo y el amor. Obsesionarse con la perfección conduce a un

callejón sin salida. Lo que importa es la presencia emocional.

- En las relaciones no hay una relación de causa y efecto ni líneas rectas, sólo los círculos que trazan los miembros de la pareja. Nos arrastramos mutuamente a bucles y espirales de encuentro y desencuentro.

- Si escuchamos y nos guiamos por las emociones, sabremos exactamente lo que necesitamos.

- De vez en cuando, a todos se nos dispara el resorte del pánico. Perdemos el equilibrio y adoptamos posturas de control ansioso, bloqueo o evitación. El secreto radica en no instalarse en esas dinámicas, porque a tu pareja le costará demasiado comunicarse en esas circunstancias.

- Aunque los momentos clave de vinculación afectiva, cuando una persona abre su corazón a otra y ésta responde, requieren valor, son mágicos y transforman la relación.

- Perdonar las ofensas es esencial, pero sólo sucederá cuando ambos se hagan cargo de su dolor y sean conscientes de que su pareja lo comprende y lo comparte.

- Una pasión duradera es del todo posible en el amor. El ardor pasajero del enamoramiento sólo constituye el preludio; cuando estamos en sintonía, suena la sinfonía del vínculo amoroso.

- La negligencia mata el amor. La conexión requiere atención. Conocer tus necesidades afectivas y responder a las de tu pareja os mantendrá unidos «hasta que la muerte os separe».

- Todos los clichés acerca del amor —las personas que se saben amadas son más libres, más vitales y más fuertes— contienen más verdad de la que jamás hubiéramos imaginado.

Aun siendo consciente de todo lo expuesto hasta aquí, me veo obligada a repasar la lección cada vez que sufro un desencuentro con un ser amado. Durante una milésima de segundo, me sigo enfrentando al dilema de siempre: echarle la culpa, tratar de controlarlo, rechazarlo, vengarme, encerrarme en mí misma, excluirlo o, por el contrario, respirar hondo y sintonizar con mis emociones y las de mi ser querido, arriesgarme, abrirle el corazón, confiar en él, abrazarlo.

Un círculo más amplio

Cuando a la pareja le une un vínculo fuerte y seguro, no sólo aumenta su sentimiento de unión. El círculo de sensibilidad afectiva se expande como las ondas que provoca una piedra arrojada a un lago. Compartir una relación amorosa aumenta el cariño y la compasión por el prójimo. Cuando no tenemos que preocuparnos por la seguridad de nuestra relación, poseemos, de manera natural, más energía para ocuparnos de los demás. Contemplamos al otro desde una perspectiva más positiva y estamos dispuestos a implicarnos en el terreno emocional. Sentirse amado y seguro hace a las personas más amables y tolerantes.

Los psicólogos Phil Shaver y Mario Mikulincer demuestran en sus investigaciones que el mero hecho de rememorar instantes en que uno se sintió cuidado reduce al momento la hostilidad hacia los extraños, aunque sea por poco tiempo.

Esta idea coincide con el método de meditación budista que busca aumentar la compasión pensando en alguien que nos ama. La periodista científica Sharon Begley, en su libro sobre budismo y neurociencia, recuerda que, como cuenta el Dalai Lama, los tibetanos en peligro gritan «madre» para sentirse reconfortados. ¡Una exclamación que resulta, como mínimo, tan útil como soltar un taco!

Amor en la pareja, amor en la familia

Sabemos, desde hace décadas, que la felicidad de una familia pasa por la felicidad de los padres. Cuando estamos estresados y discutimos con el cónyuge, la tensión salpica a los niños. Está claro, más allá de toda duda, que el conflicto entre progenitores es perjudicial para los hijos. Para empezar, la disciplina se resiente; el nerviosismo nos lleva a mostrarnos más severos e inconsecuentes. Pero otros aspectos salen perjudicados también. Si somos infelices en la relación de pareja, a menudo perdemos el equilibrio emocional, nos cuesta más actuar de corazón y sintonizar con los más pequeños. Al no estar accesibles para ellos, los niños no encuentran en nosotros el sustento afectivo y la guía que necesitan. Alice me dice: «Me estoy convirtiendo en una persona irritable y severa. Los problemas con Frank me agotan tanto que no tengo energía para los niños. El otro día, cuando el pequeño se echó a llorar porque le daba miedo ir al colegio, le grité. Me sentí fatal. Me he convertido en una bruja, y Frank está cada vez más distante. Tenemos que resolver esto, por el bien de toda la familia».

Las discusiones matrimoniales frecuentes suelen provocar problemas emocionales y de comportamiento en los niños, incluida la depresión. El conflicto, sin embargo, no es el único factor que afecta a los niños. La distancia emocional entre progenitores a menudo les lleva también a alejarse de sus hijos. La psicóloga Melissa Sturge-Apple, de la Universidad de Rochester, confirma que esa tendencia se cumple sobre todo entre los hombres. En sus investigaciones ha descubierto que cuando los maridos se distancian de sus esposas, se vuelven inaccesibles para sus hijos.

Si pensamos en términos positivos, cuando estamos bien vinculados a nuestra pareja nos cuesta menos ser buenos padres y proporcionar un recinto íntimo de seguridad y confianza a nuestros hijos. Los niños aprenden formas positivas de afrontar sus emociones y comunicarse con los demás. Hay innumerables pruebas científicas de que los niños vinculados con éxito son más competentes en el terreno social y más capaces de superar el estrés. La idea de que uno de los mejores regalos que les puedes hacer a tus hijos es forjar una relación estable y amorosa con tu pareja no es un tópico en absoluto, sino un hecho científico.

Los terapeutas llevan años diciéndonos que, si no hemos disfrutado de amor y seguridad en la infancia y queremos ser buenos padres, debemos buscar ayuda y superar los problemas de la niñez. No obstante, la experiencia me dice que, aun si arrastramos grandes dificultades emocionales del pasado y no tenemos intención de visitar a ningún psicoterapeuta, llegaremos a ser buenos padres si trabajamos por mejorar nuestro matrimonio. La psicóloga Deborah Cohn, de la Universidad de Virginia, está de acuerdo. Descubrió que las madres con asiedad y dificultades para acercarse a los demás, actuaban de forma positiva y cariñosa con sus hijos si se casaban con un hombre sensible, capaz de proporcionarles un vínculo seguro. Cuando nos amamos bien, nos ayudamos mutuamente a ser buenos padres.

Además, si la conexión emocional está presente en tus relaciones, transmitirás esa cualidad no sólo a tus hijos, sino también a sus futuras parejas. El psicólogo Rand Conger y sus colegas de la Universidad del Estado de Iowa estudiaron a 193 familias con hijos adolescentes durante un período de cuatro años, y descubrieron que el grado de afecto y apoyo entre sus padres y la calidad de la función paterna podía predecir cómo se relacionarían en el terreno sentimental al cabo de cinco años. Los hijos de los padres más atentos y cariñosos eran a su vez más atentos y cariñosos con sus parejas y gozaban de relaciones más felices. Cuando amamos bien a la persona que está a nuestro lado, ofrecemos un buen modelo que imitar.

La salud de los lazos afectivos no sólo es una opción personal, sino también un bien social. Mejorar las relaciones redunda en beneficio de la familia, y las buenas familias contribuyen a crear comunidades mejores y más comprometidas.

Sociedad

El amor familiar constituye la base de la sociedad humana. Como escribió el poeta Roberto Sosa: «Benditos sean los que aman, porque suyo es el grano de arena que sostiene el centro de los mares». El círculo cada vez más extenso de compromiso y capacidad de reacción emocional del que hablábamos en el apartado anterior no termina en nuestros más allegados, ni siquiera en las familias que llegarán a formar. Se sigue expandiendo, contribuye a crear comunidades más implicadas y, en último término, un mundo mejor, más comprometido.

Comprender cómo funciona el amor y por qué lo necesitamos tanto es primordial para construir una sociedad que dé respuesta a nuestro anhelo de conexión y refleje lo mejor de nuestra naturaleza. El ser humano ansía el contacto con los demás, está programado para ello. Tendemos a vincularnos íntimamente con aquellos que más nos importan, pero después, una vez aprendida la lección, podemos acercarnos a los demás: amigos, compañeros, tribu. Cuando estamos en paz, ofrecemos apoyo y cariño a otras personas porque comprendemos que son idénticos a nosotros, humanos y vulnerables. En realidad, disfrutamos del sentimiento de comunidad que nos invade al salir de nuestro pequeño mundo y entrar a formar parte de un todo.

Crecí en una pequeña ciudad inglesa, nada opulenta, poco después de la Segunda Guerra Mundial, un lugar donde casi se podía palpar con certeza que todos debíamos arrimar el hombro para sobrevivir. El pueblo entero acudía al *pub*: el sacerdote, el comodoro, el vendedor de periódicos, el juez, el médico, el oficinista, el ama de casa y la prostituta. Los más ancianos pasaban la tarde en un rincón jugando a cartas y discutiendo de política. A los vagabundos que iban de pueblo en pueblo se les ofrecía refugio, una cerveza y un enorme plato de huevos con tocino que les preparaba mi madre antes de que reanudaran su camino. Los soldados que abrumados por los recuerdos de la guerra se derrumbaban, pasaban a una salita interior donde se les consolaba. Los afligidos contaban siempre con un abrazo, un whisky y tal vez una canción alegre y desafinada al piano, cortesía de mi abuela. Como es lógico, también había discusiones y disensión, prejuicios y crueldad, pero, en último término, reinaba la sensación de que estábamos todos en el mismo barco. Sabíamos que nos necesitábamos. Además, casi siempre, al menos un par de nosotros lograba demostrar compasión.

Sentirse unido a alguien, sentir que estás *con* alguien va ligado al sentimiento *por* esa persona. La empatía y la compasión por los demás se pueden aprender en la Biblia, el Corán o en las enseñanzas de Buda, pero pienso que, primero, debemos haberlas sentido en el tierno abrazo de un progenitor o de un ser amado. Después tal vez podamos transmitirlas de forma deliberada, en círculos cada vez más grandes, al resto del mundo.

En realidad, tanto poetas como profetas llevan siglos diciendo que todo iría mejor si nos amáramos los unos a los otros. No sólo eso, sino que estamos obligados a ello. El mensaje, sin embargo, transmitido en forma de reglas morales e ideas abstractas, no parece tener mucho efecto. Para comprender su alcance, tenemos que estar comprometidos en el plano emocional, sentir una conexión personal con otro ser humano. Sólo entonces podremos sintonizar con el dolor y la tristeza ajenos como si fueran propios.

Como otras muchas personas, suelo hacer donativos para ayudar a las víctimas de terremotos u otras catástrofes. No obstante, cuesta mucho vincularse al sufrimiento de una multitud sin rostro. A mí me es más fácil y mucho más satis-factorio dar algo de dinero al mes a las familias de dos niñas indias que están inscritas junto con sus padres de acogida en la ONG Plan Canadá. Las he visto en foto. Conozco sus nombres y el de sus pueblos. Sé que una de las familias ha comprado una cabra y que la otra dispone de agua corriente por primera vez. Sueño con ir a visitarlas y me siento unida a esas madres de aspecto estoico que posan junto a las niñas en las fotos que me llegan por correo cada pocos meses. La tecnología ayuda a crear vínculos haciendo posible que al-guien como yo, desde la otra parte del mundo, contribuya a su cuidado.

Hace tres años, en un pintoresco pueblo situado a las afueras de Ottawa, a orillas de un hermoso río, surgió una organización llamada las Abuelitas de Wakefield. La puso en marcha una sola persona, Rose Letwaba, una enfermera su-dafricana que daba una charla en la iglesia los domingos por la mañana. Un día contó que, en un suburbio de Johannes-burgo, las abuelas criaban a sus nietos, huérfanos a causa del SIDA, en una pobreza tan acuciante que guardaban bajo lla-ve los cepillos de dientes, de lo valiosos que eran. Un grupo de abuelas de Wakefield se reunió y decidieron que cada una contactara con una abuelita sudafricana para ayudar econó-micamente a la familia. En estos momentos existen 150 gru-pos «de abuela a abuela» en Canadá y Estados Unidos.

El libro *Tres tazas de té*, del alpinista y enferemero Greg Mortenson, es la historia real de alguien que asumió el com-promiso de pasar de la compasión a la acción. En 1993, tras una escalada fallida al K2, Mortenson se perdió en las mon-tañas de Pakistán. Exhausto y desorientado, fue a parar al pequeño poblado de Korphe, donde los aldeanos no sólo le salvaron la vida, sino que acabaron trabando una amistad muy especial con él. Haji Ali, el jefe de la aldea, le explicó que, en Korphe, «la primera vez que tomas el té con alguien eres un extraño. La segunda vez, un invitado. Y la tercera eres de la familia».

Así, Mortenson encontró allí una familia. Su compromiso se hizo más fuerte por el recuerdo de su hermana pequeña, Christa, que había muerto tras una larga contienda contra la epilepsia y cuyo rostro creía ver en las caras de los niños de Korphe. Igual que Christa, luchaban por su supervivencia. Cuando quiso visitar la escuela, lo llevaron a un descampado donde ochenta y dos niños, arrodillados en la tierra helada, escribían las tablas de multiplicar rascando el suelo con palos. La escuela ni tenía edificio, ni tampoco maestro la mayor parte del tiempo, porque el poblado no se podía permitir pagarle el sueldo de un dólar al día.

«Se me rompió el corazón», dice Mortenson. Se volvió a mirar a Haji Ali y le dijo: «Haré construir una escuela, lo prometo». A lo largo de los siguientes doce años, Mortenson y su Instituto de Asia Central erigieron más de cincuenta y cinco colegios en las montañas de Pakistán y Afganistán, muchos para niñas. El autor dice que por el coste de un solo misil se podrían construir cientos de escuelas. La suya es una guerra distinta, una lucha contra la eterna separación entre «nosotros y ellos» que contribuye al extremismo. La reacción de Mortenson constituye un claro ejemplo del poder de la compasión y la vinculación afectiva.

Este tipo de historias me hacen albergar la esperanza de que, si aprendemos más sobre el amor y lo alimentamos en pareja y en familia, reuniremos el coraje y la empatía suficientes para empezar a cambiar el mundo. La escritora Judith Campbell sugiere: «Cuando el corazón te hable, toma buena nota». Todas estas historias fueron posibles gracias a personas capaces de abrir el corazón y reaccionar al sufrimiento de los demás. Demuestran el poder de la capacidad de reacción emocional y el compromiso personal para transformar el mundo a mejor.

El concepto del amor ofrecido en este libro coincide con la idea del escritor y monje trapense Thomas Merton, quien creía que la compasión, en último término, debía estar basada en «una aguda conciencia de la interdependencia entre todos los seres vivos, que forman parte unos de otros y están plenamente involucrados». Me temo, pues, que si nuestra especie quiere sobrevivir en este frágil planeta azul, tendremos que superar la ilusión de la separación y aceptar que, en el fondo, dependemos absolutamente los unos de los otros. Nuestras relaciones más íntimas constituyen el mejor ejemplo.

Cuesta mucho encontrar un final para un libro como éste. A lo largo de estas páginas, he descrito la nueva ciencia del amor y cómo ésta nos puede ayudar a crear un vínculo seguro y duradero. No obstante, el misterio nunca se desvelará del todo. Cuanto más descubrimos, más conscientes somos de cuánto nos queda por aprender. Como dijo el poeta estadounidense E.E. Cummings: «Siempre una bella respuesta más que plantear otra hermosa pregunta».

Agradecimientos

En primer lugar, me gustaría expresar mi agradecimiento a todas las parejas con las que he tenido el honor de trabajar a lo largo de los últimos veinticinco años. Me habéis fascinado, cautivado y educado. En el drama de separación y reencuentro que constituye una sesión de terapia en pareja, he explorado con vosotros la realidad de lo que significa amar, tener roto el corazón y encontrar un camino hacia un contacto profundo y enriquecedor.

En segundo lugar, quisiera dar las gracias a mis queridos compañeros del Instituto de Ottawa de Pareja y Familia y al Centro Internacional para la Excelencia en TCE, sobre todo a la doctora Alison Lee y a Gail Palmer. Sin ellas, ni el Instituto ni el Centro existirían; con ellas, he podido crear una familia profesional.

También me gustaría agradecer a mis maravillosos alumnos de la Facultad de Psicología de la Universidad de Ottawa su pasión y compromiso a la hora de lanzarse a los Estudios de Resultados y Proceso de Cambio en la Terapia de Pareja. Hemos analizado miles de sesiones juntos.

Gracias a mis compañeros de la Escuela de Psicología de la Universidad de Ottawa que han colaborado conmigo y me han apoyado, sobre todo a la doctora Valerie Whiffen. También a los colegas que enseñan TCE conmigo y han escogido este enfoque para ayudar a parejas de todo el mundo, incluidos el doctor Scott Woolley de la Universidad Alliant de San Diego, el doctor Jim Furrow, el doctor Brent Bradley, el doctor Martin North, Doug Tilley, la doctora Verónica Kallos, Yolanda von Hockauf, la doctora Leanne Campbell, la doctora Judy Makinen y Ting Liu, que tradujo el libro fundamental sobre TCE al chino. Un reconocimiento especial al doctor Les Greenberg, que formuló la primera versión de la TCE conmigo en la Universidad de British Columbia.

Un agradecimiento muy especial para mis colegas de psicología social, sobre todo al doctor Phil Shaver, al doctor Mario Mikulincer y a todos los pioneros que han aplicado la teoría del apego a las relaciones adultas y han tolerado la presencia de una alocada psicóloga entre ellos. Durante los últimos quince años, han realizado infinidad de estudios de investigación e interesantes reflexiones; ideas que he incorporado a las terapias de pareja y he utilizado para ayudar a mejorar sus vidas. Doy las gracias también a mi querido colega John Gottman por todos los debates que hemos mantenido y por prestarme aliento y reafirmarme a lo largo de los años.

Quisiera dar las gracias también a Tracy Behar, mi editora de Little Brown, por su incansable entusiasmo e inquebrantable confianza en este proyecto y en mí; a mi agente, Miriam Altshuler, por su absoluta profesionalidad y experta orientación; y a la editora *freelance* Anastasia Toufexis, por trabajar con borradores provisionales y evitar que el corrector tuviera que hacer lo mismo.

Debo dar las gracias a mis tres hijos, Tim, Emma y Sarah, por soportar mi obsesión con este libro y a todos los amigos de Ottawa que han creído en mí. Aunque he tenido la increíble suerte de encontrar mi vocación, como investigadora, profesora, escritora y terapeuta, mi verdadero aprendizaje del amor y las relaciones ha tenido lugar, por supuesto, en mi propia familia. Por encima de todo, doy las gracias a mi increíble compañero, John Palmer Douglas, mi refugio íntimo, mi base de seguridad, mi inspiración.

Glosario

2 D: Término utilizado para referirse a dos aspectos delicados de toda relación o puntos flacos: la sensación de haber sido *desposeído* del vínculo o haber carecido de sustento emocional y la sensación de haber sido *desdeñado* o rechazado como persona digna de amor. Ambos provocan sentimientos de soledad y vulnerabilidad en la edad adulta.

ARC: Acrónimo de una conversación que enfoca de manera positiva la cuestión «¿Puedo contar contigo?» La teoría y las investigaciones sobre el apego nos dicen que la Accesibilidad emocional (¿Puedo acercarme a ti? ¿Me prestarás atención?), la Reactividad afectiva (¿Puedo confiar en que te importan mis sentimientos y responderás a ellos?) y el Compromiso (¿Me valorarás, seré tu prioridad, seguirás a mi lado?) caracterizan las interacciones entre dos personas unidas por un vínculo seguro.

Alarma de apego: Cualquier señal, ya sea una sensación interna, una persona amada o una situación que pone en alerta nuestro sistema de apego y desencadena emociones relacionadas con éste o nos hace reparar en que necesitamos a los demás. La sensación súbita de que la pareja no se preocupa por uno, un comentario desdeñoso o una situación amenazante lleva a una persona a plantearse si la persona amada es accesible y sensible a sus necesidades.

Amígdala: Zona en forma de almendra situada en el cerebro medio que se asocia a las reacciones emocionales inmediatas, sobre todo al procesamiento del miedo. Al parecer, tiene un papel crucial en las reacciones del tipo «pelea-o-huye». Cuando tras un sobresalto logras evitar que un coche te atropelle, la amígdala te ha salvado la vida.

Codependiente: Término aplicado a la persona que contribuye, a menudo inconscientemente, a la conducta disfuncional de un ser amado. Por ejemplo, la pareja de un alcohólico sería codependiente cuando le dice que deje de beber pero no afronta el problema en toda su magnitud. La dependencia de esa persona en la relación hace que no sea capaz de enfrentarse al alcohólico.

Consuelo por contacto: Expresión acuñada por el investigador Harry Harlow para describir la reacción de las crías de chimpancé al contacto físico con una madre «blanda», hecha de tela. El consuelo por contacto es esencial, según Harlow, para ayudar a los niños a tranquilizarse en momentos de estrés. En sus estudios, los monos buscaban el consuelo por contacto por delante del alimento. Concluyó que, entre los primates, este tipo de consuelo constituye una necesidad primaria.

Conversación: En este libro, se refiere al intento deliberado de establecer una comunicación con la pareja que contribuya a que la relación evolucione. Las siete conversaciones transformadoras no sólo te dicen de qué hablar, también te enseñan a interactuar.

Cortisol: Hormona fundamental en los procesos de estrés, liberada por las glándulas de adrenalina para movilizar el cuerpo, sobre todo la amígdala, en casos de emergencia. Las críticas hostiles de los demás disparan los niveles de cortisol. Si se produce constantemente o en exceso, puede dañar el organismo, sobre todo el corazón y el sistema inmunológico. También hay pruebas de que destruye neuronas del hipocampo, lo que daña la memoria y el aprendizaje e impide una correcta discriminación de las señales de peligro. Por ejemplo, sabemos que las calles oscuras a altas horas de la noche son potencialmente peligrosas, pero bajo un estrés prolongado podemos acabar pensando que todas las calles, a cualquier hora del día, entrañan peligro.

Dependencia efectiva: Sensación de seguridad en el terreno del apego que nos permite sintonizar con nuestra necesidad de los demás y ser capaces de pedir apoyo y consuelo con tranquilidad. Este estado fomenta la conexión, nos ayuda a afrontar el estrés y nos empuja a explorar el mundo.

Diálogos malditos: Las tres pautas de relación en forma de bucle que se retroalimenta y hace cada vez más difícil la conexión emocional segura. Las pautas son: «Quién es el culpable», basada en la crítica y la incriminación mutuas; «La polca de la protesta», en la que uno de los miembros de la pareja se queja de la falta de conexión emocional segura y el otro se defiende y retrocede (también conocida como el ciclo «exigencia-evasión») y «Deténte y huye», en la que ambos se defienden retrocediendo.

Emoción: Del término latino *emovere*, mover. La emoción es un proceso fisiológico que nos orienta en los momentos clave y nos impulsa a actuar. Consiste en la percepción instantánea de que algo es importante, seguida de una reacción corporal, un esfuerzo por comprender el sentido de la alarma y el paso a la acción. Las emociones, que se expresan sobre todo en la voz y en el rostro, envían a su vez rápidas señales a los demás. En este libro se habla de emoción y sentimiento indistintamente.

Figura de apego: Una persona a la que amamos o a la que nos une un vínculo afectivo y que consideramos, en potencia, recinto de seguridad y fuente de consuelo. Por lo general serán el padre o la madre, un hermano, la pareja o un amigo de toda la vida. En el terreno espiritual, Dios puede ser también una figura de apego.

Fusión: Cercanía extrema que impide funcionar de manera autónoma. En el pasado, la falta de independencia y no la falta de conexión segura y positiva se consideraba el núcleo del problema en las familias conflictivas o en las relaciones de pareja. La madurez se definía como la capacidad de separarse de los demás, de ser objetivo, de controlar las emociones y no permitir que las personas amadas tuvieran tanta influencia en las propias decisiones.

Herida de apego: Sensación de traición y/o abandono en un momento clave que, de no ser tratada y sanada, socava la confianza y la conexión y desencadena dolor e inseguridad en la relación.

Indiferenciado: Concepto utilizado en terapia familiar para indicar que una persona no distingue entre los sentimientos y el pensamiento racional y que tiende a ser reactiva en la relación en lugar de tomar las decisiones por sí misma. Ello implica que la autoestima de esa persona depende demasiado de los demás. Si un terapeuta cree que el problema de una pareja reside en la falta de diferenciación, ayudará a marcar unos límites claros entre los miembros y a tomar decisiones independientes.

Manillas: Imágenes, palabras o frases descriptivas que ayudan a una persona a conectar con sus sentimientos más profundos. Cuando encontramos nuestras manillas, las podemos usar para abrir la puerta y explorar nuestro mundo interno.

Neuronas espejo: Células nerviosas que, por empatía, se activan en la misma zona del cerebro que las neuronas de la persona a la que estamos observando. Según parece, son la base fisiológica de los procesos de imitación y de nuestra capacidad para participar en las acciones de los demás. Esas neuronas nos ayudan a conocer las intenciones de las otras personas y a conectar con los sentimientos ajenos. Captamos la mente del otro; resonamos con su estado. Los científicos creen que cuanto más activado está el sistema de neuronas espejo de una persona, más fuerte es su capacidad de empatía.

Oxitocina: El neurotransmisor más asociado con el vínculo entre madre e hijo y entre *partenaires* sexuales. También conocida como «la hormona del amor», la oxitocina se sintetiza en la región del hipotálamo y sólo la tienen los mamíferos. Su papel es muy importante durante la crianza (ayuda a producir leche), el parto (hace que el útero se contraiga) y el orgasmo. Por lo visto, también fomenta el contacto íntimo y la filiación con figuras de apego, así como interacciones sociales positivas en general. Cuanto mayores son nuestros niveles de oxitocina, más nos apetece relacionarnos y comprometernos con los demás. Al parecer, la oxitocina inhibe las conductas agresivas y defensivas. También inhibe la producción de hormonas del estrés, como el cortisol. El roce de la piel, las caricias y el cariño aumentan la fabricación de oxitocina.

Pánico primigenio: El sentimiento que suele provocar la separación de una figura clave de apego. Ese pánico nos impulsa a llamar, acercarnos y buscar el contacto de la persona que nos proporciona protección y sensación de seguridad. El teórico de las emociones Jaak Panksepp, que acuñó el término, considera el pánico primigenio un sistema cerebral específico de la ansiedad, especialmente desarrollado en los mamíferos. Se refiere a él como un «código neurológico ancestral» que impulsa al cerebro a fabricar hormonas del estrés como el cortisol ante una separación y hormonas tranquilizadoras como la oxitocina cuando volvemos a estar junto al ser amado.

Protesta de apego: Reacción a lo que se percibe como una separación de la figura de apego. A menudo es la primera reacción a una desconexión emocional o física. La protesta tiene el objetivo de provocar malestar en la figura de apego y obligarla a responder. Viene asociada por lo general a la ira y la angustia.

Resonancia: Término que en física describe la vibración de empatía simpática que se produce entre dos elementos y que los lleva a sincronizar sus señales y a equiparar ritmos y resonancias, produciendo una reacción prolongada. En las relaciones, hablamos de resonancia cuando estamos en sintonía con el otro en el aspecto fisiológico; entonces, los estados emocionales convergen también. Al estar en la misma longitud de onda, compartimos, literalmente, la experiencia de los demás. La resonancia es la causa de que la emoción se apodere de las multitudes; por ejemplo, en las bodas, cuando se pronuncian los votos y los novios salen juntos; o en el funeral de un soldado, cuando la corneta toca el último adiós.

Seguridad adquirida: Es la idea de que las expectativas y las reacciones en relación al apego pueden ser revisadas a medida que adquirimos experiencia en las relaciones. Aunque arrastremos una historia personal negativa, por ejemplo, con nuestros padres, podemos «adquirir» la sensación de seguridad en la relación con ayuda de un compañero/a amoroso/a.

Situación extraña: El célebre experimento que llevaron a cabo Mary Ainsworth y John Bowlby para estudiar el apego entre madres y niños de pecho. Consistía en separar al niño de la madre en un entorno desconocido, que pudiera provocar inseguridad en el pequeño, y codificar las distintas reacciones emocionales al regreso de la madre.

Simbiosis: Para la psicología, estado en el que una persona está mental y emocionalmente fusionada con otra. Antes, por ejemplo, se creía que el bebé se experimentaba a sí mismo como parte del cuerpo de la madre. Crecer se consideraba principalmente el proceso por el cual una persona se volvía independiente y autónoma. La incapacidad de separarse podía desembocar en enfermedad mental. Por ejemplo, la esquizofrenia se consideraba el resultado de estar fundido en simbiosis, normalmente con la madre. La idea forma parte de la escuela de pensamiento que cree que «la dependencia y la cercanía son peligrosas para la salud mental». Teorías más recientes cuestionan la validez de esta idea.

Sincronía: Estado de sintonía y capacidad de reacción emocional mutuas.

Vasopresina: Hormona producida en el cerebro relacionada con la oxitocina y que produce efectos similares. Según las investigaciones realizadas con coyotes machos, la vasopresina aumenta durante la excitación y la oxitocina durante la eyaculación. Esta hormona parece desencadenar la preferencia por una pareja en particular y una tendencia a defenderla con agresividad de otros pretendientes. También parece fomentar un cuidado paterno más intenso.

Para más información sobre TCE,
ir a www.eft.ca

Bibliografía

GENERAL

Blue, Deborah. *Love at Goon Park: Harry Harlow and the Science of Affection*. Berkley Books, 2002.

Coontz, Stephanie. *Marriage, a History: From Obedience to Intimacy or How Love Conquered Marriage*. Viking Press, 2005. (*Historia del matrimonio*. Gedisa, 2006.)

Ekman, Paul. *Emotions Revealed*. Henry Holt, 2003. (*¿Qué dice ese gesto?* RBA, 2004.)

Goleman, Daniel. *Social Intelligence: The New Science of Human Relationships*. Bantam Press, 2006. (*Inteligencia social: la nueva ciencia de las relaciones humanas*. Kairós, 2007.)

Gottman, John. *The Seven Principles for Making Marriage Work*. Crown Publishers, 1999. (*Siete reglas de oro para vivir en pareja*. Nuevas Ediciones de Bolsillo, 2004.)

Johnson, Susan. *The Practice of Emotionally Focused Couple Therapy: Creating connection*. Brunner/Routledge, 2004.

Karen, Robert. *Becoming Attached*. Oxford University Press, 1998.

Lewis, Thomas, Fari Amini y Richard Lannon. *A General Theory of Love*. Vintage Books, 2000. (*Una teoría general del amor*. RBA, 2001.)

Mikulincer, Mario y Phil Shaver. *Attachment in Adulthood: Structure, Dynamics and Change*. Guilford Press, 2007.

Siegel, Daniel y Mary Hartzell. *Parenting from the Inside Out*. Putnam, 2003. (*Ser padres conscientes*. La Llave, 2005.)

PRIMERA PARTE
EL AMOR VISTO BAJO UNA NUEVA LUZ

El amor: un enfoque revolucionario

Barich, Rachel y Denise Bielby. «Rethinking arriage: change and stability in expectations 1967-1994.» *Journal of Family Issues*, 1996, vol. 17, págs. 139-169.

Bowlby, John. *Attachment and Loss, Volume 1: Attachment*. Basic Books, 1969. (*El apego y la pérdida*. Paidós, 1998.)
—. *Attachment and Loss, Volume 2: Separation*. Basic Books, 1973. (*La separación afectiva*. Paidós, 1999.)
—. *Attachment and Loss, Volume 3: Loss*. Basic Books, 1981. (*La pérdida afectiva: tristeza y depresión*. Paidós, 2004.)

Buss, David, Todd Shackelford, Lee Kirkpatrick y Randy Larsen. «A half century of mate preferences: the cultural evolution of values.» *Journal of Marriage and the Family*, 2001, vol. 63, págs. 491-503.

Campbell, A., P.E. Converse y W.L. Rodgers. *The Quality of American Life*. Russell, Sage Publications, 1976.

Coan, James, Hillary Schaefer y Richard Davidson. «Lending a hand.» *Psychological Science*, 2006, vol. 17, págs. 1-8.

Coyne, James, Michael J. Rohrbaugh, Varda Shoham, John Sonnega, John M. Nicklas y James Cranford. «Prognostic importance of marital quality for survival of congestive heart failure.» *The American Journal of Cardiology*, 2001, vol. 88, págs. 526-529.

Dimsdale, Joel E. *Survivors, Victims and Perpetrators: Essays on the Nazi Holocaust.* Hemisphere, 1980.

Eisenberger, Naomi I., Matthew D. Lieberman y Kipling Williams. «Why rejection hurts: A common neural alarm system for physical and social pain.» *Trends in Cognitive Science*, 2004, vol. 8, págs. 294-300.

Feeney, Brooke C. «The dependency paradox in close relationships: Accepting dependence promotes independence.» *Journal of Personality and Social Psychology*, 2007, vol. 92, págs. 268-285.

Finegold, Brie. «Confiding in no one.» *Scientific American Mind*, 2006, vol. 17, pág. 11.

Hawkley, Louise, Christopher M. Masi, Jarett Berry y John Cacioppo. «Loneliness is a unique predictor of age-related differences in systolic blood pressure.» *Journal of Psychology and Aging*, 2006, vol. 21, págs. 152-164.

House, James, Kart R. Landis y Debra Umberson. «Social relationships and health.» *Science*, 1988, vol. 241, págs. 540-545.

Kiecolt-Glaser, Janice K., Timothy J. Loving, J.K. Stowell, William B. Malarkey, Stanley Lemshow, Stephanie Dickinson y Ronald Glaser. «Hostile marital interactions, pro-inflammatory cytokine production and wound healing.» *Archives of General Psychiatry*, 2005, vol. 62, págs. 1.377-1.384.

Kiecolt-Glaser, Janice K., William B. Malarkey, Marie-Anne Chee, Tamara Newton, John T. Cacioppo, Hsiao-Yin Mao y Roland Glaser. «Negative behaviour during marital conflict is associated with immunological down-regulation.» *Psychosomatic Medicine*, 1993, vol. 55, págs. 395-409.

Kiecolt-Glaser, Janice K., Tamara Newton, John T. Cacioppo, Robert C. MacCallum y Ronald Glaser. «Marital conflict and endocrine function: Are men really more phisiologically affected than women?» *Journal of Consulting and Clinical Psychology*, 1996, vol. 64, págs. 324-332.

Levy, David. «Primary affect hunger.» *American Journal of Psychiatry*, 1937, vol. 94, págs. 634-652.

Medalie, Jack H. y Uri Goldbourt. «Angina pectoris among 10.000 men.» *American Journal of Medicine*, 1976, vol. 60, págs. 910-921.

Mikulincer, Mario. «Attachment style and the mental representation of the self.» *Journal of Personality and Social Psychology*, 1995, vol. 69, págs. 1.203-1.215.
—. «Adult attachment style and information processing: Individual differences in curiosity and cognitive closure.» *Journal of Personality and Social Psychology*, 1997, vol. 72, págs. 1.217-1.230.
—. «Adult attachment style and individual differences in functional versus dysfunctional experiences of anger.»

Journal of Personality and Social Psychology, 1998, vol. 74, págs. 513-524.

Mikullincer, Mario, Victor Florian y Aron Weller. «Attachment styles, coping strategies and post-traumatic psychological distress: The impact of the Gulf War in Israel.» *Journal of Personality and Social Psychology*, 1993, vol. 64, págs. 817-826.

Morell, Marie A. y Robin F. Apple. «Affect expression, marital satisfaction and stress reactivity among premenopausal women during a conflictual marital discussion.» *Psychology of Women Quarterly*, 1990, vol. 14, págs. 387-402.

O'Leary, K.D., J.L. Christian y N.R. Mendell. «A closer look at the link between marital discord and depressive symptomatology.» *Journal of Social and Clinical Psychology*, 1994, vol. 13, págs. 33-41.

Ortho-Gomer, Kristina, Sarah Wamala, Myriam Horsten, Karen Schenck-Gustafsson, Neil Schneiderman y Murray Mittleman. «Marital stress worsens prognosis in women with coronary heart disease.» *Journal of the American Medical Association*, 2000, vol. 284, págs. 3.008-3.014.

Putman, Robert D. *Bowling Alone: The Collapse and Revival of American Community*. Simon and Schuster, 2000. (*Sólo en la bolera: colapso y resurgimiento de la sociedad norteamericana*. Galaxia Gutenberg, 2002.)

Roberts, Brent W. y Richard W. Robins. «Broad dispositions: The intersection of personality and major life goals.» *Personality and Social Psychology Bulletin*, 2000, vol. 26, págs. 1.284-1.296.

Simpson, Jeffry, William Rholes y Julia Nelligan. «Support seeking and support living within couples in an anxiety provoking situation: The role of attachment styles.» *Journal of Personality and Social Psychology*, 1992, vol. 62, págs. 434-446.

Twenge, Jean. «The age of anxiety? Birth cohort change in anxiety and neuroticism.» *Journal of Personality and Social Psychology*, 2000, vol. 79, págs. 1.007-1.021.

Uchino, Bert, John Cacioppo y Janice Kiecolt-Glaser. «The relationship between social support and psychological processes.» *Psychological Bulletin*, 1996, vol. 119, págs. 488-531.

Yalom, Marilyn. *A History of the Wife.* Harper Collins, 2001. (*Historia de la esposa*, Salamandra, 2003.)

¿Adónde ha ido a parar el amor?: cuando se produce el desencuentro

Gottman, John. *What Predicts Divorce?* Lawrence Erlbaum Associates, 1994.

Huston, Ted, John Caughlin, Renate Houts, Shanna Smith y Laura George. «The connubial crucible: Newlywed years as predictors of marital delight, distress and divorce.» *Journal of Personality and Social Psychology*, 2001, vol. 80, págs. 237-252.

LeDoux, Joseph. *The Emotional Brain: The Mysterious Underpinnigs of Emotional Life.* Simon and Schuster, 1996. (*El cerebro emocional*. Planeta, 2000.)

Panksepp, Jaak. *Affective Neuroscience: The Foundations of Human and Animal Emotions.* Oxford University Press, 1998.

SEGUNDA PARTE
SIETE CONVERSACIONES TRANSFORMADORAS

Conversación 2: Identificar los puntos flacos

Davila, Joanne, Dorli Burge y Constance Hammen. «Does attachment style change?» *Journal of Personality and Social Psychology*, 1997, vol. 73, págs. 826-838.

LeDoux, Joseph. *The Emotional Brain: The Mysterious Underpinning of Emotional Life.* Simon and Schuster, 1996. (*El cerebro emocional.* Planeta, 2000.)

Conversación 4: Abrázame fuerte: compromiso y encuentro

Carter, Sue. «Neuroendocrine perspectives on social attachment and love.» *Psychoneuroendocrinology*, 1998, vol. 23, págs. 779-818.

di Pelligrino, Guiseppe, Luciano Faduga, L. Leonardo Fogassi, Vittorio Gallese y Giacomo Rizzolatti. «Understanding motor events: A neurophysiological study.» *Experimental Brain Research*, 1992, vol. 91, págs. 176-180.

Gallese, Vittorio. «The shared manifold hypothesis: From mirror neurons to empathy.» *Journal of Consciousness Studies*, 2001, vol. 8, págs. 33-50.

Insel, Thomas. «A neurological basis of social attachment.» *American Journal of Psychiatry*, 1997, vol. 154, págs. 725-735.

Johnson, Sue y Leslie Greenberg. «Relating process to outcome in marital therapy.» *Journal of Marital and Family Therapy*, 1998, vol. 14, págs. 175-183.

Kosfeld, Michael, Marcus Heinrichs, Paul Zak, Urs Fischbacher y Ernst Feher. «Oxytocin increases trust in humans.» *Nature*, 2005, vol. 435, págs. 637-676.

Stern, Daniel. *The Present Moment in Psychotherapy and Everyday Life*. Norton, 2004.

Uvnas-Moberg, Kerstin. «Oxytocin may mediate the benefits of positive social interaction and emotions.» *Psychoneuroendocrinology*, 1998, vol. 23, págs. 819-835.

Varela, Francisco, Jean Phillipe Lachaux, Eugenio Rodríguez y Jacques Martinerie. «The Brainweb: Phase Synchronization and Large-scale Integration.» *Nature Reviews Neuroscience*, 2001, vol. 2, págs. 229-239.

Conversación 5: Perdonar las ofensas

Herman, Judith. «*Trauma and Recovery*.» Basic Books, 1992.

Simpson, Jeffry, y William Rholes. «Stress and secure base relationships in adulthood.» En: Kim Bartholomew y Dan Perlman (comps.). *Attachment Processes in Adulthood*, Jessica Kingley Publisher, 1994, págs. 181-204.

● ● ●

Conversación 6: Crear un vínculo a través del sexo y el contacto

Davis, Deborah, Phillip Shaver y Michael Vernon. «Attachment style and subjective motivations for sex.» *Personality and Social Psychology Bulletin*, 2004, vol. 30, págs. 1.076-1.090.

Field, Tiffany. *Touch*. MIT Press, 2003.

Guillath, Omri, y Dory Schachner. «How do sexuality and attachment interrelate?» En: Mario Mikulincer y Gail Goodman (comps.), *Dynamics of Romantic Love: Attachment, Caregiving and Sex*. Guilford Press, 2006, págs. 337-355.

Harlow, Harry. *Learning to love*. Jason Aronson, 1978.

Hazan, Cindy, D. Zeifman y K. Middleton. «Adult romantic attachment, affection and sex.» Conferencia pronunciada en el Congreso Internacional de Relaciones Personales, Groningen, Holanda, 1994

McCarthy, Barry y Emily McCharthy. *Rekindling Desire*. Brunner/Routledge, 2003. (*Intimidades de pareja: cómo mejorar la vida en común*. Serres, 1995.)

Michael, Robert, John Gagnon, Edward Laumann y Gina Kolata. *Sex in America. A Definitive Survey*. Little, Brown and Company. 1995.

Montagu, Ashley. *Touching*. Harper and Row, 1978. (*El tacto: la importancia de la piel en las relaciones humanas*. Paidós, 2004.)

Simpson, Jeffry, y S. Gangestad. «Individual differences in sociosexuality: Evidence for convergent and discriminant validity.» *Journal of Personality and Social Psychology*, 1991, vol. 60, págs. 870-883.

Stern, Daniel. *The Present Moment in Psychotherapy and Everyday Life*. Norton, 2004.

Conversación 7: Mantener vivo el amor

Johnson, Susan y Leslie Greenberg. «The differential effects of experiential and problem solving interventions in resolving marital conflict.» *Journal of Consulting and Clinical Psychology*, 1985, vol. 53, págs. 175-184.

Main, Mary. «Metacognitive knowledge, metacognitive monitoring and singular (coherent) *vs.* multiple (incoherent) models of attachment.» En: Colin Murray Parkes, Joan Stevenson-Hinde y Peter Marris (comps.). *Attachment Across the Life Cycle*, Routledge, 1991, págs. 127-159.

Schor, Juliet. *The Overworked American*. Basic Books, 1992. (*La excesiva jornada laboral en Estados Unidos: la inesperada disminución del tiempo de ocio*. Ministerio de Trabajo y Asuntos Sociales, 1994.)

TERCERA PARTE
EL PODER DE «ABRÁZAME FUERTE»

La curación de los traumas: el poder del amor

Fraley, Chris, David Fazzari, George Bonanno y Sharon Dekel. «Attachment and psychological adaptation in high exposure survivors of the September 11th attack on the World Trade Center.» *Personality and Social Psychology Bulletin*, 2006, vol. 32, págs. 538-551.

Johnson, Susan. *Emotionally Focused Couple Therapy with Trauma Survivors: Strengthening Attachment Bonds.* Guilford Press, 2002.

Matsakis, Aphrodite. *Trust Alter Trauma: A Guide to Relationships for Survivors and Those Who Love tThem.* New Harbinger Press, 1997.

—. *In Harm's Way: Help for the Wives of Military Men, Police, EMTs and Firefighters.* New Harbinger Press, 2005.

Resnick, Heidi, Dean Kilpatrick, Bonnie Dansky, Benjamin Saunders y Connie Best. «Prevalence of civilian trauma and post-traumatic stress disorder in a representative national sample of women.» *Journal of Consulting and Clinical Psychology*, 1993, vol. 61, págs. 984-991.

Shay, Jonathan. *Odysseus in America: Combat Trauma and the Trials of Homecoming.* Scribner, 2002.

La conexión definitiva: el amor como frontera final

Cohn, Deborah, Daniel Silver, Carolyn Cowan, Philip Cowan y Jane Pearson. «Working models of childhood attachment and couple relationships.» *Journal of Family Issues*, 1992, vol. 13, págs. 432-449.

Conger, Rand, Ming Cui, Chalandra Bryant y Glen Elder. «Competence in early adult relationships: A developmental perspective on family influences.» *Journal of Per-*

sonality and Social Psychology, 2000, vol. 79, págs. 224-237.

Mason, Bill y Sally Mendoza. «Generic aspects of primate attachment: Parents, offsprings and mates.» *Psychoneuroendocrinology*, 1998, vol. 23, págs. 765-778.

Mikulincer, Mario, Philip Shaver, Omri Gillath y Rachel Nitzberg. «Attachment, caregiving and altruism: Boosting attachment security increases compassion and helping.» *Journal of Personality and Social Psychology*, 2005, vol. 89, págs. 817-839.

Mortenson, Greg y David Oliver Relin. *Three Cups of Tea*. Penguin, 2006. (*Tres tazas de té*. Kantolla, 2008.)

Simpson, Jeffry, Andrew Collins, SiSi Tran y Katherine Haydon. «Attachment and the experience and expression of emotions in romantic relationships: A developmental perspective.» *Journal of Personality and Social Psychology*, 2007, vol. 92, págs. 355-367.

Sturge-Apple, Melissa, Patrick Davis y Mark Cummings. «Impact of hostility and withdrawal in interparental conflict on parental emotional unavailability and children's adjustment difficulties.» *Child Development*, 2006, vol. 77, págs. 1.623-1.641.

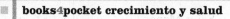
Los cinco secretos
que debes descubrir
antes de morir

Es un reconocido psicoterapeuta, aclamado en Estados
Unidos por su programa de televisión *Las cinco cosas que debes descubrir antes de morir* y autor de la obra
de éxito internacional *Redescubrien-
do el entusiasmo y la alegría.*

En este libro divertido, conmovedor y profundamente revelador,
el psicoterapeuta John Izzo pone al alcance de todos la sabiduría
que le ha llevado a la fama a través de su programa de televisión
Las cinco cosas que debes descubrir antes de morir. Izzo nos
ofrece las cinco claves fundamentales que pueden hacer de
nuestro paso por la Tierra una experiencia plena; verdades que
giran en torno al amor como elección y no como sentimiento, o
a la necesidad de ser fiel a tu auténtico ser.

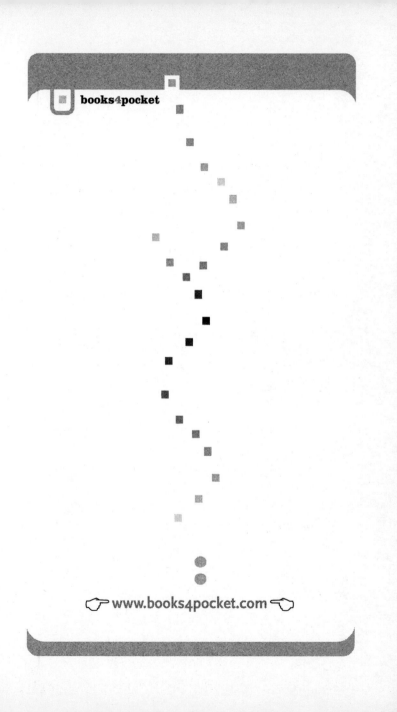

books4pocket

☞ www.books4pocket.com ☜